陳福成著

陳福成著作全編

第四冊　大陸政策與兩岸關係

文史哲出版社印行

國家圖書館出版品預行編目資料

陳福成著作全編 / 陳福成著. -- 初版. --臺北市：文史哲,民 104.08
頁： 公分
ISBN 978-986-314-266-9（全套：平裝）

848.6 104013035

陳福成著作全編

第四冊 大陸政策與兩岸關係

著 者：陳 福 成
出 版 者：文 史 哲 出 版 社
http://www.lapen.com.tw
登記證字號：行政院新聞局版臺業字五三三七號
發 行 人：彭 正 雄
發 行 所：文 史 哲 出 版 社
印 刷 者：文 史 哲 出 版 社
臺北市羅斯福路一段七十二巷四號
郵政劃撥帳號：一六一八〇一七五
電話886-2-23511028・傳真886-2-23965656

全 80 冊定價新臺幣 36,800 元

二〇一五年（民一〇四）八月初版

ISBN 978-986-314-266-9 08981

陳福成著作全編總目

總序：陳福成的一部文史哲政兵千秋事業

陳福成先生，祖籍四川成都，一九五二年出生在台灣省台中縣。筆名古晟、藍天、司馬千、鄉下人等，皈依法名：本肇居士。一生除軍職外，以絕大多數時間投入寫作，範圍包括詩歌、小說、政治（兩岸關係、國際關係）、歷史、文化、宗教、哲學、兵學（國防、軍事、戰爭、兵法），及教育部審定之大學、專科（三專、五專）、高中（職）等各級學校國防通識（軍訓課本）十二冊。以上總計近百部著作，目前尚未出版者尚約二十部。

我的戶籍資料上寫著祖籍四川成都，小時候也在軍眷長大，初中畢業（民57年6月），投考陸軍官校預備班十三期，三年後（民60）直升陸軍官校正期班四十四期，民國六十四年八月畢業，隨即分發野戰部隊服役，到民國八十三年四月轉台灣大學軍訓教官。到民國八十八年二月，我以台大夜間部（兼文學院）主任教官退休（伍），進入全職寫作高峰期。

我年青時代也曾好奇問老爸：「我們家到底有沒有家譜？」

他說：「當然有。」他肯定說，停一下又說：「三十八年逃命都來不及了，現在有個鬼啦！」

兩岸開放前他老人家就走了，開放後經很多連繫和尋找，真的連鬼都沒有了，茫茫無垠的「四川北門」，早已人事全非了。

但我的母系家譜卻很清楚，母親陳蕊是台中縣龍井鄉人。她的先祖其實來台不算太久，按家譜記載，到我陳福成才不過第五代，大陸原籍福建省泉州府同安縣六都施盤鄉馬巷。

第一代祖陳添丁、妣黃媽名申氏。從原籍移居台灣島台中州大甲郡龍井庄龍目井字水裡社三十六番地，移台時間不詳。陳添丁生於清道光二十年（庚子，一八四〇年）六月十二日，卒於民國四年（一九一五年），葬於水裡社共同墓地，坐北向南，他有二個兒子，長子昌，次子標。

第二代祖陳昌（我外曾祖父），生於清同治五年（丙寅，一八六六年）九月十四日，卒於民國廿六年（昭和十二年）四月二十二日，葬在水裡社共同墓地，坐東南向西北。陳昌娶蔡匏，育有四子，長子平、次子豬、三子波、四子萬芳。

第三代祖陳平（我外祖父），生於清光緒十七年（辛卯，一八九一年）九月二十五日，卒於（年略記）二月十三日。陳平娶彭宜（我外祖母），生光緒二十二年（丙申，一八九六年）六月十二日，卒於民國五十六年十二月十六日。他們育有一子五女，長子陳火，長女陳變、次女陳燕、三女陳蕊、四女陳品、五女陳鶯。

以上到我母親陳蕊是第四代，到筆者陳福成是第五代，與我同是第五代的表兄弟姊妹共三十二人，目前大約半數仍在就職中，半數已退休。

寫作是我一輩子的興趣，一個職業軍人怎會變成以寫作為一生志業，在我的幾本著作都詳述（如《迷航記》、《台大教官興衰錄》、《五十不惑》等」。我從軍校大學時代開始寫，從台大主任教官退休後，全力排除無謂應酬，更全力全心的寫（不含為教育部編著的大學、高中職《國防通識》十餘冊）。我把《陳福成著作全編》略為分類暨編目如下：

壹、兩岸關係

①《決戰閏八月》②《防衛大台灣》③《解開兩岸十大弔詭》④《大陸政策與兩岸關係》。

貳、國家安全

⑤《國家安全與情治機關的弔詭》⑥《國家安全與戰略關係》⑦《國家安全論壇》。

參、中國學四部曲

⑧《中國歷代戰爭新詮》⑨《中國近代黨派發展研究新詮》⑩《中國政治思想新詮》⑪《中國四大兵法家新詮：孫子、吳起、孫臏、孔明》。

肆、歷史、人類、文化、宗教、會黨

⑫《神劍與屠刀》⑬《中國神譜》⑭《天帝教的中華文化意涵》⑮《奴婢妾匪到革命家之路：復興廣播電台謝雪紅訪講錄》⑯《洪門、青幫與哥老會研究》。

伍、詩〈現代詩、傳統詩〉、文學

⑰《幻夢花開一江山》⑱《赤縣行腳・神州心旅》⑲《「外公」與「外婆」的詩》、⑳《尋找一座山》㉑《春秋記實》㉒《性情世界》㉓《春秋詩選》㉔《八方風雲性情世界》㉕《古晟的誕生》㉖《把腳印典藏在雲端》㉗《從魯迅文學醫人魂救國魂說起》㉘《60後詩雜記詩集》。

陸、現代詩（詩人、詩社）研究

⑰《政治學方法論概說》⑱《西洋政治思想概述》⑲《中國全民民主統一會北京行》⑳《尋找理想國：中國式民主政治研究要綱》。

拾參、中國命運、喚醒國魂

㉑《大浩劫後：日本 311 天譴說》、《日本問題的終極處理》㉒《台大逸仙學會》。

拾肆、地方誌、地區研究

㉓《台北公館台大地區考古・導覽》㉔《台中開發史》㉕《台北的前世今生》㉖《台北公館地區開發史》。

拾伍、其他

㉗《英文單字研究》㉘《與君賞玩天地寬》（別人評論）㉙《非常傳銷學》㉚《新領導與管理實務》。

我這樣的分類並非很確定，如《謝雪紅訪講錄》，是人物誌，但也是政治，更是歷史，說的更白，是兩岸永恆不變又難分難解的「本質性」問題。

以上這些作品大約可以概括在「中國學」範圍，如我在每本書扉頁所述，以「生長在台灣的中國人為榮」，以創作、鑽研「中國學」，貢獻所能和所學為自我實現的途徑，以宣揚中國春秋大義、中華文化和促進中國和平統一為今生志業，直到生命結束。我這樣的人生，似乎滿懷「文天祥、岳飛式的血性」。

抗戰時期，胡宗南將軍曾主持陸軍官校第七分校（在王曲），校中有兩幅對聯，一是「升官發財請走別路、貪生怕死莫入此門」，二是「鐵肩擔主義、血手寫文章」。前聯原在廣州黃埔，後聯乃胡將軍胸懷，「鐵肩擔主義」我沒機會，但「血手寫文章」的

「血性」俱在我各類著作詩文中。

人生無常，我到六十三歲之年，以對自己人生進行「總清算」的心態出版這套書。

回首前塵，我的人生大致分成兩個「生死」階段，第一個階段是「理想走向毀滅」，年齡從十五歲進軍校到四十三歲，離開野戰部隊前往台灣大學任職中校教官。第二個階段是「毀滅到救贖」，四十三歲以後的寫作人生。

「理想到毀滅」，我的人生全面瓦解、變質，險些遭到軍法審判，就算軍法不判我，我也幾乎要「自我毀滅」；而「毀滅到救贖」是到台大才得到的「新生命」，我積極寫作是從台大開始的，我常說「台大是我啟蒙的道場」有原因的。均可見《五十不惑》、《迷航記》等書。

我從年青立志要當一個「偉大的軍人」，為國家復興、統一做出貢獻，為中華民族的繁榮綿延盡個人最大之力，卻才起步就「死」在起跑點上，這是個人的悲劇和不智，正好也給讀者一個警示。人生絕不能在起跑點就走入「死巷」，切記！切記！讀者以我為鑒！在軍人以外的文學、史政有這套書的出版，也算是對國家民族社會有點貢獻，對自己的人生有了交待，這致少也算「起死回生」了！

順要一說的，我全部的著作都放棄個人著作權，成為兩岸中國人的共同文化財，而台北的文史哲出版有優先使用權和發行權。

這套書能順利出版，最大的功臣是我老友，文史哲出版社負責人彭正雄先生和他的夥伴們。彭先生對中華文化的傳播，對兩岸文化交流都有崇高的使命感，向他和夥伴致上最高謝意。

台北公館蟾蜍山萬盛草堂主人　陳福成　誌於二〇一四年五月榮獲第五十五屆中國文藝獎章文學創作獎前夕

大陸政策與兩岸關係

陳福成◎著

序

且聽我說，兩岸問題從「基本面」說起

一、從基本面出發

本書即將出版的二〇〇二年之春，再贅數言為序。首先我要提示，這是一本從「基本面」出發．以基本概論為基礎，進而闡釋、分析大陸政策與兩岸關係的書。長期以來，兩岸存在太多複雜而弔詭的問題，領導階層論述這些問題時，社會大眾常感霧中看花，真假是非皆不明。當然，市面上也頗多此類書籍，只是並未有從基本概論入手的著作。是故，本書從緒論和第一章開始，明確交待研究方法、動機、旨趣等，再論述兩岸關係的基本性質。之後各章再探討相關背景、變遷、發展及最終解決之道。

二、燕巢幕上

兩岸問題的難纏，在雙方都堅持己見，陳義過高，因而找不到交集。吾有一友，原在公門負責兩岸事務的協調工作，亦因「毫無道理與緣由」的停擺了，一氣之下不幹，到山中去「植梅蓄鶴」以自伴。他說，高層意識形態掛帥，使台灣的人才「折損率」高居世界第一。為甚麼？許多人看到「樂透」瘋狂，以為真的是台灣錢淹腳目，以為台灣真的是安樂鄉！而未知「燕巢幕上」。問題不解決，台灣終究不能長治久安！何來安樂鄉？

三、讓媽媽回家吧！

有一次和一群朋友到一家KTV尋歡作樂，進門就看見一行斗大的字掛在前方舞台的布幕上：「母親，妳的名字是台灣。」大家心中有數，媽媽有一段傷心的往事，她的生父母是中國（不是中華人民共和國），後來被一個浪人——日本，以暴力佔有，身心極受羞辱；接著又碰到莫明其妙的「二二八」。但這幾十年來，媽媽的安全和幸福都得靠一個有錢有勢的

養父母——美國，只是不能一輩子流浪在外靠人家。現在媽媽正想如何可以回到父母親——中國的身邊。但雜音太多，她知道這是正確的選擇，也是痛苦的煎熬。

讓媽媽冷靜思考，給她「思想自由和言論自由」吧！不要囂叫，由於有些人「床下牛鬥」一流，只顧自己「爽」，不顧媽媽爽不爽！動不動就給人一頂甚麼「奸」的帽子。好不容易解除了國家加諸的思想與言論框框，現在又陷於另一個思想言論的手桎腳梏，我們要何時才學會民主的第一課——尊重別人的思想言論自由？

經過這麼多事件（割日、二二八、戒嚴、解嚴、民進黨執政），都是成長與學習，代價確實很高。但是，勿使代價白費了。讓媽媽回家吧！逼走了老娘大家都撈不到「利」處。

四、子子孫孫長治久安之「利」何在？

本書縱觀國際大環境的強權結構，也深入剖解千百年來的兩岸關係，深知「本土化」、「去中國化」的獨向思考，等同「閉關鎖國」，雖獲利一時，得短期之爽，確是禍害無窮。是故，本書之研究，著眼於最長久之利，思考子子孫孫長治久安之利，這便是「一個中國」。唯有此路，能趨吉避凶，能趨利避害。這種利，非為一己或單方面之利，為兩岸一家人共同之利；非為一時或短期之利，為台灣子子孫孫長治久安之利。「序短情長」，詳讀我的內文分析，當知于所見之客觀性、合理性及合利性。

台北萬盛莊主

陳福成　公元二〇〇二年春

目錄

第二章◎兩岸關係的發展與困境

第三章◎大陸政策的制訂與執行

第四章◎國際關係架構下的大陸政策與兩岸關係

第五章◎大陸政策與兩岸關係的目標管理：國家統一與長治久安

總結◎兩岸整合、統合與統一的契機已經示現

參考書目說明◎

圖目次◎

表目次◎

緒論

「大陸政策與兩岸關係」何其繁複而弔詭，
首先得交待研究，
撰寫本書的動機、目的、方法、架構，
及作者的信念堅持。
這樣做是為了確保本書的品質，
並取信於人。

緒論

「大陸政策與兩岸關係」是近年來在台灣地區很流行的一個複合名詞，拆開又有「大陸政策」和「兩岸關係」兩個名詞。不僅官方使用普遍，就在學術界也經常採用，有將兩個名詞合用，也有各自單獨使用。例如馬英九著「兩岸關係的回顧與前瞻」，國立編譯館編「國家統一綱領與大陸政策」，黃昆輝著「大陸政策與兩岸關係」與「國統綱領的要旨與內涵」。其他各黨派團體也常拿「大陸政策與兩岸關係」為研討會題目，而朝野、媒體及社會各界，也無日不在吵作大陸政策與兩岸關係，如今似乎愈吵愈複雜，兩岸關係也日趨緊張，為甚麼？

觀乎政府公布過的各種文獻，確實沒有所謂「大陸政策」的成品文件，而人民每日關心的焦點確實離不開「大陸政策與兩岸關係」範疇。顯然，大陸政策與兩岸關係是個「不簡單」的命題，光看表面似乎命題只有大陸政策(A)和兩岸關係(B)兩個變項，實際上ＡＢ又牽涉到非常多的變項，才顯得問題的複雜。因此，為使學者進入此一領域後，能夠從各個角度看清全貌的格局，也能察覺本質與現象的不同概念，本書採取嚴謹的態度和科學的方法，進行各項資料蒐整、分析、運用及撰寫。即言「嚴謹、科學」，那麼本書就應該合乎一般學術研究著作的標準，甚或超越其上，首先得要交待研究動機、目的、方法、概念界定和分析架構的若干問題。

壹、撰寫本書的四個動機

動機的產生在主題選取之前，深究動機的原因雖然複雜，歸納簡化後約略有以下諸端：欲了解現象、欲解答問題、欲驗證假設、欲檢驗或複製已知的知識或理論、僅為好奇等五項。（註一）準此審視，撰寫本書的動機有四：

第一、回顧並觀察數十年來的兩岸關係，基本上只有「發展」與「衰退」兩個方向並進。（註二）此外，發展與衰退似乎也在「循環」著，然而我們更應關心的是，何種原因或條件使「大陸政策與兩岸關係」趨向正面良性利多的方向發展？其動力來源在何處？何處的動力為最大？同樣，為何趨向負面惡性利空的方向衰退？受到那些因素牽引最大？

第二、大凡能稱嚴謹、科學的學術研究，必然要找出「變項」（Variable）間的關係，進而解釋何者是自變項（Independent Variable）？何者是依變項（Dependent Variable）？而何者又是混淆變項（Confounding Variable）？自變項是「因」

（Couse），依變項是「果」（Effect）。找出變項間的因果關係，是為了有利於對客觀環境加以系統化的操作（Manipulate or Operation）。如前所言，「大陸政策與兩岸關係」表面看似A與B的關係，AB存在何種關係？或者牽引著AB的後面尚有CDE……等多少變項關係？這些關係是否可能強化或弱化，以有利於大陸政策與兩岸關係？

第三、抽離國家認同的複雜因素，純在政治建構類型（Constructive Typology）的理論基礎上，進行光譜分類（Spectrum Classification）。（註三）存在著「追求統一」、「維持現狀」和「追求獨立」等三個異向排列，兩岸關係的本質與未來發展，將（應）使光譜如何移動？

第四、儘管兩岸政壇都在進行整合工程，學術界也嘗試用國際政治「整合理論」（Integration Theory）的觀點，來分析、詮釋，甚而企圖推動兩岸關係，惟功能不彰。本書乃大膽假設（Hypotheses），這是受限於地緣政治（Geopolitics）和地緣戰略（Geostrategy）的框架所導致，小心求證這個命題，是重要的第四個動機。

貳、四個重要的研究目的

研究目的不外探索、描述、預測、解釋及行動。（註四）但為順利進行研究，並讓讀者知道「我」在研究甚麼？仍須明確的把研究目的描述出來。其一，了解大陸政策與兩岸關係是甚麼？純粹從「本質面」分析甚麼「是」甚麼？其二，從事實現狀分析兩岸關係的發展與困境，及大陸政策執行情形。其三，從國際關係鉅觀架構下，兩岸關係應如何發展？其四，從目標（Goals）觀點看，國家的大未來應是如何的願景？才是兩岸人民的利多。要有合乎科學的預測（Prediction）和解釋（Explanation），其研究結果才有經世致用的參考價值。

參、三個層次的研究方法

政治、社會及人文科學的研究方法，一般有三個層次之論述與運用。首先是方法論（Methodology），這是包含自然科學和哲學上的知識論之共同問題。其重大意義是要擬訂適當的研究程序，以控制研究成果的純正和可信度。因此，大陸政策與兩岸關係的研究過程中將盡最大之努力避免出現價值陳述，以保持價值中立的態度。當然，這不是指全然價值中立（Complete Value-Neutrality），而是指方法論上的價值中立（Methodological Value-Neutrality）。（註五）在研究過程中要做到價值中立，避免用自己主觀的價值判斷來選擇或詮釋資料及作成研究結論，特別是具有政治價值、政治哲學屬性的統獨問題，若不能提高「方法論上的價值中立」，必將難以維護學術研究的客觀性，也不易取信於人。

第二個層次是研究途徑（Approach）。在現代政治分析中，Approach一詞有兩個基本含義，其一是指學者在研究政治問題所採用的基本觀念（Concepts）、模式（Models）與方法；其二是指各種政治學者因採用不同的觀念、模式與方法，而形成的各種學派。（註六）實際上是一些解釋能力不足的理論，國內學者稱之「概念架構」(Conceptual Frameworks)。（註七）雖解釋能力不足，但社會科學領域內並無充份解釋的理論，頂多是部份解釋（Partial Explanation）或解釋芻形（Explanations Sketch）。（註八）在解釋「大陸政策與兩岸關係」時，難免受限於理論的解釋力不夠。

本書研究途徑有三：（一）歷史研究途徑（Historical Approach），以有系統的蒐集，並客觀評鑑與過去發生事件有關的資料，以考驗那些事件的因、果或趨勢，俾提出準確的描述及解釋，進而有助於解釋現況及預測未來的一種歷程。這是一個「重建過去」（The reconstruction of the Past）事實的工夫，經由四個步驟完成：界定問題、蒐集與評鑑資料、綜合資料（分析、解釋）、形成結論。（二）集團途徑（Group Approach），以互動追求共同政治目標之個人的集合體，通常視為基本的分析單位。（註九）對中國問題素有研究的學者 Lucian Pye認為，當代中國問題，大家已公認是來自有組織的政治集團相互之間衝突而引起，都想鬥垮對方重建自己的新朝代。（註十）（三）綜合研究途徑（Combined Approach），包括系統理論（System Theory）、國際關係（以整合理論 Integration Theory和衝突理論 Conflict Theory為主）及戰略研究等。

第三個層次是技術或方法（Techniques or Methods），本書研究過程中的資料蒐集，係以文獻法為主，有中、英、日文官方與民間出版品、書籍、研究生論文、學術會議論文、期刊、報紙等。相關方法如觀察法、調查法（民意調查法）、問卷等，本書研究過程中並無充份時間與資源進行民意調查，但依照學術規範運用各家資料，都經過嚴謹篩選，提高可信度以達公正、客觀。

三層次的研究方法中，Methodology是頂層，Approach是中層，Method是底層。三者間的關係，上層對下層有指導作用，下層對上層有支持與完成的作用，但三者的界限也不易明確區隔，有賴撰寫及研究的當事人對信念的堅持（如研究過程對價值中立的堅持），及學術專業水準和正確的歷史觀。

肆、全書周延的研究架構

大陸政策與兩岸關係，牽纏著許多縱橫時空的變項因素，因果關係複雜，但對學者又有「說明白講清楚」的需要。目前坊間雖有研究此類問題的書籍，惟多談「現象」未論「本質」，現象易變使人眼花瞭亂；本質多屬定性，是結構性問題。談「大陸政策與兩岸關係」，若未深論「本質」問題，不僅不易直指核心看到真相，在方法論上也未合窮盡原理（Exhaustiveness）。因此，本書提出周延的研究架構，除緒論與結論外，餘分五章論述。

第一章、大陸政策與兩岸關係的基本認識。以問題的基本性質為基礎，從「常」與「變」

的基本面論述。當然，時間、空間與地緣是不可脫離的關係。

第二章、兩岸關係的發展與變數。疏理歷史事實，解釋兩岸關係的內涵，了解其變遷、困境、途徑與爭議，探討未來整合、發展與變數。

第三章、大陸政策的制訂與執行。影響因素分析與制訂背景，大陸工作的組織體系與執行，大陸政策與「國統綱領」，大陸政策未來發展與變數。

第四章、國際關係架構下的大陸政策與兩岸關係。這是很重要的一章，許多人以為兩岸關係就是「兩」岸關係，殊不知兩岸關係的若干關鍵性問題並不在兩岸；而有許多牽動大陸政策的推手，也不是從兩岸直接伸出。從鉅觀的國際視野鳥瞰下來，能體察全局且知變項間的互動關係。

第五章、大陸政策與兩岸關係的目標：國家長治久安與統一。這是從「目標管理」與「國家目標」的觀點論述，探討國家與人民對未來的期望，長治久安和統一是一個事實上的需要。

在研究相關文獻與撰寫本書的過程中，如何在客觀要求與主觀意義上求致平穩，避免陷於進退維谷、左右為難的困境，是作者始終的堅持與歷史觀（良知）的趨使。這個基本心態與涂爾幹（Emile Durkheim, 1858-1917）在「社會學方法論」一書中，指點出「客觀的」（Objective）方法，「所謂客觀的意義，是凡百社會現象的事物，要研究他，就要把他當作是個事物。」（註十一）同樣的堅持與方法。

全書共五章二十二節，約十萬言餘。以章為獨立完整的系統，各節為基本單元，採用節註以方便讀者參閱。

【註釋】

註一：周文欽編著，研究方法概論（台北：國立空中大學，八十九年九月），頁一九。

註二：吳新興，整合理論與兩岸關係之研究（台北：五南圖書出版公司，八十四年八月），頁一三。

註三：建構類型（Constructive Typology），在現代政治及一般社會研究中是一種流行的方法。在整個科學研究中，對事實的觀察，事實的分類，假設的製作，理論化的推動，甚至對客觀事實的預測與解釋，都有很大的幫助。以建構類型為基礎的光譜分類法，就是研究方法上的新途徑。可詳參：易君博，政治理論與研究方法（台北：三民書局，七十三年九月，四版），第參章。

註四：同註一，頁一一。

註五：郭秋永，政治學方法論研究專集（台北：台灣商務印書館，七十七年五月），頁三一七。

註六：魏鏞，「研究途徑」，政治學，第三冊，雲五社會科學大辭典（台北：台灣商務印書館，七十八年元月，八版），頁二八八。

註七：與「概念架構」同意的名詞尚有「概念途徑」（Conceptual Approach）、「概念工具」（Conceptual Tool）、「概念設計」（Conceptual Scheme）等，語意都相同，常被混淆。

註八：所謂「部份解釋」，是指三種情形下的解釋，其一為通則（或定律）不夠完整，無法充份引出結論；其二是先存條件不足以引出結論；其三為通則（或定律）明確度不夠。「解釋芻形」是邏輯上不夠嚴謹，用語明確性不足的解釋。呂亞力，政治學方法論（台北：三民書局，七十四年九月三版），頁五八。

註九：同註八書，頁二四九。

註十：Lucian W.Pye, The Dynamics of Chinese Politics (West Germany: Rand Corporation, 1981), P.1。

註十一：涂爾幹（Émile Durkheim），社會學方法論（Les Régles De La Méthode Sociologique），許德珩譯，台二版（台北：台灣商務印書館，一九九九年元月），頁一五六。

第一章

大陸政策與兩岸關係的基本認識

大陸政策與兩岸關係就時間言，不止於「現在」，
就空間言不止於「兩岸」，
所看到的現象是表象或是本質？是因或是果？
先從「基本面」來了解。
那些是「基本面」？
知道基本面才有「操作」的切入點，
操作才易於成功。

第一節 大陸政策與兩岸關係的基本性質

大陸政策與兩岸關係「命題」（Propositions）之難解，大家所看到的是始終在「國內」與「國外」的夾縫中糾纏，似乎疏理不出一個較為明朗的頭緒。在這淆亂混濁的局面中，首先得潛心深思，使心情和局面都產生沉澱作用，重新審察命題的基本性質，由此才能揭開命題的「實相」。經分析、研究，大陸政策與兩岸關係至少涵有五種基本性質。

壹、不同程度「常」與「變」的性質

「常」（Normal）是常數、常態、平均量（值）之意。大陸政策是國家重大政策之一種，即是「政策」應有持續性、恆常性。學者Harold D. Lasswell研究「政策」（Policy）時，認為政府制訂與推行一項好政策，是在七個階段循環運作中完成，包括情報（Intelligence）、晉級（Promotion）、處理（Prescription）、行動（Invocation）、運用（Application）、完成（Termination）、評估（Appraisal）等，如左圖所示。（註一）除了

流程上的常態外，能成為一項政策，也表示各政治勢力有相當共識，國會同意或支持，國家元首依法頒佈相當法令規章，而後由行政部門負責推動執行該項政策。顯然，能成為一項可行的政策，是由各種不同聲音求取的「最大公約數」，具有平均量（值）的意義，大陸政策具有前述流程與形式意義，明確的屬「常」性質。

「變」是變數（Variables，或稱變項、變元），是指可以依不同的數值或類別出現或改變的屬性（Property）。易言之，凡是可以分成各種不同的量或種類的概念，就是一種變項。（註二）變數分析原在數學、心理學和社會科學中運用，之後行為政治學為研究需要運用更為普遍。以兩岸關係為例，從民國七十六年後歷年有不同開放措施，累計項數如下圖。（註三）

下圖表示開放措施和累計項數都是變數。在兩岸關係還有很多研究是用變數分析表達，

公共政策流程圖

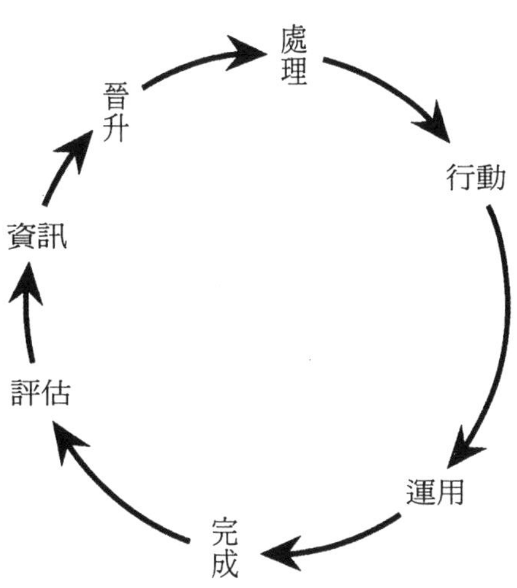

如「台灣如何，大陸如何」；反之，「大陸如何，台灣亦會如何。」並進而區分何者為自變項（Independent Varialble）和依變項（Dependent Variable）。吾人以為社會科學中的研究，變數都有相互關聯（Association），很少有變數之變化是完全不受其他變數影響，區分自變項和依變項只是為研究上的方便。兩岸關係不易很明確說何者為自變項？何者為依變項？但以「變數」概念解釋兩岸關係，說明兩岸關係有很多變數。而且基本性質上，兩岸關係屬「變」性質應很明確。

貳、多層次互為因果關係與功能關係

因果關係（Causal Relation），可以兩種解釋。其一、當系統S的局部活動所

政府開放兩岸交流累計項數圖

兩岸交流：
我們不斷開放：
政府開放兩岸交流之具體目統計
民國七十六年至八十七年

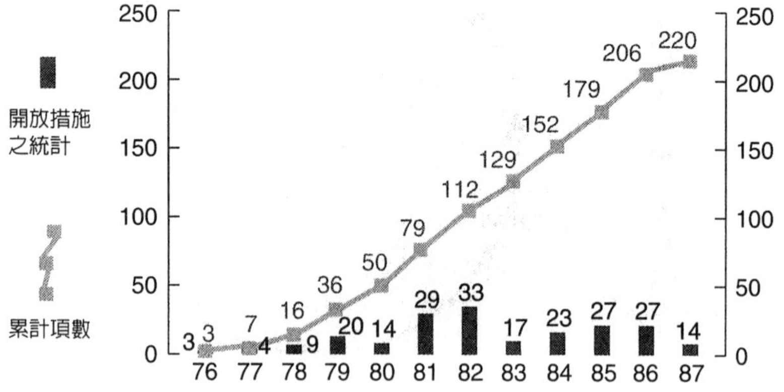

構成的狀態G對於系統S產生功能關係時，此種功能關係（Functional Relation）即是因果關係。因為狀態G產生正功能則系統S呈現正常，狀態G產生負功能則系統S呈現病態。S的正常或病態由G決定，G是S的正常或病態的因；S的正常或病態是G的果。其二、一個系統的局部活動在這個系統中之所以存在與保持，乃由於這個系統的需要。系統的需要是因，局部活動的存在與保持是果。此一關聯是因果關係，亦是功能關係。（註四）因果關係解釋的現象頗多，大體上可以如此論述：凡是A出現之後則B出現，同時A又產生B，即可以說A與B之間具有因果關係。

但因果關係與功能關係仍有差異，功能關係只存在於一個自我持續的系統中。只有在自我持續的系統中，部份與全體或部份與部份之間的關係才是功能關係。是故，因果關係能解釋的現象，功能關係不一定能解釋，功能關係是因果關係的次類（Subclass）。

在大陸政策與兩岸關係場域中，從國內—兩岸（準國際）—國際，我們常聽到這些陳述語句：「若台灣宣佈獨立，則中國將以武力來解決統一問題。」「台灣方面不承認九二共識，則問題就談不下去。」「若中共以武力犯台，則給台灣以合法獨立的依據。」「不獨不武」等。這些陳述都是因果關係和功能關係的證據，在前面解釋因果關係的S和G，都可以是中共或台灣。

若把空間縮小到僅在國內，大陸政策與兩岸關係也有因果關係，而且互為因果關係。若其中一個為良性，必引導出另一個也良性；反之亦然。

參、「統獨離合」的相對關係

目前世界各國存在有「統獨離合」問題者，如印度錫克教族、伊拉克庫德族、英國北愛爾蘭、加拿大魁北克、法國科西嘉獨立運動等，乃至美國黑白問題、中國的西藏、新疆和台灣地區等，幾乎「國國有本難念的經」。學術界也有許多這方面研究，各家切入點多所不同，有主權論者，有少數民族主義者，有分裂中國家整合者等。這些林林總總的問題，不外是統一（Reunification or Irredentism）、獨立（Independence）、分離（Separation or Secession）、統合（Unity）、整合（Integration）或爭取自治（Home rule or Autonomy）等，它們共通的基本性質是甚麼？「統獨離合」關係應該最能詮釋，以我國所面臨的統獨現況為例說明之。

一、統獨目標模糊：不論從政治現實面看台灣各黨派的支持度，或從政治光譜分類看統獨分佈，都已從原來統獨旗幟鮮明趨向模糊。統派陣營不急統也不談統，也不忘統，偶爾提出一些「統」的構想，如邦聯或「一中各表」等。獨派陣營也不急獨不談獨，適度「承認」中華民國，也不忘獨，與急獨者保持良好關係。

二、目的與手段不分：統一是目的或手段？獨立是目的還是手段？目前各黨派有能明確肯定說明者乎？恐怕多數政治人物是把統獨離合當成一個「舞台」，在台上盡情的「玩」，以謀取最大「利益」。是故，統一可以是目的，可以是手段；反之，亦然。

三、現象與本質不明：由於統獨目標模糊，目的與手段不分，導至相關的政治語言「失真」，許多重要政治人物的話不知是真是假。表現於外的政治行為大家也弄不清楚本意為何？普羅大眾所看到的是表象呢？還是真相？是策略或是權謀？

四、在理想與現實間妥協追逐：在統獨各陣營中，還有少數有理想的人，把統或獨當成遙遠的理想。但政治是現實的，不論國內或國際，常見由「叢林法則」決定輸贏，美其名曰「市場機制」，實際上大家都在理想與現實間妥協追逐。不論那一個陣營都存在「統獨離合」的相對關係。

肆、戰爭與和平的拉鋸關係

大陸政策與兩岸關係，實際上就是以統獨為舞台，上演戰爭與和平的拉鋸戰。儘管從民意調查或合理推論，「和平」就是兩岸人民共同的期望。但戰爭的陰影也是到處籠罩著，據「中共武力犯台研究」一書所示，中共可能對台發動戰爭的時機多達十餘項，例如台灣宣佈獨立、台灣內部發生大規模動亂、國軍相對戰力明顯趨弱、我方長期拒絕談判統一問題、我方發展核武、國際情勢有利於中共、美國和中共合作關係密切、中共其他邊界與領土問題都已解決完畢、中共完成作戰準備、外國勢力干預台灣問題、台獨勢力高漲、加入聯合國及國際組織行動有成、中共內部發生分裂或動亂等。（註五）

為甚麼統獨拉鋸過程中，戰爭是「立即而明顯」的存在?綜合歷史、文化、政治等各項因素，假設「台灣宣佈獨立↓中共武力犯台」，這是一個可以驗證的假設，並在經驗論（Empirism）的基礎上，成為一項「準定律」（Quasi Law）。（註六）例如我們解釋中共武力犯台戰爭爆發，其可能的準定律是：（一）從古到今多少統獨是用武力解決；（二）目前各國有類似統獨問題的國家，有多少用武力解決；（三）台灣宣佈獨立，中共將以武力解決統一問題；（四）其他國內外政治、經濟可能引起戰爭等。

所以，在「一個中國」沒有獲得滿意解決之前，即中國統一（至少是大陸與台灣）問題解決之前，戰爭的存在是可實證、可經驗的準定律，而且是恆久性的存在。新加坡國家大學東亞所（East Asian Institute National University of Singapore) Peter Kien-hong Yu（俞劍鴻）教授，稱為辯證關係。模型圖解如左。

從圖解來看，戰爭與和平的拉鋸，在時空關係的持續上具有相當的恆久性。和平不易長久，一次戰爭後勉強解決若干問題（如暫時統一或獨立），並不表示戰爭不再發生。這是兩岸統獨問題的弔詭，由此橫縱觀察世界各國的統獨問題，不也存在這種辯證關係嗎？

伍、價值與利益的相對和衝突

大陸政策與兩岸關係的基本性質除前所述，其更深層者恐怕應屬價值與利益的相對和衝突。儘管古來就有許多政治家，他們做到「計利當計天下利，求名當求萬世名」，只有他們能超越「價值、利益」的相對性。其餘的云云大眾不都是在那隻「看不見的手」（The Invisible Hand）的引導下，不論利益或價值都以「利己」（Self-Interest）為思想與行為之模式。現代社會的自由市場就是建基於「利己」這項「準定律」的基礎上；若將「利己」抽離，自由民主社會隨之崩解。因此，價值與利益稍加進一

戰爭與和平的辯證模型圖

"Not to Attack"　　　　　　"To Attack"
（中國人）不打（中國人）　　（中國人）打（中國人）

"'Not to Attack' Within
'To Attack' and vice versa"
（不打中有打，打中有不打）

1　2　3　4　5　6　7　8　9　10　11　12

time/space 1
（時空1）
time/space 2
（時空2）
……
time/space (n)
〔時空(n)〕

N.B. The dialectical model of "Not to Attack" and "To Attack"
注意：此圖為中共是否要攻打中華民國台灣地區之辯證模型

資料來源：Peter Kien-hong Yu（俞劍鴻），The Chinese PLA's perception of an Invasion of Taiwan (New York: Contemporary U.S. Asian Research Institute, 1996)，封面圖。

步剖析。

價值（Values）包涵一切被人們認為有價之物（Valued Things）和人們對各種事物所作的「價值判斷」（Value Judgement）。對價值之解說雖各家有異，惟以拉斯維爾（Harold D.Lasswell）和開普蘭（Abraham Kaplan）兩氏在其合著「權力與社會」一書所述定義，最為明確而且周延。（註七）其要點：（一）價值分兩類，一類稱「福利價值」（Welfare Values），另一類稱「敬服價值」（Deference Values）。（二）福利價值包括：幸福（健康、安全）、財富（收入、貨物、勞務）、技能（在藝術、工業、商業或職業上的熟練）、教化（知識、悟力、見聞）等四部份。（三）敬服價值包括：權力（影響與控制別人的力量）、敬重（地位、榮譽、公認 Recognition）、正直（指道德價值，如德性、善良、公義）、愛情（愛與友情）等四部份。（四）價值不是絕對的，而是相對的；各項價值是相互關聯的，而且是常常互相衝突的。

拉斯維爾和開普蘭試圖把價值定義明確化，認為一項價值便是一項希求的事物（Desired Event）。另外在政治領域內把「價值」一詞，用來指人們心中對各種事物的價值判斷更為普遍。上述我們特須注意價值的基本性質，「價值是相對的、常常相互衝突的」。從兩岸到國際關係，台灣——大陸——美國，對台灣有價值的，對另一方就沒有價值，甚至是衝突的；反之，亦然。所以政治學者伊斯頓（David Easton）才說政治是「價值的權威性分配」(Authoritative Allocation of Values)。我（台灣）的價值由我做權威性分配，你（對方）的價值由你做權威性分配。所謂「雙贏」或「三贏」(各方都滿意的分配)，實際上是一種高難度的政治藝術工程。

再者所謂「利益」(Interest)，究指安全乎？經濟乎？抑包括生活方式及意理乎？極難有可運作性的意義。惟在政治體系內為增進某一部份人之利益，通常聯結成利益團體(Interest Groups)，以爭取本身利益為目標。（註八）但層次提昇到國家利益（National Interest)，它變成外交政策中最基本的指導原理。一般認為凡是與國家領土完整，政治獨立及經濟繁榮主要有關事項，便是國家利益所在；同時認為國家利益便是政府與人民的認識、期望、信念、立場及目標；認為與國家的生存、安全、發展及福利密切有關，因而國家應以全力維護及推進。

顯然國家利益是很主觀的事物，決策者依其感知（Perception）結構而定。國家猶如個人一樣，都希望自身的繁榮及安全，這是任何生物企求的合理目標，不能認為自私自利。（註九）即追求及維護本身利益的自私自利是合理行為，也證明「利己」是人（團體、國家）的基本性質。

大陸政策與兩岸關係所涉及的各造，均各自捍衛其本身的價值與利益，這些價值與利益不僅相對性，而且時常相衝突。在價值和利益的認定上又是一種主觀的感知，故妥協、談判均相當困難。主政者或許多人民的內心深處，產生了「途徑對途徑」、「逃避對逃避」、「途徑對逃避」及「雙元途徑對逃避」等複雜的心理衝突，圖解如下。（註十）兩岸特有的歷史關係，形成人民內心特有的「心結」，使人與目標衝突，目標與目標衝突，目標與人既衝突又趨近，多元目標與人既衝突又趨近。以下各章節均試圖解開這些難解的兩岸情結。

衝突的模式（Types of Conflicts）

1	Approach — Aproach Conflict $G_1 \xleftarrow{\quad + \quad} P \xrightarrow{\quad + \quad} G_2$
2	Avoidance — Avoidance Conflict $G_1 \xleftarrow{\quad - \quad} P \xrightarrow{\quad - \quad} G_2$
3	Approach — Avoidance Conflict $P \underset{-}{\overset{+}{\rightleftarrows}} G$
4	Double Approach — Avoidance Conflict $G_1 \underset{-}{\overset{+}{\leftrightarrows}} P \underset{-}{\overset{+}{\rightleftarrows}} G_2$
+：Approach Valence －：Avoidance Valence	P：Person G：Goal

資料來源：Liu Chien-min（劉建民），A study of Psychological Conflict and Frustration in Julius Caesar (the Arts to the Graduate School of Foreign Literature and Languages the Institute of Graduate studies Fu Hsing Kang College, 1991), pp.13-16.

【註釋】

註一：Harold D. Lasswell, Research in Policy Analysis：The Intelligence and Appraisal Functions, Handbook of Political Science, no. 6. Policies and Policymaking (Massachusetts：Addison-Wesley Publishing Company, 1975), pp.2-3.

註二：周文欽，研究方法概論（台北：國立空中大學八十九年八月），頁三二～三三。

註三：行政院大陸委員會，交流與障礙（台北：行政院大陸委員會，八十八年二月，四版），頁四附圖。

註四：易君博，政治理論與研究方法（台北：三民書局，七十三年九月，四版），頁二一五～二一六。

註五：陳福成，中共武力犯台研究——決戰閏八月（台北：金台灣出版社，八十四年七月十日），第七章。

註六：準定律（Quasi Law）又叫傾向律（Tendency Statement），與蓋然性定律（Probability Law）相髣，都能容忍例外的存在。

註七：Harold D. Lasswell and Abraham Kaplan, Power and Society, A Framework for Political Inquiry (New Haven and London：Yale University Press, 1950), pp.16-17, pp.55-58。轉引雲五社會科學大辭典，第三冊，政治學（台北：台灣商務印書館，七十八年一月，八版），頁三六七

註八：David Robertson, A Dictionary of Modern Politics (London：Europa Publications Limited, 1985), p.159。

註九：張宏遠，「國家利益」，雲五社會科學大辭典，第四冊，國際關係（台北：台灣商務印書館，七十四年四月，增訂三版），頁二一四～二一五。

註十：Liu Chien min（劉建民）, A study of psychological Conflict and Frustration in Julius Caesar (the Arts to the Graduate School of Foreign Literature and Languages The Institute of Graduate Studies Fu Hsing Kang College, 1991), pp. 13-16。

第二節

大陸政策與兩岸關係的橫切面變項因素概觀

社會及行為科學（探討與人有關之一切現象和問題）研究，為能達到較高水準之嚴謹、客觀與效度（Validity），（註一）掌握巨視微觀之全貌，洞悉事物之窮原竟委。在研究上常分成橫斷研究（Cross-Sectional Research）、縱貫研究（Longitudinal Research）及橫斷持續研究（Cross-Sequential Research）。大陸政策與兩岸關係何等複雜與弔詭，本節先從橫斷面切入，概觀現狀的各變項因素。

橫斷研究是在同一時間，蒐集、分析、比較各相關資料，研究「此時」各有關的重要變項間關係。是故，橫斷研究即從「現在」時間切入，進行「現狀」觀察與了解。

壹、大陸政策與兩岸關係橫切面變項觀察統整

除純數理邏輯、自然科學或實驗室中進行的真實驗設計（True Experimental Design）（註二）可以疏理出明確的變項關係，全程控制各變項。其他方面科學都極難做到精確與控

制，因此，大陸政策與兩岸關係所涉及的現狀變項，經長久研究觀察，可以圖解如下。這是一個統整概觀圖解，為求化繁為簡，試從國際政治、兩岸政治情勢、國家安全、經濟關係和系統環境概述之。

貳、國際政治間所涉及的變項

國際政治是權力政治（Power Politics），而「政治就是價值的權威性分配」。（註三）在國際上「誰」對我們的大陸政策與兩岸關係能做「權威性分配」呢？無疑的是

大陸政策與兩岸關係的橫切面變項觀察圖解

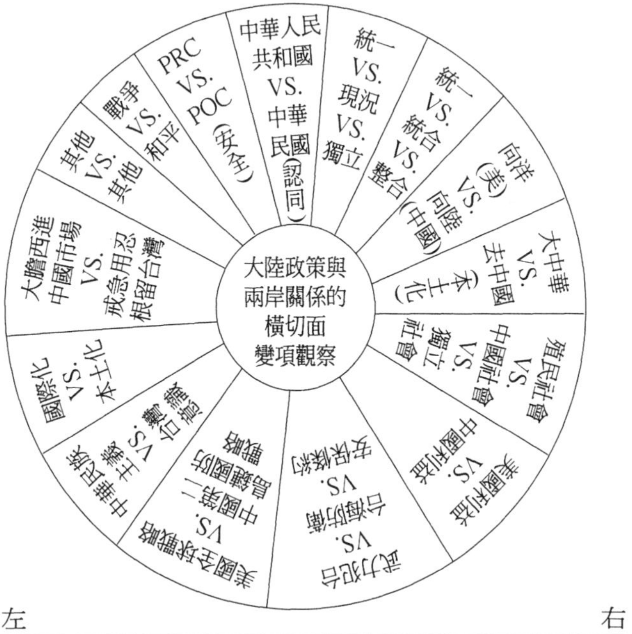

註：本圖乃將拙著：解開兩岸 10 大弔詭（台北：黎明出版，九十年十二月）一書，全書意理濃縮而成，可見該書深入剖析。

聯合國、美國。另外，亞太地區有影響力及動盪不安的國家，雖沒有對我直接產生「權威性分配」，但地區衝突或結盟，依然間接影響對我的「權威性分配」。

中華民國被迫退出聯合國，及近年重返聯合國均徒勞無功，就是對我國最嚴重的「權威性分配」。雖然我國不是聯合國會員國，但「聯合國憲章」第二條，第三、四款：

各會員國應以和平方法解決其國際爭端，俾免危及國際和平、安全及正義。

各會員國在其國際關係上不得使用威脅或武力，或與聯合國宗旨不符之任何其他方法，侵害任何會員國或國家之領土完整或政治獨立。（註四）

憲章第七章第三十九條規定，安全理事會應斷定任何和平之威脅，和平之破壞，或侵略行為之是否存在，作成建議或抉擇，以維持或恢復國際和平及安全。若任何會員國違反憲章，按憲章第二章第五、六條，還是可有依循處理的辦法：

聯合國會員國，業經安全理事會對其採取防止或執行行動者，大會經安全理事會之建議，得停止其會員權利及特權之行使。

聯合國之會員國中，有屢次違犯本憲章所載之原則者，大會經安全理事會之建

議，得將其由本組織除名。（註五）

可見聯合會在國際政治上所扮演的角色，依然有其法源根據，而且「位高權重」。雖然近年來聯合國對台海地區的軍事緊張，均未依法按照憲章規定介入化解兩岸紛爭。但因憲章有明確規定，我們有理由相信聯合國對我大陸政策與兩岸關係隨時都可能是重要變項，只待其投入時機。

所謂「兩岸三邊」，美國不僅是不可缺的一邊，更是最強勢的一邊。是故，美國對我是重大變數，此無可質疑。而在台灣週邊地區也可能對我投下變數者，應屬兩韓及安保條約中的美日兩國。南韓民眾對美國駐軍日趨反感，而且統一將會對美軍駐韓進行再評估。據悉，中共已經正式建議美國在兩韓統一後撤離朝鮮半島，屆時日本成為美國在亞洲唯一且規模最龐大的軍事基地。目前已有報告顯示，美國已針對裁減甚或撤出駐日與駐韓的美軍地面部隊進行檢討中。（註六）若兩韓統一，若美軍撤出日韓，無疑的是對兩岸關係也投下更多不可預測的變數。

此外，突發性地區緊張也可能為兩岸帶來變數。「九一一事件」中共可能誤判美國重視北京在反恐怖主義戰爭中的重要，而認為北京此時對台灣若採取打壓行動，美國可能不會偏袒台灣。縱使小到一個小小的釣魚台也可能引發區域動亂，以第三次保釣運動（民八十五年十月）為例，日本動員海上保安廳船艦五十艘在釣魚台海域戒備，六架E2C空中預警機在那霸軍用基地待命，空降野戰部隊進駐琉球。台灣方面有F5E戰機、E20空中預警機、S2T反潛巡邏機及東偵艦隊部署在釣魚台周邊地區戒備。中共方面當然也不會缺席，南京軍區部份海空戰力和東海艦隊均分別在釣魚台海域巡弋。三方面（中共、台灣、日本）有一方非理性行為，都將引爆多國戰爭，對兩岸關係就是不可預測的變數。

參、中共內部與台灣可能出現的變項

在鄧小平過世之前數年，外界對中國大陸可能出現的變局有許多是負面的。例如「新戰爭論」一書認為，大陸新起的社會菁英要求更多政治與經濟自由，當他們不再忍受干預，中國將導致分裂與內戰。（註七）美國國防部在一九九四年十月對中國的研究報告預測，在二〇〇一年中共的體制將發生崩潰，進而出現非共產主義領導人，以強烈的民族主義主張奪回舊領土，包括對越南用兵徹底統治南沙群島，對台灣的獨立行動展開武力攻擊，完成中國之統一。（註八）若以上預測成事實，相信也是兩岸一種「不可控制」的變項。

鄧小平平靜地過逝，中國大陸在穩定中發展，隨著改革開放有成，國際地位日增，從「紅色中國」轉型成固有的「中國」漸受肯定，更強化其合法性（Legitimacy）基礎。惟民主化浪潮居高不下，人民要求組黨結社呼聲不斷。儘管中共一再宣稱所謂「民主黨派」的存在，而且中國科學院學部委員中有一半是民主黨派成員，以及那些單位也有多少民主黨派成員。（註九）其實外界都知道，中國大陸那些「民主黨派」根本沒有自主性，他們只是共產黨的一個「宣傳單位」。但我們也有理由樂觀審慎，中國大陸在既有基礎上穩定發展，「黨內」到「黨外」逐漸進行民主化，對台灣而言應是一個良性正面的變項。

在台灣方面的變數，從政治版圖區分看，有所謂獨立傾向的「泛綠」（民進黨和以李登輝為精神領袖的台聯），以及「泛藍」（國民黨、親民黨和可能泡沫化的新黨）。這些陣營假以時日再加以整合後，對「統一」和「獨立」如何定義與解讀，到目前為止台灣內部所提及並討論者，如「國協」、「邦聯」、「聯邦」、「一中兩國」、「一國兩區」，甚至「一國兩制」，雖有統一的意義，但也有某種程度「獨立」的內涵。（註十）所謂「多數的主流民意」對統獨的解讀和選擇，必然對兩岸關係投入巨大的變項。

此外，台灣內部統獨爭議激化或失控、過度依賴美、日關係來維護安全，例如軍事關係增強成為同盟或準同盟等，無異都是兩岸不可逆料的變項。

肆、一雙「看不見的手」投入變數：經濟

自從亞當史密斯（Adam Smith, 1723-1790）發現一雙「看不見的手」（The Invisible Hand），這雙「隱形手」就推著歷史向前進（甚至引導；史密斯之前這雙手也是

存在的。）推倒了前蘇聯及東歐共產國家，推倒了佔領半個地球的共產主義。當然，也推開「紅色中國」的大門，走向「社會主義市場經濟」，最近在台灣維持五年的「戒急用忍」也被推開了。

這雙「手」是甚麼?是私有財產制（Private Property），是「利己」（Self-interest）的驅動，是最大限度的自由放任（Laissez nous faire or leave us alone），一言蔽之曰「競爭與自由市場制度」。台灣所推行的經濟制度雖曰「民生主義的經濟制度」，但因維持相當高的自由經濟特質，故也不能免除「隱形手」的驅動。從「戒急用忍」被推開，改「積極開放、有效管理」，筆者以為有三個驅動力，其一是台灣產業求生存與發展；其二是中國市場的拉力，這裡即將成為世界最大的經濟體；其三是全球經濟競爭力使然。三個驅動力是三個巨大的變數，台灣無可避免；也是三種「致命的吸引力」，台灣抗拒不了。

經濟的能耐不止於此，經濟與國防尚有因果、支持及依存三種關係。（註十一）在亞太地區「經濟就是安全」，中國人更視民生與國防是合一的，故稱經濟是「建國」之學。兩岸即將在二○○二年加入世界貿易組織（WTO），預判中國大陸將在市場導向下與國際經濟體系進一步接軌，台灣對大陸的經濟依賴也日趨升高。這雙「看不見的手」將為兩岸關係投下變數，經濟推手也將啟動政治改革的腳步。

大陸政策與兩岸關係所涉及的橫切面變項雖舉之不盡，惟按伊斯頓（David Easton）

的系統理論（System Theory）解釋，所有變項可化約成三組系統，圖解如下。體系觀念在現代政治學研究中為一項重要發展，圖中投入（Inputs）包含需要（Demand）及支持（Support）；產出（Output）包含計畫與行動。在整個體系運轉過程中，產出在環境中再行作用，重新再投入政治體系，這一程序稱為反饋（Feedback）。當兩岸都加入 WTO 後，此種體系運作均逐漸增強，體系理論的優點是確保所有變項均能納入運作，使體系不致於崩潰，對兩岸來說這是一種安全。

大陸政策與兩岸關係現狀體系變數圖解

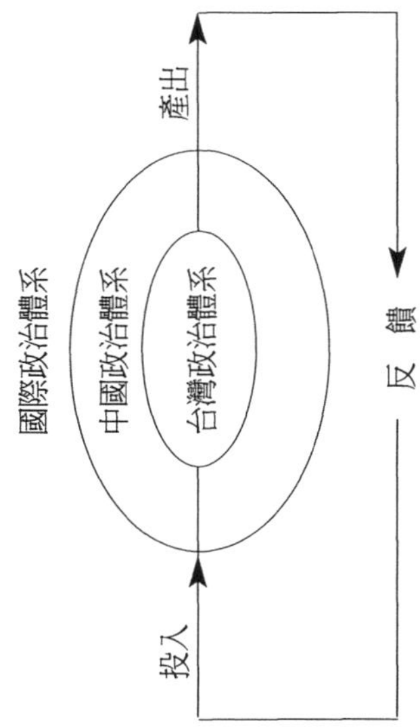

【註釋】

註一：所謂「效度」（Validity）是指研究結果符合真實的程度，或是指研究結果之正確性的程度。由此可以檢驗所研究的東西接近「真」的程度，當然也表示主事者（研究者）觀點的真實程度。即言「程度」，只能論高低，不能說有無。其檢驗方法一般有四種，內在、外在、建構和統計效度等。欲深入了解者，可參閱周文欽，研究方法概論（台北：國立空中大學，八十九年八月），第四章。坊間亦有此類專書。

註二：真實驗設計（True Experimental Design）通常用於政策執行與評估方面，其欲發揮最大效用應在實驗室中進行。真實驗設計具有兩個特徵，一是有實驗組（experimental Group）和控制組（Control Group），藉以相互對照；二是隨機化設計（Randomized Design），使受試者「隨機」分派到實驗組和控制組。真實驗設計因能排除外在干擾因素（包含來路不明、不可控制等），故能控制各種變項，並疏理出變項間關係。

註三：價值的權威性分配（Authoritative Allocation of Values），引美國政治學家伊斯頓（David Easton）對政治體系下的定義。

註四：丘宏達，現代國際法基本文件（台北：三民書局，八十年三月），頁一〇～一一。

註五：同註四，頁一一。

註六：Evan S. Medeiros. Jing-dong Yuan，高忠義譯，A US Military Presence in Asia：Offshore Balancer Or Local Sheriff? 國防譯粹（台北：國防部史政編譯局，九十年九月一日，第二十八卷第九期），頁九～十八。

註七：Alvin and Heidi Toffler，傅凌譯，新戰爭論（台北：時報文化出版公司，初版一刷），第九章。

註八：中國時報，八十三年十月十八日，第九版。

註九：蕭超然，中國政治發展與多黨合作制度（北京：北京大學出版社，一九九一年二月），頁三〇四～三〇五。

註十　：各種統一模式的提出和反應，可見陳福成，解開兩岸10大弔詭（台北：黎明出版公司，九十年十二月），第三詭。

註十一：經濟與國防的三種關係分析，可見陳福成，國家安全與戰略關係（台北：時英出版社，二〇〇〇年三月），第二章，第三節。

第三節 大陸政策與兩岸關係的縱向歷史變項因素概觀

縱向研究（Longitudinal Research）是依照時間的延續，蒐集長時期資料，據以分析和比較的研究。所以這也是一種以歷史研究（Historical Study）為基礎，探究造成「現狀」的歷史原因。雖然我們說的大陸政策與兩岸關係是「現在進行式」，並期望對「未來式」做預測，但不可能把「昨日以前」一切割斷，因為現在與未來都建基（聯結）於過去的歷史。沒有歷史，就沒有現在與未來。

壹、大陸政策與兩岸關係的縱向歷史變項因素統整

大陸政策與兩岸關係為甚麼成為「現在」的樣子，必然有諸多歷史變項因素所導致，從個別論觀之，只不過是「四 W」（Where、Who、When、What）的交叉關係；從整體論觀之，就以文明（Civilization）和文化（Culture）為重點。（註一）這是一個數百年乃至數千年的歷史延續，把這些歷史變項因素統整如左表。為甚麼說表列各項都是「變數」？

原因之一是抽離該項後歷史將會改寫，之二是該項已經「存在」，影響也將持續到未來更久遠的年代，不可知的影響還在後頭呢？以下針對各變項簡述之。

大陸政策與兩岸關係的縱向歷史變項因素統整表

殖民遺毒、強權擴張爭食、政治發展、現代化	（未來）統獨選擇	中華文化、西方文明、共產主義、台灣自主意識
	政治版圖重組 民進黨執政	
	解嚴開放	
	戒嚴時代	
	228 事件	
	台灣光復	
	日據時代（皇民化運動）	
	清治時期（台灣建省）	
	鄭領時期	
	荷領時期	

貳、先天性與結構性的中國文化架構

此處的「文化」取廣義用法，包含人所創造出來的精神文化和物質文明。即由人所創造，則和民族性有關，西方思想家赫德（Johann Gottfried Von Herder, 1744-1803）研究中國文化後強調，中國文化的形成與中國人的民族性有關，其他民族如果處於中國古代的地理和氣候的環境中，不一定能創造出中國文化。（註二）

到底「中國文化」是甚麼？顯然此處勢必採整體的宏觀不可，若採微觀分析，則政治、經濟、音樂、美術……成為一個無窮盡的命題。中國文化的具體內涵就是儒家文化，儒家早在春秋時代通過百家爭鳴與儒墨辯論，就取得中國文化發展的正統地位，貫穿二千餘年而仍常青。民國以後雖曾有「打倒孔家店」和「批林批孔」之逆流，但也不久又取回主流地位，現在兩岸都在尊孔，可見儒家文化是有定常性的。中國文化是從「人的存在與尊嚴」開始，（西方文化從神的存在與尊嚴開始，文藝復興後的人文主義，人才慢慢的「存在」與受到重視，與中國文化是全然不同的。）因為孔子用「仁」字來界定「人」，孟子再加仁義禮智四端，後來陸象山更進一步提出「不識一字也要堂堂做一個人」，中國人普遍接受這種看法。所以中國的「人」最有普遍性，在這個普遍性的基礎上，來看人與天地的關係、人與人的關係、人對自我的態度及人對生死的看法，余英時先生論中國文化的價值體系時亦由此切入。

首先是「人和天地的關係」。中國人相信「天地之大德曰生」、「生生不已」的，人在天地萬物之內，且為萬物之「靈」，故能「贊天地之化育」，所謂「人與天地萬物一體」或「天人合一」是較為明確之意涵。由此發展出「萬物並育而不相害」，與自然共存，而不是征服。這意外地與現代環保理念相同，但與整個西方文化相較可能是「後現代」，甚是「超現代」的。其次「人和人的關係」，中國人從個人修身的五倫開始，向外擴及齊家、治國與平天下，政治社會是人倫關係的逐步推展，都有一定的秩序，這種秩序就是「倫」。第三是「人對自我的態度」，中國文化是從內在超越的觀點來發掘自我的本質和價值，強調「自反自省、反求諸己」；自我價值的肯定無須等待「上帝之死」，中國人對儒、釋、道的信仰也早已「去神話化」（Demythologization）。人的價值源自內在的人心，上起孔、孟、老、莊，中經禪宗，下達宋明理學，都以修己為力行的工夫，形成恆久而深厚的傳統。最後是「人對生死的看法」，死後如何？是一個「永恆」不可知的命題，所以孔子選擇誠實面對說「未知生，焉知死，未能事人，焉能事鬼」。大體上中國人的生死觀仍是「人與天地萬物為一體」觀念的延伸，佛教東來後「輪迴觀」也很受民間歡迎；但中國人對「永生」的保證還是來自立德、立言、立功三不朽，使我與天地萬物合一，天地存在我亦存在，由此便擺脫「死」的恐怖，如莊子說「善吾生者，乃所以善吾死也。」

以上是對中國文化最概觀簡略的詮釋，台灣在這個文化架構下歷經數百年育養成長。對中國文化素有研究的學者 Lucian W. Pye with Mary W.Pye，在 Asian Power and Politics：The Cultural Dimensions of Authority 一書中，明確指出以儒家文化為內涵的中國文化，在亞洲地區的影響力超過印度、佛教及伊斯蘭等文化，特別是日本、台灣、香港、韓國等，都以儒家文化為養分才顯得豐富與恆久。（註三）至今台灣仍儼然是一塊中國文化的「保留地」。

參、一個涵化的機會：西方文明、現代化與政治發展

涵化（Acculturation）是兩種以上文化相互接觸後，產生文化變遷的一種歷程。東、西方文化涵化最激烈應是滿清中葉至今這兩百年間，對中國文化的影響，在西方物質文明、現代化和政治發展（Political Development）三個深廣度不同的層面上。十九世紀後西方

文化發展出來的帝國主義、殖民主義（Colonialism）、以進化論為依據的霸權爭奪，對亞、非國家（中國為首）造成的傷害，看似雲消霧散了，其實很多地方正自承擔祖先的苦難「父債子還」（如台灣、東帝汶）。但也有正面的意義，台灣與西方文化的接觸比之中國大陸，在現代化和政治發展上既深且廣。特別是政治發展（中共的現代化不包括政治發展），按照許多西方學者的理論，經濟發展（Economic Development）的結果，必然導致政治發展，這個過程雖然是一種「類推」（Analogy）理論，但也是可操作性的。（註四）台灣在這個過程中打開政治現代化的大門，所謂的「民主政治」的制度與文化，在台灣的實踐有些「四不像」，至少有機會進行「台灣經驗」的實驗。

另一方面，西方文化也面臨困境，這是長時期以來許多學者所思考「西方沒落」的問題。物質文明過度追求，人都「物化」（Reification）了，美式「自由、民主、人權」無限上綱，導致各地區種族與宗教衝突。美國「九一一」事件是個典型例子，美式民主實踐產生的後遺症：社會與人性都全面腐化、惡化、物化，稱「西方文化」或叫「美式民主」，是否具有普世價值？是否放之四海皆準？中國大陸堅持不照單全收，台灣止於實驗，未來會如何涵化？

肆、日本殖民文化的遺毒

日本軍國主義是日本接收西方文化中的病態文化，加上其本土化異化後產生的變種。這隻變種入侵中國及鄰邦，並殖民台灣五十年，推行「皇民化運動」，圖使在台灣的中國子民變成「日本皇民」（實即皇奴）。此事已過半世紀，對現在「大陸政策與兩岸關係」尚有變數存在嗎？筆者肯定曰「有」。

小林善紀「台灣論」和「金美齡事件」就是證據，以李登輝、許文龍、蔡焜燦及金美齡等人為代表，都自以為是比咱們台灣人高一等的日本皇民，站在「皇民奉公會」的立場，說「慰安婦是自願的」、「高砂義勇隊是從軍報國」，說霧社事件是「謊言」。（註五）如此將台灣婦女「妓女化」，將台灣同胞「皇奴化」，而普遍的台灣人並未覺醒，那些代表性人物也在台灣政治版圖佔領一小塊空間，這就是殖民文化的遺毒，禍害恐要及於下一代了。當然，這種情形也讓「台灣民族主義」從口號，進一步虛擬化。（註六）

為甚麼被奴化尚未自覺？基本上是自己的民族主義（中國民族主義）尚未形成的原因。當一八九五年台灣割日時，中國民族主義尚未誕生（依　國父原意是消亡狀態），民國以後到抗日戰爭民族主義發展完成，可惜來不及台灣人民「用」，當時台灣正受日本皇民化毒害中。已故學者戴國煇先生總結日本殖民台灣的遺害是，我們被迫害成為「跛腳」不完整的台灣人或中國人。（註七）少數人也疑惑，日本也留下台糖、台電、台鐵、台大及一些醫生和律師，日本也不太壞吧！這是一種錯覺。殖民統治的母體——日本，在台灣的一切政策和措施，都為日本本國利益而設計，若不能維持基本設施，其本國資本家會來台灣投資嗎？日本並非給台灣留下甚麼？而是他們敗戰後「拿不走」了。

日本真正留在台灣的是皇民化的遺毒，這些毒素對「大陸政策與兩岸關係」是一種變數，也是一種存在歷史中的變項。

伍、人類文化發展的異形：共產主義及其政權

我國近代史上欲「去中國化」者，如日本在台灣的「皇民化運動」，近年台獨陣營打著「本土化」之名行「去中國化」之實，惟成效不彰，難以落地生根（應該說無法移除中國文化土壤）。但「去中國化」規模最大，執行最力影響最深，而遺害最烈者，卻是共產主義與中國共產黨。現在他們馬列之路走不下去，又回歸中國試探「中國式社會主義」之路，共產主義者和台獨碰到相同的問題，「中華文化的土壤既深厚又寬廣」，想要「去中國化」可能反被「中國化」。

有關共產主義的研究已經很多，此處僅針對「分裂國土」和「國家認同」略述。一九四九年中共分裂出去最大的一塊叫「中華人民共和國」，中華民國到了台灣。中共建政後立即承認蒙古獨立，而且奉送面積大於台灣的領土給蒙古國。另外在毫無簽署任何條款下，把唐努烏梁海斷送給前蘇聯，獨立叫「圖瓦共和國」（Tuva Republic）。描述這段史實之目的，

在說明憲法所規定的「固有疆域」（中共也認同，從一九一二年起算）現狀，應包括：中華民國、中華人民共和國、蒙古國、圖瓦共和國。此始作俑者，正是中共，今日中共可敢向全中國人民宣稱，蒙古與唐努烏梁海是中國不可分割的領土否？今日我「大陸政策與兩岸關係」面臨之困境，豈可全都歸咎於台灣方面之不合作？

台獨欲「去中國化」而走入死巷，共產主義欲「去中國化」而被丟入歷史的灰燼中，只好回歸中國探求出路。可惜尚未完全回到中國文化的主流途徑上，因為中共在憲法上規定「馬列主義」道路的正確性。就法的層面言，中華人民共和國在國際上是中國唯一代表；就理的層面言，中華人民共和國是中華民國的一個「衍生性產品」；（註八）就情的層面言，一個「非中國化」的共產政權，終究在中國歷史文化上是「偏統」，而非「正統」，合法性的不足恐怕比中華民國更嚴重。所以，當前之要務是共產主義如何「非共化」，或揚棄或轉型，回到中華文化的主流價值上，兩岸問題自然水道渠成。

兩岸只有先解決自己的問題，中國才能全面消化西方文化，完成現代化與政治發展工程。牟宗三在談「中國文化發展中義理開創的十大諍辯」時，就認為破共、辨耶、立本、現代化若能都完成，中華民族才算盡其本性。（註九）中華文化才能暢通以健全民族生命；反之，民族不能盡其性，便不足以建國、立國，這是全中國人的共同使命。

陸、台灣意識的現狀與變數

在西方文化、中華民族主義、日本殖民統治、共產主義、二二八事件及整世紀統獨論戰與夾殺，台灣意識終於形成。（註十）國內對台灣意識素有研究的當代儒將虞義輝博士，在他的著作中把「台灣意識」分三類：鄉土意識、台獨意識和現實主義的台灣意識等。基本上是台灣人民在面對不同政權時，內部不斷自我調適整合的各種心理、社會、政治的面向反映。可圖解如左圖。

台灣意識本來是一種很正常的意識，如住在山東的人有「山東意識」，住在紐約的人有「紐約意識」，住在高雄的人也有「高雄意識」。「我是誰？」本來就要有自己的覺醒，此實人之常情。「台灣意識」被一批政客活生生血淋淋的肢解，拿來當政治工具，回過頭來宰殺咱台灣人。第一、獨派把台灣意識無限上綱，企圖創造出「台灣民族主義」，以利煽動群眾，激化支持者，名為「台灣出頭天」，實為自己謀政治與經濟利益。第二、當小林善紀「台灣論」和金美齡事件發燒時，李登輝、許文龍、金美齡等人都美化日本殖民統治台灣，合理化軍國主義的惡行，說慰安婦是「自願」行為，說被徵充當日本兵的台灣仔是「從軍報國」，他們的台灣意識在那裡？其實「日本皇民」那會有台灣意識？還有，論戰過程中原住民和客族都「無意識」，「高砂義勇隊」是義行，「霧社事件」是謊言，他們都沒意見，

「台灣意識」在那裡？還有，學術界的所謂「學術良知」也不在了，學者各為其主、其山頭、其黨派之利發言，台灣意識何在？

台灣意識像是被丟在荒野的一頭死豬，只是養活了很多爭食者。整個台灣社會像一座原始叢林，只見叢林法則，任由「進化論」宰制，不見人性、法律、道德與秩序。

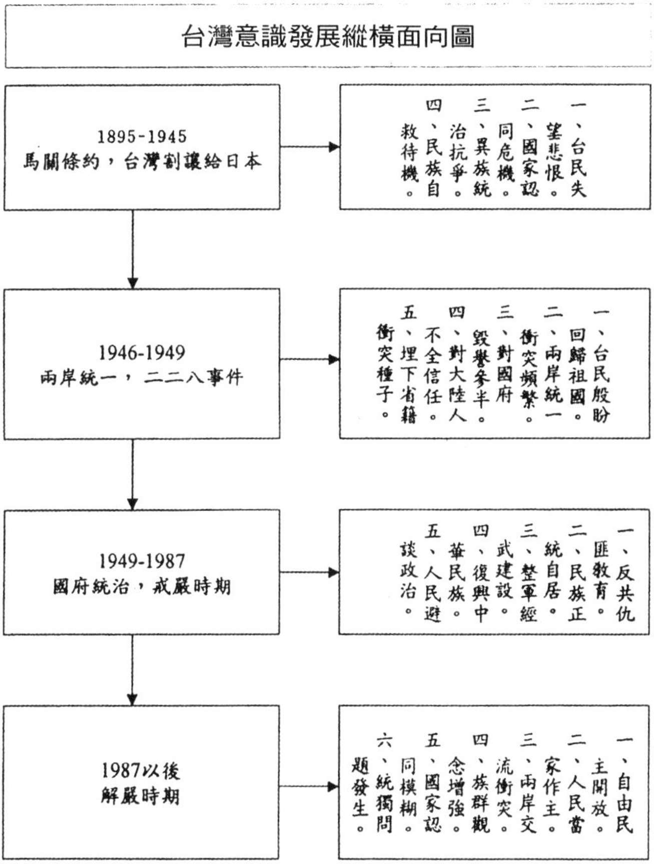
台灣意識發展縱橫面向圖
1895-1945
馬關條約，台灣割讓給日本
一、台民失望悲恨。
二、國家認同危機。
三、異族統治抗爭。
四、民族自救待機。
1946-1949
兩岸統一，二二八事件
一、台民殷盼回歸祖國。
二、兩岸統一衝突頻繁。
三、對國府毀譽參半。
四、對大陸人不全信任。
五、埋下省籍衝突種子。
1949-1987
國府統治，戒嚴時期
一、反共仇匪教育。
二、民族正統自居。
三、整軍經武建設。
四、復興中華民族。
五、人民避談政治。
1987以後
解嚴時期
一、自由民主開放。
二、人民當家作主。
三、兩岸交流衝突。
四、族群觀念增強。
五、國家認同模糊。
六、統獨問題發生。

資料來源：虞義輝，民族主義在兩岸交流互動中影響之研究，中國文化大學中山學術研究所，89年8月，頁193。

以上是台灣意識的現狀，現狀就是亂局，亂局充滿著變數。這一節僅在概觀大陸政策與兩岸關係的歷史變項因素，中國文化架構是先天性與結構性的，日本「皇民化運動」和中國共產主義都用政治力量極其「去中國化」，前者潰敗，後者極可能反被「中國化」，台獨這株草如何撼動中國文化這棵「神木」。日本殖民遺毒只是在台灣還有些落日餘輝，這一代結束後也該回到歷史的灰燼中。而共產主義「非共化」，進而回歸中國文化應是可以預期。如此，台灣意識回到中國文化並與西方文化進行涵化，台灣與全中國的現代化才是生存與發展的生機。回到「以民為本、以仁為基、以德為治、以禮為用」的社會，（註十一）西方文化所要反省的不就是這些，而這些都在現代化與物質文明浪潮中被淹沒，中華文化使其重生長根。

【註釋】

註一：文化通常指人類社會進步過程中種種精神的產物，如科學、宗教、道德、風俗等，凡形而上的精神層次產物均屬之。文明指物質方面的外部生活，凡形而下的物質層次產物均屬之，文明亦可以說是文化的一部份。

註二：余英時，中國思想傳統的現代詮釋（台北：聯經出版公司，八十四年十二月），頁三。關於「中國文化」可參閱本書，第一篇「從價值系統看中國文化的現代意義」。

註三：Lucian W. Pye with Mary W.Pye, Asian Power and Politics：The Cultural Dimensions of

Authority (USA：Harvard College, 1985), pp.55-56。

註　四：David Robertson, A Dictionary of Modern Politics (London：Europa Publications Limited, 1985), pp.263-264。

註　五：見九十年二月，國內各報紙媒體報導。

註　六：關於台灣民族主義的虛構，可見陳福成，解開兩岸10大弔詭（台北：黎明文化出版公司，九十年十二月），第七詭，各講。

註　七：戴國煇，台灣結與中國結（台北：遠流出版公司，八十三年五月十六日），第二章。

註　八：翁明賢、魏宇成，「建構一個分工的中國」，二〇〇〇年國家安全戰略情勢評估：不對稱戰略思考與作為學術研討會，兩岸關係議題（八十九年三月二十五日），頁六二～九四。

註　九：中國文化發展中義理開創的十大諍辯是：（一）春秋戰國時代儒墨諍辨；（二）孟子和告子「生之謂性」辨；（三）魏晉「會通孔老」；（四）也是魏晉「名言」能不能盡意之辨；（五）南北朝「神滅不滅」之辨；（六）佛教傳入後「山家山外」之辨；（七）南宋陳亮、朱子「道德判斷與歷史判斷」之辨；（八）明朝王龍溪與聶雙江「致知議辨」；（九）也是明朝許敬庵、周海門「九諦九解」之辨；（十）中華文化如何「破」共產主義魔障之辨。見牟宗三等，開創與反省（台北：幼獅文化公司，七十六年十二月），第一篇。

註　十：台灣意識形成過程的分析，見本書作者另著，同註六書，第七詭。

註十一：Yu Yih-huei（虞義輝），Confucianism in the Three Principles of the people (The Arts to the Graduate School of Foreign Literature and Languages Fu Hsing Kang College, 1988), Chap.2。

第四節 大陸政策與兩岸關係的地緣變項因素概觀

地緣（Geo-）是土地的結合辭，意指一塊地與相鄰另一塊地的固有關係。人類依賴土地而生存，所以人類的生活方式、社會組織、政經，及至國防力量的形成與發展，都受到生存領地的影響與限制。所以，歷史學家研究歷史文化之前提，首先了解地理因素與地緣關係。

本章前面三節所述那些結構面的基本問題，大體上均源自地緣關係的存在；若不存在兩岸本有的地緣關係，則其他關係（縱橫及各種基本性質）也都不存在。它（地緣關係）不屬於歷史文化，但是歷史文化的「框架」；它也不屬於政治或經濟，但政經政策必須依據它來設計與執行。所以，地緣關係是先天的、固有的與結構性，非後天與人力所可以任意改變。例如「台灣」這塊地，三千萬年前自海中升起便確定了它與大陸版塊的關係，此種關係先於一切歷史、文化、文明及其他各種可能的關係而存在，並對所有後來者（歷史等）產生結構性的影響。

如果經濟上的自由競爭與利己法則是「一雙看不見的手」，那麼地緣關係就是恆古以來人民生存領土與國際叢林法則中「一隻看得見不死的恐龍」。人類在地緣關係架構下存在（發展）有三個不同層次的關係：地緣政治、地緣戰略與地緣經濟。

壹、地緣政治及大陸政策與兩岸關係

地緣政治學（Geopolitics）是討論自然環境與政治關係的一門科學。（註一）最早亞里斯多德曾談到環境對政治的影響，以後歷代有論述者，康德(Immanuel Kant, 1724-1804)首創「政治地理學」（Political Geography），是「人類、空間及資源的戰略」的社會科學。（註二）在這樣的地緣架構下，政治力量的運作必須遵從三大原則。其一、國家安全必須基於積極參與世界政治活動，而不僅以退守其國界，或藉大陸上的屏障，防禦敵人之攻擊與侵略為已足。其二、國際正義必須基於人類對於暴力的制勝；此即尊重個人超於國家，或任何宗教與非宗教的組織。其三、國際和平必須基於國際力量的運用以確保正義；此即人類社會必須繼續從部落，經地方、省治、國家，向世界大同的方向以事發展。（註三）至十九世時德國出現李透（Karl Ritter, 1779-1859）為先驅的地理決定論者。

政治地理學自康德創始後，經雷茲（Friedrioh Ratzel, 1844-1904）發揚光大，提出國家發展法則理論，認為歷史文化的發展與地理的息息相關，雷茲始為地緣政治學之父。但

「地緣政治學」一詞為瑞典政治學者凱倫（Rudolf Kjellen, 1864-1922）所創用，可惜此時的「地緣政治學」已被錯用，成為侵略者對外擴張的理論根據。包含凱倫在內，還有赫曉夫（Karl Haushofer, 1869-1946）和曲里柴克（Heinrich Von Treitschke, 1834-1896）等理論家在內，都提出生存空間論（Lebensraum, Living Space），認為強國可以奪取生存所需要的領土，顯然這是侵略者拿「進化論」為藉口所行的領土擴張主義。其罪不在「地緣政治學」一詞，人才是禍首。

兩岸關係（稱中國問題或台灣問題）在地緣政治架構下，不論中國大陸或台灣是無可爭脫的。從中華民國被迫退出聯合國，美國放棄台灣轉而與中華人民共和國建交，都緣於地緣政治的考量。季辛吉（Henry Kissinger）在他的「大外交」（Diplomacy）就提到，尼克森想要的是與中國合作，一起對付蘇聯在地緣政治上的攻勢，使蘇聯兩面受敵，西有北約，東有中共。季辛吉在一九七一年七月祕訪北京，尼克森的遠見實現在望。

後來尼克森與毛澤東會面，毛都開門見山說過，「台灣是小問題，世界才是大問題。」又說「我們可以暫時不去管它（台灣），等個一百年吧！」（註四）此即著眼於地緣政治因素，台灣本來在這個地緣架構下，跑不掉的，所以是「小問題」。在如來佛的眼中，孫悟空不論如何能跑或飛，都是「小問題」。讓它跑，跑一百年，還是要回來。回到中國歷史，分裂從來不是永久的，讓台灣跑（分裂、分治）一百年，還是要回到原來統一的局面。

貳、地緣戰略及大陸政策與兩岸關係

地緣戰略乃承襲自地緣政治，其重要理論家如麥金德（Sir Halfard J. Mackinedr, 1861-1947）、赫曉夫、施比克曼（Nicholas J. Spykman, 1893-1943）、馬漢（Alfred Thayer Mahan, 1840-1914）、杜黑（Gen. Gigulio Douhet, 1869-1930）等。（註五）但到第二次世界大戰後美國葛德石（George B. Cressey）教授才創用地緣戰略學（Geostrategy，中譯另有譯為「地略學」），一者揚棄擴張主義，再者把問題限定在戰略論述範疇內。統整近現代地緣戰略的運用和影響，不外全球與區域兩個不同的層次。

一、全球均勢與集體安全的地緣戰略觀

英國的理論家麥金德提出心臟地帶論（Heartland），他把歐、亞大陸視為世界島（World Island），而世界島的「心臟地帶」在東歐及西亞地區，據此提出有名的世界地緣戰略總結論（一個地緣戰略公式）：

統治歐洲東部者，可號令「心臟地帶」。

統治「心臟地帶」者，可號令「世界島」。

統治「世界島」者，可號令「全球」。（註六）

當第二次世界大戰時，麥氏撰文強調心臟地帶論，稱「心臟地帶」是全世界無可匹敵的天然堡壘，蘇聯已佔有這個堡壘，必將脫穎而出成為世界強國。

但施比克曼認為麥金德的理論需要修正，施氏認為心臟地帶的外圍「邊緣地帶」，夾在大陸與海洋之中間地區，恰好成為陸權國家與海權國家間的「緩衝地帶」，並對心臟地帶形成大包圍。施氏稱這個緩衝帶為「內新月形帶」（或邊緣地帶，Rimland），而在內新月形帶的更外圍稱「外新月形帶」。施氏修正的新公式：「欲控制世界命運，必須控制歐亞大陸；欲控制歐亞大陸，必須控制邊緣地帶。」（註七）綜合麥金德和施比克曼二家理論，並具體圖解示之。（註八）

第二次世界大戰後，不論國際和平所賴的權力均衡（Balance of Power）、聯合國憲章所規定集體安全制度（Collective Security System）運作，及對共產陣營制定的圍堵政策（Policy of Containment），即為施比克曼地緣戰略（邊緣地帶論）的具體實施。大陸政策與兩岸關係命題難解的原因，與世界地緣戰略有直接關係，如圖所示，台灣位於內新月形帶（AB線）和外新月形帶（CD線）的東段。台灣地位可使世界權力均勢「失衡」，可使集體安全「失能」，使圍堵政策「失效」。強權所要的是這些，而不是甚麼「台灣人民的利益」，強權的戰略利益才是重要的，而台灣在地緣戰略上的價值，就在她可以確保強權的利益。

二、區域性與區域安全的地緣戰略觀

台灣因為在全球地緣戰略的重要地位，冷戰時代圍堵共產主義不可缺的一環。當中國經改有成，國力快速增強，威脅美國領導權時，也同時在地緣戰略上有三大交錯衝突。其一、兩韓對峙時，如北韓南侵，美軍軍事基地首當其衝，日本安全則受到威脅；其二、南中國海諸島蘊藏豐富油田，同時為海權上印度洋通

世界地緣戰略架構圖

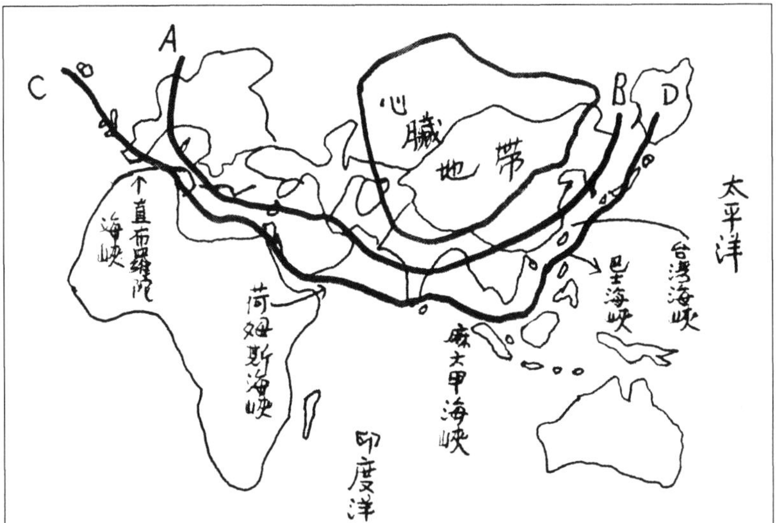

心臟地帶：西起俄國之伏爾加河，東至中國黃河，南起印度，北至西伯里亞。
AB 線是「內新月形帶」：挪威——西歐——意大利——巴爾幹——土耳其——中東——印度——中國東南——朝鮮半島。
CD 線是「外新月形帶」：冰島——英國——伊比利安半島——北非沿岸——亞丁——錫蘭——中南半島——菲律賓——台灣——琉球——日本——千島群島。

向太平洋的要衝；其三、台灣扼東北與東南亞的樞紐，更為大陸發展海權邁向太平洋的障礙。（註九）美國為確保其霸權利益，仍須在西太平洋控制「鏈島之線」，以封殺中共；反之，中國要成為強權必須發展海權，也要控領「鏈島之線」（台灣為要域）。因此，鏈島之線就成為二十一世紀東、西方兩大強權爭奪的防線，實可正名為「陸洋對抗線」（如圖解ＥＦ線）。

台灣地緣戰略與陸洋對抗線

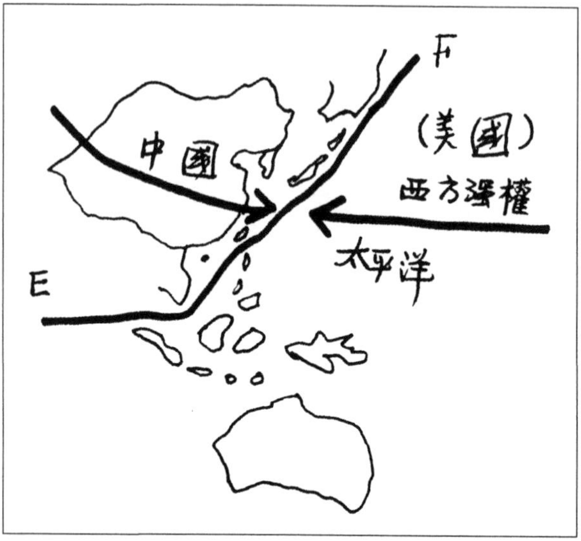

另以台海為中心向亞太地區放射，也可見台灣在區域地緣戰略上的三大重要性。第一、瞰制東北亞要域。鏈島之線在西太平洋地區構成完整戰略網，俄羅斯之海參威，中國北方各要港都在受控之內。日本、韓國與台灣安全均息息相關，此尚可分兩方面言，對共產國家言，北韓與中共從歐洲進入的軍民物質，都從台海進出。例如中共一九九五年二月向俄羅斯購買四艘Ｋ潛艦，由歐洲經麻六甲海峽運往北海艦隊，二月十八日中午經過台灣海峽澎湖與大陸間的國際水域。對非共產國家言，日本和韓國同時是美國的「戰略前緣」，其從歐洲（以中東石油為大宗）進口的戰略物資必須經台灣海峽，故有「重台灣所以保日本，保日本所以衛美國」。（註十）日美安保條約之納入台灣，美國戰區飛彈系統（TMD）納入台海，都是居於相同的原因。

第二、確保西太平洋航道安全。西太平洋有四條戰略水道，對馬海峽、台灣海峽、巴士海峽和麻六甲海峽，台灣控制二條。歷史證明，台灣落入侵略者手中，西太平洋就動盪不安。二次大戰日本侵略中國及南進東南亞，都以台灣為基地或跳板。時序雖到二十一世紀，台灣在西太平洋仍是海權和陸權必爭之地，其原因之一，控領西太平洋戰略水道，即瞰制日本與韓國的生命線並威脅其安全，亦直接威脅美國在亞洲之利益。之二為台灣位處「內新月形帶」東段，台灣受制於中國，將使中俄勢力進入太平洋。之三因而破解美國二十一世紀的全球戰略（重亞輕歐）。之四是中國的崛起與統一已然在望，控領台灣是中國國家發展和地緣戰略上的需要。

第三、暢通「二十一世紀中國命運之海：南海」。南沙為我國重要海軍基地，以此為補給點，能有效控制南海和印度洋之通道，使我國國防戰略前緣向前延伸兩千公里。當俄國勢力撤出金蘭灣，美國撤出蘇比克和克拉克兩基地，中國國防戰略已不止於確保南海，更在填補該地區勢力真空，鞏固新世紀「中國命運之海」。台海位於南海頂端，除瞰制外亦有暢通功能。

參、地緣經濟及大陸政策與兩岸關係

冷戰結束使各國發展目標轉向經濟，因而經濟力量對國際的影響日趨昇高，以中國的經濟實力為全球注目。根據美國很多專家預測，中國最遲到二〇二五年左右經濟力量趕過美國，二〇五〇年將在軍事上超越美國成為世界上唯一的新霸權，Ronald L. Tammen等均持此一看法。（註十一）惟此種轉變仍在地緣戰略架構下產生「地緣經濟」（Geoeconomics）關係。

首先是地緣關係經濟整合有成，如歐盟（EU）、亞太經合會（APEC）、北美自由貿易區（NAFTA）、南錐共同市場（MCSM）等。而中華經濟協作系統（大陸、台灣、香港、澳門），將在新世紀早期成為「共同市場」。但地緣經濟雖受制於「地緣」關係，並不受制於「地緣政治」或「地緣戰略」。例如美國對中國的定調，在地緣戰略架構下視為對手或敵人（克林頓政府視為戰略夥伴，小布希政府視為戰略競爭關係。）但地緣經濟上則視為重要夥伴。再如日本，地緣戰略上是美國的戰略夥伴，但地緣經濟可能是美國嚴重的競爭者或對手。當然，日本許多有智之士（如大江健三郎、田中外相），也從地緣政治與戰略看「日——中——美」的未來，認為日本不能再作美國的應聲蟲，須與美國保持距離。當美國積極發展戰區飛彈防禦系統，日本官方一反常態的反對聲浪，應是體現地緣關係的顧慮而得之共識。

其次就台灣而言，也因地緣經濟關係，勢必「大膽西進」把中國視為一個廣大市場與腹地，台灣捨此即「無路可走」。台灣的獨派視中國為「黑洞」，認為必須遠離（獨立），但這個「黑洞」其實是「地緣戰略與經濟」上的黑洞。

隨二十一世紀地緣經濟時代來臨，中國已代替日本成為亞太地區發展的火車頭，歐盟也將中國定為亞洲政策重心，小布希也不得不接受中國是美國的重要經濟夥伴之事實。在亞太地區，經濟貿易就是安全，亞太安全則全球亦安穩，而這個樂觀的大未來完全繫之於「中——日——美」的地緣關係上，台灣雖面臨許多變數，但可選擇的「變項」其實不多，甚至沒有。

綜合本節從地緣因素看兩岸問題，發現兩岸在共同地緣架構下孕育出共同的地緣歷史（Geohistory）和地緣文化（Geoculture），這是一個立國建國的生活空間，一切政治力量和軍事武力都不能永久割離。另一方面，由於全球及區域的地緣政治、戰略及經濟關係，兩岸都佔有絕頂重要的地位，可謂「合則兩利、分則兩害」。統整各種地緣因素（如圖解），兩岸為謀長治久安，為謀「廿一世紀是中國人的世紀」，能夠名實相符在國際社會受到尊重，應盡早回到地緣因素基礎上尋求發展。

【註釋】

註一：華力進，「地緣政治學」，雲五社會科學大辭典，第三冊，政治學（台北：台灣商務印書館，七十八年元月，八版），頁一一一。

註二：G.Etzel Pearcy等著，世界政治地理（上），屈彥遠譯，（台北：教育部出版，七十三年十月，四版）。頁九。

註三：同註二書，頁三～四。

註四：Henry Kissing，大外交（下），林添貴、顧淑馨譯，（台北：智庫股份有限公司，一九九九年三月，一版），第二十八章。

註五：以上各地緣戰略理論家相關理論，見陳福成，國家安全與戰略關係（台北：時英出版社，二〇〇〇年三月），第五章，第六節。

註六：同註二書，頁五九。

大陸政策與兩岸關係的地緣關係變項圖解

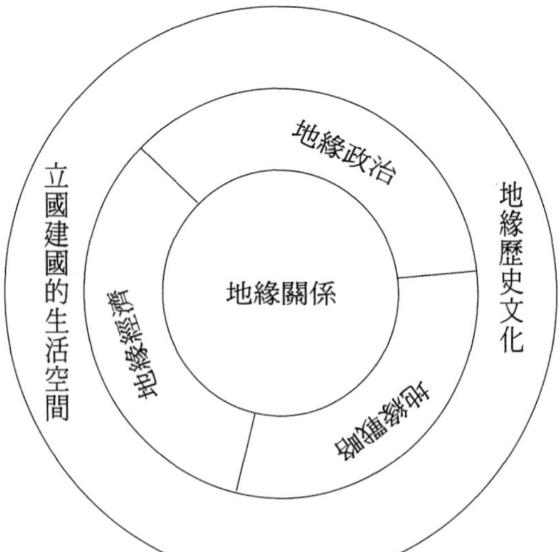

註七：同註二書，頁六九。

註八：麥金德和施比克曼相關資料並無具體圖解，為求具體易懂，筆者圖解並詳述各地帶所經位置。特別是邊緣地帶所經之處，大多是全球戰略要域。

註九：李正中，「從大戰略論美國及中共戰略的迷思與新世紀的前途」，中華戰略學刊，八十八年冬季刊（中華戰略學會，八十八年十二月三十一日），頁一～二四。

註十：鈕先鍾，「亞太地區與戰略水道」，海軍學術月刊，七十七年六月十日。

註十一：Ronald L. Tammen, et at. Power Transitions: Strategies for the 21st Century（New York：Chatham House Publishers, 2000）。轉引熊玠，「二十一世紀中美日三邊關係」，海峽評論，一二九期（二〇〇一年九月），頁一四～一七。

第二章

兩岸關係的發展與困境

兩岸關係經過百年，乃至數百年變遷，
這個過程必定產生疏離與異化。
目前的困境與途徑為何？
「一個中國」有那些爭議？如何定義才能為兩岸人民所接受？
當然，兩岸若整合不當，也有一些意外的發展或變數發生。
怎樣讓變數或變局不要出現而趨向良性發展，
使兩岸人民均霑利多。

第一節

兩岸關係的變遷與內涵

西方史家治中國現代史者，常說中華人民共和國自一九四九年後取代中華民國的地位，成為統治中國唯一合法的政權。（註一）而國內研究兩岸關係的學者論兩岸關係變遷時，也自一九四九年始，殊不知一九四九年後的兩岸關係僅是變遷全程的「末流」，其「上游」、「中游」均被截斷也。歷史事件雖是個別性的（指歷史不能適用普遍性原則或定律），若不能從「總體論」視野詮釋之，也會是見樹不見林。犯「方法論」上的錯也許次之，但流於偏見則茲事體大。另有一部份，如台獨基本教義派、學者李敖等，認為中華民國在一九四九年時「已經亡國」了。（註二）凡此均未合歷史詮釋的兩大法則：事實判斷與道德判斷。

為修正前述「誤差」，本文論述兩岸關係的變遷與內涵，起自上游、經中游而達於下游。

壹、甲午戰爭到日本殖民台灣的兩岸關係與內涵

今日兩岸關係（統獨問題）的難纏，追源肇因應始自甲午戰爭台灣割日。但不代表在甲午之前「一點關係都沒有」，研究台灣史的名家戴國煇先生，論兩岸關係「台灣與現代中國」時，提醒不可忘記「前史性」研究，我們所能學習並當成教訓的只有過去發生的歷史，未來只是一種預測，而預測常因變數太多產生錯誤。（註三）這些前史包括自宋、元朝開始在澎湖設地方行政機關，明代鄭和的艦隊曾在台南安平補給，鄭成功收回台灣，滿清建省並統治台灣二百一十二年，到一八九五年割讓日本為止。但此時（甲午）漢人移民來台已達二百五十五萬人，中國文化已在台灣落地生根。

十九世紀末葉，整個世界的一般景況是：（一）異人種統治（白人種支配有色人種）；（二）異文化統治（不同價值觀念及價值體系）；（三）整個民族或國家（包括具有有機關聯性的地域）被吞併抑或統治。（註四）整個中國包括台灣在內都是受害者，一八九五年（光緒二十一年）三月二十三日，中日雙方簽訂「馬關條約」，除領土割讓外，第五條規定「本約批准互換後，限二年之內，日本准中國讓與地方人民，願遷居讓與地方之外者，任便變賣所有產業，退去界外。但限滿之後，尚未遷徙者，酌宜視為日本臣民。」（註五）依法論法，此後五十年間「台灣」雖是日本殖民地，但「台灣人」則「酌宜視為日本臣民」，不全是日本人，也不是中國人。所以，此期間的兩岸關係很弔詭，內涵也很曖昧，以下區分國際、政治、經濟社會等略述兩岸「上游」時期的關係。

首先是台灣與國際形勢的轉變。在日本佔領台灣之前已有美、德、英等國軍力入侵過台灣，一八八四年（光緒十年）中法戰爭，法軍擬先佔基隆再佔北台灣而未果，但已突顯台灣地位重要。次年台灣正式建省，並任劉銘傳為首任巡撫。台灣割讓日本後，明治二十九年（一八九六年）日本政府以法律第六十三號公佈「施行於台灣之法令之法律」（俗稱六三法），其第一條規定「台灣總督得在其管轄區域內，發佈具有法律效力之命令。」此為進一步箝制統治的行政措施，台灣人民深惡痛絕，稱為「六三惡法」。

第二次世界大戰是台灣子民的惡夢，民國二十七年台灣總督府公佈「國家總動員法」，男子被徵調參戰達二十萬七千餘人，大多戰死沙場（非為祖國而戰）。女子被徵當慰安婦，充作日本軍人的性工具者，至今難以統計。戰後日本並未「酌宜視為日本臣民」，對死傷的台灣參戰者（含慰安婦）撫恤。

其次是各類風起雲湧的政治運動。第一類是共產主義運動，謝雪紅在她的「我的半生記」中說，「黨送我們來日本班的目的是為了培養我們以後能在台灣建黨」。（筆者註：一九二五年十二月十八日，中共送謝雪紅到莫斯科「東方共產主義勞動大學」，Communist University of the Toilers of the East，簡稱「東方大學」，謝先在中國班，後因台灣是日本殖民地而改編在日本班。）（註六）這個夢想終於在一九二八年實現，這年十月十八日「中國共產黨台灣支部」在台北成立，台共雖不久被日警鎮壓逮捕，但共黨的地下活動依然順暢。到「二二八事件」時，以謝雪紅為首的台共尚成立「作戰本部」，與國府軍隊對峙。第二類是反日（回歸祖國）運動，一支主張先救祖國，再回來救台灣，他們到大陸參加反日革命行動，稱「祖國派」；另一支在島內活動，如民國十年林獻堂等人組「台灣文化協會」，蔣渭水等人組「台灣民眾黨」，稱「島內派」。第三類是日本的「皇民化運動」，到日本投降為止，全台灣六〇〇萬人中有十萬人改日本姓，佔總人口百分之一點六。

最後是經濟社會的變遷。隨著日本統治台灣，一八九五年開啟了台灣由人口移入區轉而漸有人口移出的重要歷史起點，技術也由大陸移入轉而頗多由台灣再移回大陸。（註七）同時大陸資本的衰落、英美資本的式微、台灣資本的崛起，及日本資本取得絕對優勢則為必然的結果。但台灣因夾在兩個母國（祖國和殖民統治者）之間，已在「中國人」和「日本籍民」間陷於掙扎。制度和生活方式日異，使台灣人民在政治文化認同問題方面受到折磨，百年難以爭脫，不知是誰之過？

貳、光復到戒嚴時期兩岸關係與內涵

對日抗戰勝利不論對大陸各地、台灣、政府及民間都陶醉在歡樂的氣氛中，以為打垮了日本鬼子，中國已可躍升世界四強之一。極少人知道這其實是個假相，史學家戴國煇形容這是一種「美麗的錯覺」，一種自我陶醉的以主觀願望替代客觀事實，故用「慘勝」（Pitiful

Victory）來定位對日抗戰的勝利。（註八）筆者研究抗戰勝利後一一五個政治團體，依思想光譜排列，左傾團體卅八個，佔百分之卅二；中間偏左十九個，佔百分之十七；中間十六個，佔百分之十四；中間偏右十七個，佔百分之十五，右傾廿三個，佔百分之廿。從團體途徑（Group Approach）分析，國家僅係社團之一，或頂多是「社團所組成的社團」（Communitus Communitum, Society of Societies）而已。吾人可以說國家是包含許多團體的團體，各種團體分別擔任各種功能。（註九）從以上各觀點，舉國上下陶醉在勝利夢幻中，而各種政治團體中左傾已達百分之四十九，右傾者百分之三十五。（註十）而台灣方面當時內部不存在任何政黨，沒有任何政治勢力可以取代日本殖民權力退出的空間，大家都純樸地迎接光復，等待祖國派官員、派軍隊來接受。

凡此，幾可預測（Prediction）不久即將要發生的「二二八事件」。大陸淪陷及兩岸長期分裂分治關係。若這是合理的推論，則歷史又成為可以預測，進而論證歷史法則是存在的。有了這些背景，可以有助於我們更了解光復到戒嚴時期的兩岸關係與內涵。

一、「二二八」對兩岸關係的影響：史實、反思與超越

有關「二二八」史料的公佈、研究、調查及善後處理，解嚴後政府和民間都已做了很多。（註十一）包括筆者在內均有專文研究，但以旅居日本的台灣史學家戴國煇之論最為宏

觀，並能洞悉實相與超越問題。（註十二）基本上這個事件對兩岸關係的影響，台獨運動者仍在泛政治化中，主張「二二八」是他們運動的原點，其實僅拿來當政治秀，在統獨論戰中謀取一些利益。這等於把「血緣」問題政治化，把事件惹起的省籍矛盾無限上綱成民族矛盾。如此的虛構極易變成一種政治性謊言，受害者仍是多數芸芸小老百姓。讓它（二二八）回到史實的定位吧！一個在殖民主義——封建社會——無政府狀態——共產主義的大舞台上，交錯爆發的歷史事件，如同中國歷朝歷代發生的事件，是一個個別事件。

當真相公佈後，該平反的平反，該道歉的道歉，該補償的補償，不要無限上綱泛政治化，不要用此去虛構一些圖騰。若政治野心家始終拿來當政治秀的題材，人民也沒有普遍覺醒，沒有獨立判斷力而隨著政客起舞。未來恐將面臨更大的難題，把台灣帶向戰爭，或「菲律賓化」都有可能。若然，人民，「你不必負責」嗎？

戴國煇先生雖已「駕鶴西去」，但他旅居日本三十六年卻不拿日本護照，保持中華民國護照，堅持中國國籍。他對「二二八」的真相研究，視野宏觀，看見了大歷史的架構，也悲憫小老姓的苦難。這些是人性中最珍貴的良知良能，「董狐之筆」不過秉筆直書其應有的歷史地位。

二、戒嚴時期大陸對「台灣問題」的處理

當一九四九年大陸即將變色之際，美國國務院發表「中國白皮書」，正式放棄對中華民國的支持。「台灣民主自治同盟」主席謝雪紅對美國欲併吞台灣的問題發表嚴正聲明：

有史以來，台灣就是中國領土的一部份，台灣人民也是中華民族的一部份。收復台灣，曾是中國人民多年來反對日本帝國主義的鬥爭的重要目的之一。中國人民有權收回被侵占的領土，台灣重歸祖國的版圖是理所當然的……我們要警告妄想併吞台灣的帝國主義份子，誰想要用武力來侵略台灣，來奴役台灣人民，中國人民必將用對付日本侵略者的方法來對付他們。（註十三）

這段話代表當時中共對台灣的態度，其實也是中國大歷史、歷代統治者及一般人民的態度。不久大陸淪陷，台灣進入長達三十七年的戒嚴時期，此期間收回台灣完成中國最後的統一列為世紀重要工作。但這段時間依武力使用程度概分三階段，武裝解放時期（民三十八～四十三年），計畫以武力進犯台灣，並以「反蔣」、「反美」、「民主、自治」為政治手段，惟進犯古寧頭（金門）時慘敗。其次是和戰並用解放台灣（民四十四～六十年），稱願以和

平談判，「西藏模式」解決台灣問題，但發動「八二三砲戰」再度失利。最後是和平統一中國（民六十一年至戒嚴結束），以「一國兩制」、「三通四流」、「三保障四不」等為基調，但最後仍不放棄以武力統一中國為不得已之手段。

退卻政權「以小博大」的戰略要表

政權	蜀漢（孔明）	南明（鄭成功）	中華民國（蔣中正）
總目標（國家目標）	復興漢室統一中國	北伐中原光復明漢	反攻大陸統一中國
軍事戰略政治戰略	示強於敵連續北伐	結合反清勢力、大舉北伐	示強於敵局部戰爭待機北伐

三、此期間中華民國為突破兩岸關係所做的努力

兩千多年來中國的政治中心向來在中原，當統治者退卻到邊陸或東南沿海，莫不力圖復興以相機北伐問鼎中原，重新統一中國。如孔明經營蜀漢復興漢室，鄭成功經略台灣進行北伐，及民國三十八年後中華民國以台灣為復興基地，相機揮軍反功大陸。有趣的是這些「退卻政權」都是面對強敵，以小博大則須「示強於敵」，連續出兵北伐，決戰境外，其對內也收凝聚人心之效。故此期間中華民國的兩岸關係有兩個不同階段，前期（約遷台到六十七年）面對中共武力解放台灣的威脅，須「示強於敵」，除古寧頭及八二三砲戰成功的阻敵進犯外，五十一年尚有「反共救國軍第七縱隊」突擊廣東台山，五十五年情報局執行「雙溪專案」突擊閩江口岸。（註十四）到六十八年美國與中共建交時，兩岸軍事情勢仍緊

張（筆者註：六十七到六十九年本書作者駐防馬祖高登時任砲兵連連長，兩岸砲兵仍互射砲宣彈。），但正式的軍事交戰已全部停止。後期（中美斷交到解嚴），六十八年中共發表「告台灣同胞書」，提出「三通」，七十三年鄧小平提出「一國兩制」為和平統一的基調，我政府則「以三民主義統一中國」為回應，以「三不」政策化解中共的統戰攻勢。

中國地理形勢由於西北向東南逐漸降低傾斜，歷來在野戰用兵上有一個迷思（Myth），由北向南因順勢而下攻守均易，由南向北因成仰攻而顯困難。民國十八年的北伐因得天人之利才成功，八年抗戰初期日軍由北向南（南京、上海）進攻易，蔣中正先生為扭轉地形上的不利，規劃上海保衛戰，並把國都遷到重慶就為改變作戰線，使日軍由東向西形成仰攻，日軍乃受地形困陷而不能自拔。中華民國在台灣雖整軍經武準備反攻，但地形上受仰攻及海峽的限制，國軍難以發動大規模的反攻戰爭。學者研究此期間的兩岸關係，中華民國面對強敵，仍能在政略上「以弱示強」僅是一種「圖存政策」。（註十五）但圖存更大的價值是台灣積極進行政治發展（Political Development）、經濟建設及各種現代化工程，使台灣沒有「越南化」（赤化）、「菲律賓化」（貧窮落後）。台灣能從赤貧到今天政經現代化的規模，使國民所得維持在一萬美元以上，並對大陸產生和平演變和「燈塔效應」，蔣氏父子與有功焉。

參、解嚴到交流後兩岸關係變遷與內涵

民國七十六年七月十五日零時起，台灣地區解除戒嚴，在此之前民進黨已先宣佈成立（七十五年九月二十八日），實質上黨禁已解除。從那時起，開放大陸探親，解除報禁，終止動員戡亂，兩岸關係進入嶄然一新的局面。但其內涵則限於人道探親、旅遊、文化、學術、經貿及共同打擊犯罪維護社會治安等領域內。在政治談判上並無多大進展，當然這與國內各種統獨政治勢力不能整合有關。惟觀察十餘年來兩岸關係亦頗為詭異，竟然形成一個發展（激進、緩進）——衰退（激進、緩進）的變遷模式，圖解如下。（註十六）而變遷動力的推拉來自各方面，其一是統治階層的意識形態；其二是下層民間社會的期望；其三則來自國際社會與大環境的轉變。當然第一章所述地緣關係架構下的歷史文化背景，是一種內心潛在的凝聚力，當上一代的政權領導人（蔣中正、蔣經國、毛澤東、鄧小平）相繼逝世後，新世代的領導者和兩岸人民深刻感受到淡化意識型態對立的需要。這些都是變遷的動力，變遷過程也有很多不可控制的「意外」（如下圖），變遷結果變得不可預測，甚至是不可操控的結果（戰爭與和平均有可能）。

儘管十餘年兩岸有過不少政治性宣示，如中共方面有一九七九年「全代會告台灣同胞書」、一九八一年「關於台灣回歸祖國實現和平統一的方針政策」、一九八三年「鄧小平談中

國大陸和台灣和平統一的設想」、一九九一年「和平統一的三點建議」、一九九三年「台灣問題與中國統一政策白皮書」、一九九五年「江澤民對兩岸關係講話」等。中華民國方面有八十二年「中華民國國家統一綱領」、八十三年「台海兩岸關係說明書」及歷任總統就職講話或文告等。

目前兩岸關係的變遷，自李登輝「兩國論」提出及民進黨執政，推翻「九二共識（一個中國、各自表述）」以來，已然進入「激進衰退期」。變遷是沒有方向的，過程不可操控，結果亦不可預知，國家之危險莫此為甚。

兩岸關係的變遷模式圖

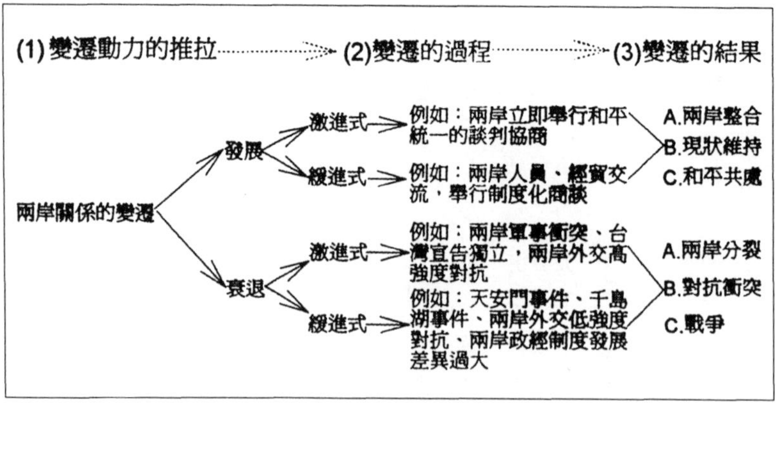

【註釋】

註一：Stewart C. Easton, History of the World Since 1918 (New York. Evanston, San Francisco. London：Barnes and Noble Books, 1971), p.179。

註二：李敖先生在多次場合中，均按其中國大歷史史觀詮釋，歷史會記載「一九四九年中華人民共和國成立並統一中國」，不會記載「一九四九年中華人民共和國成立並統一中國（台灣除外）」。也依民國三十九、四十年間，中國國民黨改造會議時，蔣介石先生多次講到「中華民國已經亡國」。均由此論證「中華民國已經在一九四九年亡國了」，李敖論述的最近一次是民國九十年十二月間在電視節目「李敖大哥大」中。凡治史之人都該知道，歷史解釋的兩大法則：「事實判斷」與「道德判斷」缺一不可，如人之兩足，缺一便不能成立。是故，蔣介石先生、李敖先生及獨派的「中華民國亡國」論都要修正，否則現在二千三百萬軍民同胞的中華民國是甚麼「東東」？還有，蔣介石先生的「中華民國亡國」論雖部份合於「事實判斷」，但就「道德判斷」言是為激勵軍民同胞，反攻大陸再光復中華民國，當然不能說蔣先生是「中華民國亡國」論者。

註三：戴國煇，台灣結與中國結（台北：遠流出版公司，八十三年五月十六日），第二章。

註四：同註三書，頁五八。

註五：段昌國、林滿紅、吳振漢、蔡相煇合編，現代化與近代中國的變遷（台北：國立空中大學，九十年八月），頁一七八；本文論述參考本書第二編各章。

註六：林瓊華，「女革命者謝雪紅的真理之旅」，廿世紀台灣歷史與人物學術研討會（九十年十月二十三日至二十四日）。

註七：同註三書，頁二九〇～二九一。

註八：同註三書，頁六〇～六一。

註九：杭立武、陳少廷，拉斯基政治多元論（台北：台灣商務印書館，七十六年九月），頁卅五～

卅六。

註十：陳福成，中國近代政治結社之研究（復興崗政治研究所，碩士論文，七十七年六月），頁四六四。

註十一：陳福成，解開兩岸10大弔詭（台北：黎明文化出版公司，九十年十二月），全書多處談到這個弔詭的問題；第五詭、第三講「二二八」的解構與反思。

註十二：同註二書，第二章。

註十三：同註六，頁七八。謝雪紅（一九〇一～一九七〇），出身於彰化北門一個赤貧的家庭，十二歲就被賣到台中洪家當童養媳，受盡人間苦難。因緣際會加上她自己的努力與造化，成為台灣左翼最紅的「女革命家」，民國九十年十月二十三至二十四日，國史館舉辦「二十世紀台灣歷史與人物學術研討會」，今秋適逢謝雪紅百歲冥誕，林瓊華「女革命者謝雪紅的真理之旅」一文對謝評價很高。另陳芳明著有「謝雪紅評傳」（台北：前衛出版社，一九九一）。

註十四：「反共救國軍第七縱隊」及「雙溪專案」，都是數十人的小規模突擊行動，前者發生在五十一年十一月二十五日，後者在五十五年十月十五日。中國時報，「武裝特務反攻大陸三之三」，八十五年五月八日，第三十三版。

註十五：林吉郎，台海軍事衝突時期的戰略與外交分析（一九五四～一九五八）（政治作戰學校政治研究所，博士論文，八十二年四月），第四章、第七章。

註十六：吳新興，整合理論與兩岸關係之研究（台北：五南圖書出版公司，八十四年八月），頁五及第一章。

第二節
兩岸關係的困境與途徑

本節內容所指「困境與途徑」，是指尚未到達「目標區」的過程中所面臨的各種困境，及前往「目標區」可以採行的各種途徑。所謂「目標」乃是「統獨」問題的最後解決，或指最後對「一個中國」的認定。故本文暫時不論統獨、主權及一個中國等位於目標區的終極困境，只論過程中的困境，這種困境有層次之別，區分成基本、安全顧慮及合法性的困境。途徑亦分政經文化、整合政策及整合途徑等，以下按此六項分論之。

壹、兩岸關係面臨的基本困境

國家整合（National Integration）過程中產生各類困境，幾為各國國家發展過程中的通例。其中最基本的困境，據學者研究有種族主義（Ethnocentrism）。種族語言紛歧（Ethnic-Linguistic Diversity）、鄉土本位主義（Regionalism）、歧異的宗教信仰與衝突、歧視性的社會階級。（註一）這五項基本困境中，因各國國情不同其影響力多所差異，宗教與社會階級在我國的影響向來甚微，長老教會的「革命教派」（Revolutionary Sects）因有暴力傾向，國人並未普通接受。地域、種族和語言曾被拿來當成台獨的理論依據，早期左翼台灣共產黨人（如謝雪紅、楊克煌）等，曾提出「台灣半民族論」及「台灣民族論」，主張台灣必須高度自治或獨立。（註二）戰後廖文毅、張燦鍙、邱永漢、辜寬敏等人利用「台灣民族論」搞台獨運動，史明和許信良接續標榜「新台灣民族論」。（註三）經許多實證研究論證及現況觀察，從早期的左翼台共到現在左派台獨，所說的「台灣民族」實際上是一時政治需要所創造出來的「政治商品」，所謂「台灣民族」根本不能成立。

基本困境通常是靜態的、固有的，但另有一些是動態因素所造成的困境，高度人口成長、低度經濟發展、教育不健全、軍人派系與干政及帝國主義殖民統治等。（註四）此五種困境實為開發中國家的「通病」，海峽兩岸不論各自國號如何稱謂，相信這五種陰影是存在的。綜合各種基本困境對兩岸的影響，固有的五種（種族、語言、地域、宗教、社會階級）中，以地域、種族及語言為基礎的「台灣民族論」，雖是子虛烏有之物、學術上亦不能成立，惟做為泛政治化後的工具，用來煽惑支持者或無知群眾，則頗具殺傷力，也帶來國家整合過程中無窮困擾。所幸，中國向來沒有明顯的社會階級（如印度 Brahmins 僧侶、Kshatriyas 武士、Vaisyas 農商、Sudras 工奴之 Caste 社會制度，導至國家整合很困難，美國的黑奴制度也曾引起統獨問題）。而人口、經濟、教育等問題，兩岸隨著改革開放的必需，都受到相當程度的控制，當距離不斷拉近（經濟、教育）就是消彌困境的良機。

貳、合法性爭議的困境

兩岸所爭議的困境中，合法性可能最為深層，它積累千百代下來的傳統，成為人民內心深刻的認知。由此認知來判定一個政權是否合法，若合法便能得到人民普遍支持；反之，則可能是一個政權的危機。半個世紀來，中華人民共和國不僅在爭全中國（含中華民國在內）的合法性，也在爭取內部民心支持的合法性；反之，中華民國也在爭取全中國合法性的代表，也在爭取台灣內各族群支持的合法性。是故，合法性問題沒有解決，不論中華人民共和國或中華民國，危機都是存在的，有必要深入解析合法性。

合法性（Legitimacy）是政治上有效統治的必要基礎，是治者與被治者間一種共認的理則或信念。（註五）政權之更替必涉及權力運作，但統治全靠權力則功少且難以服眾，權力須經合法性過程始成權威（Authority），權威之治力少而效宏，方是統治之正途。簡言之，合法性是存在社會與人民心中，有意識與無意識默認信守之「天經地義」。今日不論輪替在野的國民黨、正執政中的民進黨或中共政權，都在尋找這個「天經地義」。合法性的相對為僭奪，為政變，為偏統或為非法政權，是每個政權不可承擔之重與危機。

合法性觀念古已有之，現代政治分析亦重視合法性的多元性，Max Weber 把合法性分為三種即政治權威三理型（Three Principal Types of Political Authority）。第一型「理性合法性」（Rational Legitimacy），是依法律程序而取得之統治，如憲法、法律或行政法等，亦即經由民意產生的政府，人民必須依法接受其統治。這是現代政府所賴以統治的基礎，主要建基在「理性合法性」的形式上。由此點觀之，中華人民共和國得到聯合國「認證」後，便取得代表中國的「理性合法性」要件。另一方面，中華民國依其憲法統治，及中華人民共和國也依其憲法統治，同樣具有「理性合法性」基礎，此為二者至今仍頂立不倒的原因。

第二型「傳統合法性」（Traditional Legitimacy），係源於傳統習俗的「傳統權威」基礎，所謂「傳統」是遠古遺留之習俗，或行之有年的先例，人民視為重要的「天經地義」。例如「中國文化」或「儒家文化」是重要的傳統，背離者就很難得到人民普遍性支持。由此觀點，對中華人民共和國而言就是危機重重，因為共產主義是「非中國」的，不論多少國家承認依然是「偏統」，不會是「正統」。就中華民國而言，中共是僭奪、是造反、是分裂國土者，是製造「兩個中國」的始作俑者。是故，「天安門事件」後，特別是東歐共黨政權瓦解後，中共極思「中國化」，並淡化「共產主義中國」，就是企圖操作「逆取順守」，以爭取「傳統合法性」，爭取「正統」地位。

最後一型「天命合法性」（Charismatic Legitimacy），指個人魅力可以廣被眾人，並深刻吸引眾人的政治忠誠度。（註六）對象轉換到政治領袖時，他成為一個「強人魅力型領袖」，具有教祖般的指導力，有非凡的領導能力，而這些能力又似乎是「天命神授」。蔣介石、毛澤東都是此型的政治領袖，他們做甚麼都是合法的，因為他們有「天命合法性」，無人可以質疑或敢質疑。

兩岸分別在各自的合法性基礎努力數十年來，隨著中共積極把「共產主義中國」轉型回歸「中國」，及經改有成，已大幅度提高其合法性，這對中華民國言是一種危機（困境）。另一方面，中華民國在台灣隨著政黨輪替，民進黨對中華民國不得不接受，中華民國的合法性也在提高中。未來若能再進行「第二次政黨輪替」（指下次換親民黨執政），則中華民國在台灣的合法性將有更堅實的基礎。

兩個都具備合法性基礎的政權，未來如何整合成「一個合法性政權」，這顯然是更大的困境，正在考驗兩岸人民的智慧。

參、兩岸各有安全顧慮上的困境

撇開前述基本及合法性的困境，兩岸人民另有一個安全顧慮上的困境。安全是人類在食色滿足後更上一層級的需求，反應在集團（國家）則產生自衛、攻防或侵略等行為，都和安全需求有直接關係。但世上任何國家無論大小強弱，並無所謂「絕對安全」之事，超強如美國仍受到「九一一事件」之攻擊。曾任美國國務卿的季辛吉（Henry A Kissinger）就說過，「假如一個國家居然獲得絕對安全，則所有其他國家都會感到絕對不安全。」（註七）所以，不論個人、集團或國家都只存在「相對安全」。在兩岸關係上一般都認為只有台灣有安全顧慮與需求，而對岸的大陸沒有，這是很不正確的論述，此處針對二者分別剖析其安全顧慮。

一、台灣方面安全顧慮的困境

在台灣方面的安全顧慮除力量對比過於懸殊外，有部份原因來自歷史經驗所產生的「恐共症」，擔心被「吃掉」了。連西方史學界在論述中國現代史也不得不寫著，「中國共產黨歷次與國民黨合作，從來沒有一次是真心誠意在合作。」（註八）也難怪台灣方面對中共的安全顧慮很高，為消除安全威脅只得積極建軍備戰，為全世界第一大武器進口國。陸委會評估「兩岸直航的問題與展望」時，提出安全層面的三種困境尚待解決。（註九）

第一是民航問題。我國在民國四十三年依據「國際民航組織」（ICAO）規定，建立「台北飛航情報區」。大陸亦將整個空域劃成八個「飛航情報區」（中共稱「飛行情報區」），台灣地區屬「上海飛航情報區」和「廣州飛航情報區」。兩岸直航最重要的安全工作，是訂定「台北飛航情報區」與上海、廣州兩個「飛航情報區」的航空管制工作協議書。同時雙方要開放航管單位直接通訊頻道，交換區內航機動態情報，並通知鄰近國家的航管單位，以維護飛航安全。目前在中共武力威脅下，這是難以突破的困境。

第二是空防問題。各國居於國防安全原因，自一九五〇年代初開始有「防空識別區（ADIZ）」之劃定，我國的「防空識別區」劃在「飛航情報區」之中，以管制進出該區的航空器，以維護台灣地區空域的安全。直航將使空軍使用的空域縮小，亦影響我方空中早期預警能力，更重要的使戰略縱深縮短。其連帶波及外島兵力與本島地面部隊佈署、海防及整體防空安全，若中共放棄武力解決統一問題，上述困境將迎刃而解。第三是鑑於第二次世界大戰後出現四個分裂國家的作法。均未見有雙方在未結束敵對狀態前開放通航的先例，一九七五年以武力合併的南、北越固不論矣。兩德在一九九〇年統一前雙方並未開放通航，兩韓雖在一九九一年雙方簽訂「互不侵犯協定」，至今仍未通航，且時有局部衝突存在。

經驗及理論均證明，在人類社會「安全顧慮」是一種基本需求與普遍性的存在。我國對大陸地區所訂定的各種法令規章，都對安全有明確規範：

有事實足認為有危害國安全或社會安定之虞者，治安機關得逕行強制出境。（台灣地區與大陸地區人民關係條例，第十八條，八十六年公佈施行。）

大陸地區人民申請進入台灣地區，有左列情形之一者，得不予許可：（一）現在中共黨務、軍事、行政或其他公務機構任職者。（二）參加暴力或恐怖組織，或其活動者。（三）涉有內亂罪、外患罪重大嫌疑者。（四）在台灣地區外涉嫌重大犯罪或有犯罪習慣者。（大陸地區人民進入台灣地區許可辦法，第十七條，八十七年十月修正。）

台灣方面的安全困境既然來自中共，則解鈴人還須繫鈴人，如何不用武力解決當前困局！反之，台獨亦足以遭惹戰爭。到底「不武不獨」或「不獨不武」？真是困境中的困局嗎？

二、大陸方面安全顧慮的困境

在毛澤東時代中共是「天不怕地不怕」的，毛曾說敢和美、蘇打核戰，當他們都沒人了，中國還有好幾億人口。一九五七年毛在莫斯科演講又說，中國就算死了一半人口（三億人）也算不上甚麼，我們可以再製造更多人。那是一個草莽又兼瘋狂的年代。

進入後冷戰時代有了新安全觀，提出全方位外交政策：（一）獨立自主。（二）和平共處五原則（互相尊重領土主權、互不侵犯、互不干涉內政、平等互惠、和平共處）。（三）反對霸權主義，維護世界和平。（四）睦鄰、合作、經濟外交是現階段重點。（五）爭議性問題主張「主權擱置、共同開發、互諒互讓」。這是一個以安全為綱的「綜合性安全戰略」，源自三個層次的安全顧慮。最高層次從全球戰略架構思考，為反制「中國威脅論」，以「守勢國防政策」獲取各國信任。次層次以區域安全為重點，用睦鄰合作與經濟取得週邊國家信任，對爭議性問題（南海）主張擱置主權，共同開發。最末對於有統獨問題地方，提示各國「互不干涉內政」。特別是對「台灣問題」的堅持，也是擔心新疆、西藏及內蒙等地區起而效尤。

另一部份安全顧慮來自內部，有可能對合法性統治造成威脅。首先是共產主義老路如何堅持下去？社會主義如何轉型？能否抗拒民主化的衝擊？其次改革開放之路走下去帶來的安全顧慮，包括貧富懸殊，落後與先進地區的落差和矛盾，最嚴重的是貪污腐敗的問題。只要一黨專政存在，就是保護貪污腐敗的溫床。當腐化、惡化達相當程度，就足使任何政權變成「非法政權」。如何化解內、外這些安全威脅，是中共邁向新世紀最頭痛的問題。

肆、途徑一：積極開放、有效管理、全面交流

自古以來消彌戰爭、衝突有效的辦法，就是「政經文教」交流。若能持續不斷這方面交流，和平安全就有望了；反之，就準備戰爭吧！李登輝時代的「戒急用忍」及兩國論使兩岸交流中斷，溝通管道停擺，乃有所謂「台海危機」。民進黨政府上台為尋求突破（台灣產業

生機），終於鬆綁「戒急用忍」，而改「積極開放、有效管理」。但各種顧慮仍多，以開放陸資來台為例，在九十年七月的「經發會」列舉四方面的負面影響。（註十）

一、經濟面：（一）陸資可能被整體性、計畫性的運用，從而對台灣經濟及金融體系產生日增的影響。（二）開放陸資來台，將加速深化兩岸經濟之結合，使台灣經濟受到大陸牽制。（三）陸資如進入股市及房地產市場，可能進一步影響我金融安定。（四）陸資來台可能使兩地金融產生連動關係，加快台灣資金流向大陸，升高台灣金融風險。

二、國家安全：在中共對我仍有敵意狀況下，開放陸資來台，不免動搖民眾心防，且陸資在台行為可能引起民意機關及社會大眾關切，甚至可能引發對立情緒，進而升高兩岸緊張情勢。

三、政治面：中共可能藉由陸資在台活動，左右本地企業的政治立場，或暗地從事政治活動，企圖影響國內政治走向。

四、社會面：開放陸資來台，勢必要開放大陸地區人民來台工作，其衍生就業、居住、婚姻、子女教育等問題均有待解決。

這些不過列舉開放後尚待解決的問題，若開放的不夠，問題不會浮出抬面，便沒有解決的機會。故包含政治、文化、教育、體育在內，應全面開放交流使問題「全面浮上抬面」，再逐一解決。絕不能因問題尚未解決而不開放、不交流，這是本末倒置且是逃避的作法。當

「政經文教」交流達一定程度，須向軍事交流突破，如軍事學術會議交流，軍事演習互派「觀察員」等。

伍、途徑二：多元規範性政策的推動

國家整合過程是一種痛苦又漫長的過程，其發展並非自發性的，而是一種多元規範性政策（Multinormative Policies）的持續推動。國外學者如Alex Inkeles、Alfred Diamand、Sidner Hook及Lucian W.Pye等人，早已針對許多開發中國家有過實證研究。

孫中山先生在建國理論中所提到的民族、法律、武力、策士、內治、財政及領土的統一，就是指這個多元規範性整合政策的推動，也是解決國家整合困境的不二途徑。國內學者彭堅汶教授綜合各家之說，提出多項原則的解決途徑包括自主性的同化、國家認同感的建立、價值共識的形式、溝通能力的培養、精英分子的整合、平等的政策取向、合法性的增強、法律的運作、武力的整合、獨立自主的發展及有效率的政府。（註十一）以下擇要申論之。

同化（Assimination）在西方許多國家都顯得困難重重，但在中國（或華人地區、國家）似顯容易得多，漢民族與其他種族的同化，被認為是歷史上最成功的同化者。（註十二）台灣地區半個世紀來在此種優良文化傳統的基礎上，進行本省與外省的自主性通婚、同化，已為國家整合打下了堅實的基礎。這也是國家認同的有利條件，民進黨政府能在一年之始舉辦升旗典禮，人民可經由政治符號（國號、國旗、國歌等）的認同，進而對國家（中華民國）產生認同，應有利於未來兩岸的政治整合與發展。

平等政策的取向也是國家整合的要件，「不平等」是人類衝突的「原爆點」，任何國家的人民只有在平等基礎上才能產生認同感。現代民族國家的形式「平等」都曾是困境，例如美國、英國、德國等最先進國家，憲法中早已有「平等」條款，實際上這些國家的種族歧視（不平等）依然嚴重，並時有種族爆亂發生。很弔詭的是，反而是中國歷來的平等政策較受肯定。中山先生認為這與中國人天下一家的世界主義有關，這種思想有利於平等政策的推行。台灣地區政治發展過程中，曾因資源分配不均引起的族群不平等問題，所幸目前都能在緩慢調適下向平等邁進。

在各種多元規範性政策中，以合法性的增強為國家整合最有效的途徑。且其餘的十項也大多與合法性有關，依照法律程序通過的「合法」（Legality）法律，也可能欠缺合法性支持而無法執行。故合法性是國家走向整合或分裂的「十字路口」（如左圖所示），國民黨時代的「核四」困境與民進黨的「廢核四」困境，都因面臨合法性危機而無法解套。當政黨進行多次輪替後（第二或第三），各政黨多能體驗當家做主的艱難，便有利於消除此類合法性危機。

陸、途徑三：整合途徑的「途徑」

前述途徑一、二所指都是途徑的「內容」，有政治性也有政策性的。進入途徑三所指的「途徑」是整合所經過的「路線」，學術上很熱門的「整合論」（Integration Theory）就是在做這種路線研究。（註十三）而在現實政治舞台上，許多國家（地區）的整合工程，如歐洲統合運動、兩德統一、港澳模式及兩岸政經整合等，都是在整合各「路線」上試探或摸索。可試用的路線不外兩條：（註十四）

第一條路：先政經文教整合→統一。

第二條路：先統一→再完成整合。

第一條路屬「漸進式途徑」（Gradual Approach），歐盟及我國現行兩岸關係屬之，先進行經濟、貿易、文

合法性對國家整合的運作關係圖解

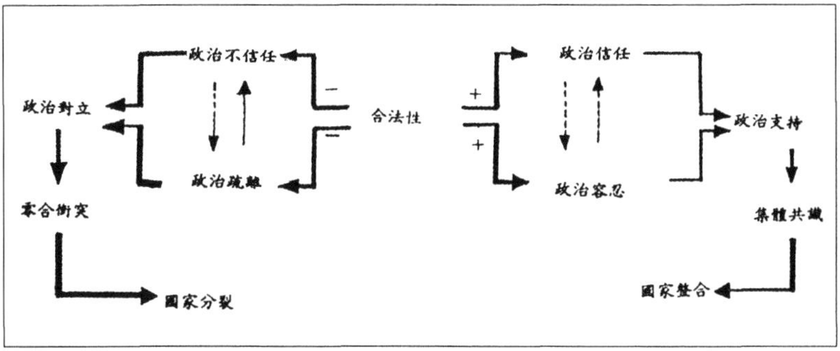

資料來源：彭堅汶，孫中山三民主義建國與政治發展理論之研究（台北：時英出版社，76年12月），頁156。

化、體育、科技等層面的整合。逐漸向更高的結構性、政治性議題整合邁進。例如歐洲單一貨幣歐元從二〇〇二年開始，而兩岸也從新世紀首日共同加入WTO，未來在同一經濟系統運作下，可為政治整合創造良機。

第二條路屬「概括式途徑」（Wholelistic Approach），「港澳模式」屬之，「西藏模式」和越南統一都算是這種路線。嚴格說來這種路線主動整合的一方是非常強勢的，被整合的一方（如西藏、南越、香港、澳門）幾無選擇之餘地。在現代民主開放社會中並不適用，當然武力整合可以例外。

若兩岸能在第一條路徑下進行整合，則到達統一這個「終點站」應是水到渠成的。第二條路徑對兩岸不適用，且要避免武力整合局面出現。本節指出困境，也說明了途徑，提供兩岸政局發展之參用有很大助益。

【註釋】

註一：彭堅汶，孫中山三民主義建國與政治發展理論之研究（台北：時英出版社，七十六年十二月），第二章，第三節。

註二：早期中共把台灣人視同朝鮮人和越南人一樣，應該脫離帝國主義壓迫而獨立。一九三〇年

「霧社事件」爆發，該年十一月二日的「紅旗日報」社論呼籲建立「台灣社會主義共和國」；國共戰爭第一階段時，劉少奇談對外政策認為，唯有當朝鮮人和台灣人民都希望達成獨立時，中共才會加以支持。到一九四〇年代含毛澤東在內都支持「台灣人民的獨立運動」，謝雪紅、楊克煌等人均提出「台灣民族論」。但到太平洋戰爭爆發及開羅會議宣言，中共改變了上述看法，掌政後視「建立一個統一而富強的新中國」為首要目標。林瓊華，「女革命者謝雪紅的真理之旅」，二十世紀台灣歷史與人物學術研討會（九十年十月二十二日至二十三日）。

註三：陳福成，解開兩岸10大弔詭（台北：黎明文化出版公司，九十年十二月），第七詭，第二講「台灣意識與民族主義的關係」。

註四：同註一，第二章，第四節。

註五：羅志淵主編，雲五社會科學大辭典，政治學，第三冊（台北：台灣商務印書館，78年一月，八版），頁一〇七、二八七、三三三。

註六：David Robertson, A Dictionary of Modern Politics (London: Europa Publications Limited, 1985), p.33-34。

註七：台灣研究基金會編輯部，國防白皮書（台北：前衛出版社，一九九五年七月），頁一九。

註八：Stewart C. Easton, History of the World Since 1918 (NewYork: Barnes and Noble Books, 1971), P.336。

註九：行政院大陸委員會，兩岸直航的問題與展望（台北：行政院大陸委員會，八十三年七月三十日，三版），頁一四～一九。

註十　：經濟發展諮詢委員會議兩岸組第二次分組會議，會議議程（九十年七月三十一日），頁二～五至二～六。

註十一：同註一書，第二章，第五節。

註十二：Walker Connor,「Nation-Building or Nation-Destroying」, in World Politics Vol.24 (April 1972)。同註十一引。

註十三：陳福成，解開兩岸十大弔詭（台北：黎明出版公司，九十年十二月），第四詭「整合整合吧！統合或統一？」

註十四：同註十三。

第三節 兩岸關係中「一個中國」困局剖析與解決

兩岸關係的困境無限上綱後就是「一個中國」問題，而「中國」本來就只有一個，怎麼會成為「兩個」而且是難纏難解的兩個？

放眼看看全世界的國名，聯合國中可有那一個國家的國號叫「中國」？肯定沒有，但「中國」確實存在聯合國及國際舞台上。我國歷朝也找不到一個政權叫「中國」，但她確實存在五千年。（註一）朝滅朝興，不斷的「政權輪替」，中國卻始終頂立，她處處存在，她時時存在，為甚麼？國內對這個問題素有研究的當代儒將虞義輝博士，詮釋「中國」二字語意，有「龍傳人血統的中國」、「世界中心地理的中國」、「華夷之辨文化的中國」、「春秋之義道德的中國」和「天朝王國政治的中國」。（註二）中國是既抽象又具體，而且是「一個法人」，此處針對各造說詞剖析，並提出各方可以接受，有「理」可以服人的方案。

壹、中華民國對「一個中國」的解釋與現況

我國在一九四九年之前雖然國家並未完全統一，一九四九年之後海峽兩岸更有「兩個中國」的事實存在，但因雙方都仍堅持中國之分裂是暫時性，最終仍須歸於統一局面。到蔣經國時代的「三民主義統一中國」，兩岸仍在憲法架構、領導階層、民眾認知及未來終必統一的基礎上堅持「一個中國」。故到蔣經國時代兩岸均未有「一個中國」問題。

就多方面觀察研究，「一個中國」陷於今日困境，經過「一個中國爭議」、「一個中國變調」及「否認一個中國」三階段而來，分別剖陳如後。

首先開始有爭議是一九九二年三月，海基會與海協會商討兩岸文書查證使用及間接掛號問題。海協會企圖用「省對省」的錯覺，把商討對象限於台灣與福建，強調此種情境的「一個中國」，行政院陸委會沒有同意，會議協商未果而提早結束。這年七月立法院通過「台灣地區與大陸地區人民關係條例」，以「一國二地區」定調現狀，且「一國」指中華民國，引起中共強硬反彈。國內各界深感「一個中國」的界定，已是不可迴避。是年八月一日國統會終於對「一個中國」的意涵作成三點結論，實際內容抄錄如下：

一、海峽兩岸均堅持「一個中國」之原則，但雙方所賦予之涵義有所不同。中共當局認為「一個中國」即「中華人民共和國」，將來統一後，台灣將成為其轄下的一個「特別行政

區」。我方則認為「一個中國」應指一九一二年成立至今之中華民國，其主權及於整個中國，但目前之治權，則僅及台澎金馬。台灣固為中國之一部份，但大陸亦為中國之一部份。

二、民國三十八年（公元一九四九年）起，中國處於暫時分裂之狀態，由兩個政治實體，分治海峽兩岸，乃為客觀之事實，任何謀求統一之主張，不能忽視此一事實的存在。

三、中華民國政府為求民族之發展、國家之富強與人民之福祉，已訂定「國家統一綱領」，積極謀取共識，開展統一步伐；深盼大陸當局，亦能實事求是，以務實的態度捐棄成見，共同合作，為建立自由民主均富的一個中國而貢獻智慧與力量。（註三）

這三點「一個中國」意涵是我國自一九九二年後的定調，這年十月海基和海協兩會在香港會談，出現了後來的「一個中國、各自表述」。兩岸仍沒有共識，一個中國在僵局與變調中。八十四年五月三十日當時陸委會主委蕭萬長先生，在大陸工作會專題報告「政府大陸政策立場與作法」，謂「我們已放棄正統、法統、中國代表權之爭」，此處應是「一個中國」變調的關鍵點。蓋「正統中國」沒機會，當「偏統中國」也許可以，這不就是「兩個中國」——或「中華民國在台灣」？某種形式「獨台」嗎？數天後，六月七日到十二日李登輝即有美國康乃爾大學之行，兩岸關係開始緊張升高。

接著一九九五年雙十國慶，我駐美亞特蘭大代表處正式將「Republic of China On Taiwan」，為國號稱呼印在請帖上，李登輝也在國慶講詞用「經營大台灣，復興新中國」

（同年元月用「建立新中原」）。中共對這些解讀都是「台灣獨立」。

一個中國走過爭議期和變調期，來到現狀「否認一個中國」期，不過它的醞釀始自李登輝在八十八年提出的「兩國論」，而成於八十九年三月李氏把政權「和平轉移」給民進黨。所以，此後「一個中國」的意涵要看以陳水扁總統為主的領導階層怎麼說！就職大典時陳水扁說：

> 海峽兩岸人民源自於相同的血緣、文化和歷史背景，我們相信雙方的領導人一定有足夠的智慧與創意，秉持民主對等的原則，在既有的基礎上，以善意營造合作的條件，共同來處理未來「一個中國」的問題。（註四）

這段演說很有人情味，特別是強調兩岸共同的血緣、文化和歷史關係。但一個中國不是「現在」，有「未來一個中國」的意涵。可能是初就職不能太強硬或明顯否認，一個月後的「六二〇中外記者會」致詞時說：

> 九二年的事情，對岸說有所謂「一個中國原則」的共識，但我方認爲，好像事實不是這樣，「一個中國」的問題，有討論但是沒有共識，我們提出來，如果有「共

識」，應該是「一個中國各自口頭表述」，但是對岸認爲並沒有這樣的共識，所以如果說要有「共識」，那是沒有共識的「共識」，所謂「Agree To Disagree」。（註五）

此後的一年多，國內及兩岸為「一個中國」吵翻天，也多是「各自表述」。到底「一個中國、各自表述」是否存在?其實當初負責主談的海基會董事長辜振甫最清楚，他在九十年三月一日巡視海基會業務時說，兩岸在九二年達成的共識是「一個中國各自以口頭表述」，而非「堅持一個中國原則」，兩岸應理性、正確地回到事實，雙方才有對話的基礎。（註六）不論國內各家如何說，辜老之說應是「最高準則」，因為他是現場主談者。

貳、中華人民共和國對「一個中國」的解釋與現況

大約在一九九三年前，中共通常強調「台灣是中國的一部份」，並未刻意凸顯「中華人民共和國」。例如一九七九年中共全國人民代表大會常務委員會在「告台灣同胞書」說，台灣自古就是中國不可分割的一部份。世界上普遍承認只有一個中國，承認中華人民共和國政府是中國唯一合法的政府。但一九八二年「中華人民共和國憲法」在序言中規定，「台灣是中華人民共和國的神聖領土的一部份，完成祖國統一的大業是包括台灣同胞在內全中國人民的神聖職責。」（註七）雖憲法如此規定，惟此後的十年間以「一國兩制」為基調，仍未凸

顯「中華人民共和國」之可以概括台灣。

一九九三年的「台灣問題與中國的統一」重述，台灣是中國大陸東南緣海第一大島，同大陸是不可分割的整體，台灣自古即屬於中國。依據一九四三年「開羅宣言」、一九四五年「波茨坦公告」都規定，滿洲、台灣、澎湖列島等，歸還中國；中華人民共和國政府是中國的唯一合法政府，台灣是中國的一部分。因此，所謂「一個中國」是：

世界上只有一個中國，台灣是中國不可分割的一部份，中央政府在北京。這是舉世公認的事實，也是和平解決台灣問題的前提。中國政府堅決反對任何旨在分裂中國主權和領土完整的言行，反對「兩個中國」、「一中一台」或「一國兩府」，反對一切可能導致「台灣獨立」的企圖和行徑。（註八）

就在一九九三年中共開始定調「一個中國就是中華人民共和國」，且措詞日趨強硬。一九九五年雙方商討偷渡、劫機、漁事糾紛等議題，一九九六年中共在紀念「江八點」一週年大會，總理李鵬的談話都相同基調。而台灣也因李登輝的「兩國論」及民進黨執政，兩岸關係仍處緊張與中斷。

在諸多強硬論調之外，也有一些較有溫情的聲音。汪道涵在晤台灣拜訪的各界領袖（許歷農、林洋港等人）時，三度提到所謂「一個中國」，並不等於中華人民共和國，也不等於中華民國，而是兩岸同胞共同締造未來統一的中國。另外，海協會的中國國際戰略研究會高級研究員王在希，於八十八年訪舊金山時也認為北京談統一很有誠意，國號都可以改，「中華民國在台灣仍未消失」的事實應該尊重。（註九）若然，「一個中國」應有很寬廣的空間，只是這些聲音實在太微弱。

據國內學者與大陸學者接觸，中共「中央對台工作領導小組」有一個中國的八十六字版，係「世界上只有一個中國，台灣是中國的一部份，目前尚未統一，雙方應共同努力，在一個中國的原則下，平等協商，共識統一；一個國家的主權和領土是不可分割的，台灣的政治地位應在一個中國的前提下進行討論。」（註十）台北方面擔心「一個中國」是陷阱，北京方面把一國定位在「中華人民共和國」，也只有「各自表述」了。

參、實事現況對「一個中國」的解釋

吾人常謂「事實勝於雄辯」，現在就從實事看「一個中國」的解釋，「實事」包含現在事實存在的情況和歷史事實存在的過程。

首先是「現在事實存在的情況」。依中華民國憲法第四條，「中華民國領土，依其固有之疆域，非經國民大會之決議，不得變更之。」所謂「固有疆域」是一種概括式的規定，俾

「固有疆域」現狀暨「一個中國」問題實況圖

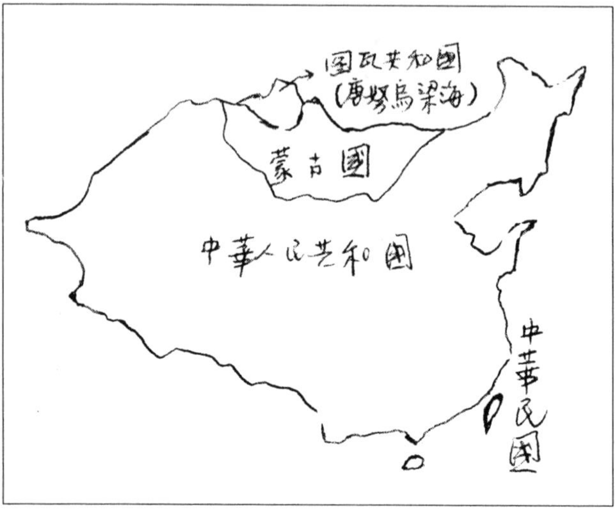

使國人對先民開闢之土地，增加珍重愛惜之心。但「固有」不能太久遠，大體上兩岸都認定在滿清末年到中華民國建立。中共所強調的「一九四九年中華人民共和國成為中國唯一的合法政權，並未改變固有疆域。」其中的「固有疆域」與中華民國憲法所規定的相同。目前這個「固有疆域」如上圖所示。

關於中華民國、中華人民共和國和蒙古國論述已多，此處略述圖瓦共和國（Tuva Republic），舊稱「唐努烏梁海」，一九二一年蘇聯催生了「蒙古人民共和國」和「唐努圖瓦共和國」，中共建政後與蘇共簽訂「中蘇同盟友誼條約」，亦未再提此事。換言之，唐努烏梁海的主權地位在模糊狀態中，無端地成為俄羅斯聯邦的一個自治州，中共迄今未置一喙。現在按兩岸共同認定的「固有疆域」，在「一個中國」架構下存在四個中國人的國家：中華民國、中華人民共和國、蒙古國和圖瓦共和國。而且中華民國是最早存在的，餘三者都是後來的

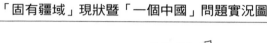

「分裂者」，中共為何不說「圖」或「蒙」是中國的一部份？只說台灣呢？本文之意在陳明「一個中國」問題不光是台灣一方，其他三方都是問題。

縱使僅針對台灣和中國的兩岸關係，則歷史事實的存在也是不能否認，及其所衍生的問題依然要務實面對，承認「曾經事實存在過」（如下圖）。誠實面對這個歷史事實並給予尊重，是解決問題的第一步。

現在中共這第一步邁不出去，口口聲聲「中華民國不存在」、「一個中國就是中華人民共和國」；那麼，我們得質疑中共「這兩千三百萬人的中華民國是甚麼東東？」便無法解釋了，叫人無限的困惑了。「存在」的不一定有理，但存在是一個事實，必須面對承認此一事實，才能共商解決問題的方法。

肆、合理解釋現況「一個中國」意涵

兩岸學者都在詮釋「一個中國」意涵，以張亞中教授在「中國主權歸屬與兩岸國家人格的再詮釋」一文最合理可行。

兩岸「一個中國」歷史事實的存在及其衍生問題示意圖

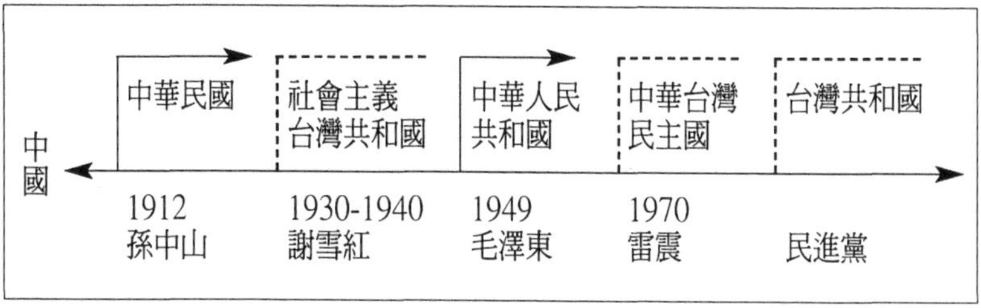

圖例：
------虛線示：形成議題，不能運作　　——實線示：具有主權，實際運作

其要點有兩岸不具行使「中國」主權的「正當性」、一九四九年後「中國」領土上有兩個中國人國家、一九四九年後中國土地上有三個國家（中國、中華民國、中華人民共和國）、中華民國與中華人民共和國共同享有國家人格不會造成「中國」的永久分裂。（註十一）簡要分述之。

「主權在民」所指是所有人民，兩岸都是中國的一部份，任何一方不能單獨享有全部主權。不論主權觀或事實，兩岸都只是一個不完整的主權國家。從事實存在來看，兩岸確實存在兩個中國人國家，一個是中華民國，另一個是中華人民共和國。各方彼此的關係是：

一、「中國」在法律意義是一個「法人」的地位，只是「沒有行為能力的法人」。是故，在法律意義上中國境內有三個國家（中國、中華民國、中華人民共和國，若依「固有疆域」為準再加上圖瓦共和國、蒙古國就是五個國家。）。這和以前德國法學界所指「一個德國，兩個國家」，清楚界定成「一個德國，兩個德國人國家」相通。

二、中華民國與中華人民共和國與「中國」只有「代表」關係而不是「同一」。既然各方都不是全部中國，也只能行使部份主權，每一方都不能「等同」中國，只能「代表」中國。在中國歷史上頗多類似情形，三國時期吳蜀魏分別在轄區內行使部份國家權力，「一漢三國」，「漢」仍在，且分裂成三個不完整的法人。吳蜀魏任一方都不能自謂「等同於漢」，也沒有資格在國際上代表對方。

三、中華民國與中華人民共和國共同享有國家人格並不會造成「中國」永久分裂。兩岸目前仍在憲法架構下堅持「一個中國」原則，其關係是「一個中國，兩個中國人國家」。第三國分別與兩岸建交也不會造成中國的永久分裂。如東、西德分別與各國建立外交關係，並不表示任一方放棄統一立場，也沒有造成德國永久分裂。

除本文合理解釋「一個中國」意涵外，國內學者也認為傳統的對稱思維爭議，「一個分治的中國」正處於「共同悲劇」（Tragedy of the Commons）的惡性循環中。未來在WTO機制下應從不對稱思維，發展出「一個分工的中國」，滿足美國為首的西方國家戰略，使中國大陸成為開放、繁榮與穩定的國際成員；也滿足中國大陸「東出海洋」的永續發展戰略。（註十二）果如此，則可避免「共同悲劇」發生，惟除了考驗國人智慧外，也得看兩大強權（美國、中國大陸）的意願。可惜強權的大戰略思維中，陸權可以部份分享，海權則是「零和」的獨佔，故二十一世紀中美兩大強權的太平洋爭霸戰也是「零和」遊戲，台灣選錯了邊就是「非常危險」。

【註釋】

註一：據淡江大學戰略研究所所長翁明賢教授考證，春秋戰國時代稱「中國」者，有宋、齊、蔡、鄭、韓、晉等國。但所謂「稱」中國，可能是「代表」之意，並非「等同」，故也不是正式國號。

註二：虞義輝（民族主義在兩岸交流互動中影響之研究，博士論文，八十九年八月），頁一九七～二○○。

註三：行政院陸委會許多宣傳文件均可見此「一個中國」涵義的解釋。

註四：八十九年五月二十日，中華民國第十任總統陳水扁，宣誓就職演說全文，「台灣站起來——迎接向上提升的新時代」。

註五：八十九年六月二十日，總統中外記者會致詞，見次日國內各報紙。

註六：兩岸經貿，第一一一期（九十年三月十日），頁六。

註七：中華人民共和國憲法，一九八二年十二月四日第五屆全國人民代表大會第五次會議通過，同日全代會公告公佈施行。

註八：中共國務院政策白皮書，「台灣問題與中國統一」，一九九三年八月三十日。

註九：聯合報，八十八年一月二十二日。

註十：翁明賢、魏宇成，「建構一個分工的中國」，二○○○年國家安全戰略情勢評估：不對稱戰略思考與作為學術研討會，兩岸關係議題（八十九年三月二十五日），頁六四～六五。

註十一：張亞中，「中國主權歸屬與兩岸國家人格的再詮釋」，問題與研究，第三十三卷，第十期（八十三年十月），頁二二一～二三一。

註十二：同十，頁九三～九四。

第四節

兩岸關係的未來發展與可能的變局

兩岸關係的未來發展各家都在揣測，例如日本有學者認為中國將會面臨大分裂成十六塊，台灣將與福建結合成一塊。（註一）描述中國大分裂詳情頗為生動，在「中國廣東軍、叛亂す!」一書內說：

日米歐に先立つて、台灣、フイリピン、ブルネイ、マレーシマ、シンガポール、タイ、インドネシァなどASEAN諸國にウエトナムなどガ「廣東共和國」の獨立を認め、インドやバングラデイシエガこれを追認した。四日の後、日本も米國に倣つてこれを承認した。（註二）

如該書所言，由於日、美、歐等各國支持，廣東共和國宣佈獨立，東南亞各國均先後承認。接著「東北共和國、誕生す」：

中國べは新たた東北共和國（舊満州）ガ誕生した。これによつてその周邊、とくにシベリァから沿岸州にかけての朝鮮族自治區は擴大、東北共和國の首都ガ、大連と決まつたことべ、大幅な自治を大連政府に求めていた。ロシァVSチエチエンのょうな內部紛爭に常に頭を惱まされた新疆ウイグルは、カザフスタンの東と合邦し、百年以上にわたる民族の悲願だつた新生ウイグルスタンとしてついに獨立を果たした。（註三）

我們如何評論上述小說式的描述，無法分析與驗證。置於本文前言應有警示作用，惕勵兩岸人民不要走上那種「共同悲劇」的困局，在中國歷史上曾經多次面臨的大分裂、大動亂及大災難局面，在兩岸關係的未來絕不可再出現。

另一個局面當然就是整合與統合的思維。以這個基礎探究兩岸關係的未來發展，可能面臨的變局就可以受到相當程度的規範。

壹、在「過去」、「現在」的連接關係上探察未來

「過去」、「現在」到「未來」是在同一座標上的同一條線連續的點，對未來的發展預測才有意義，才是合乎科學原則（如緒論和第一章）的「預測」；反之，不具備這些要件就是

非科學「預言」。關於「過去」與「現在」，試以下面兩個簡表做概念性的表達。（註四）

兩岸關係漸行漸遠表

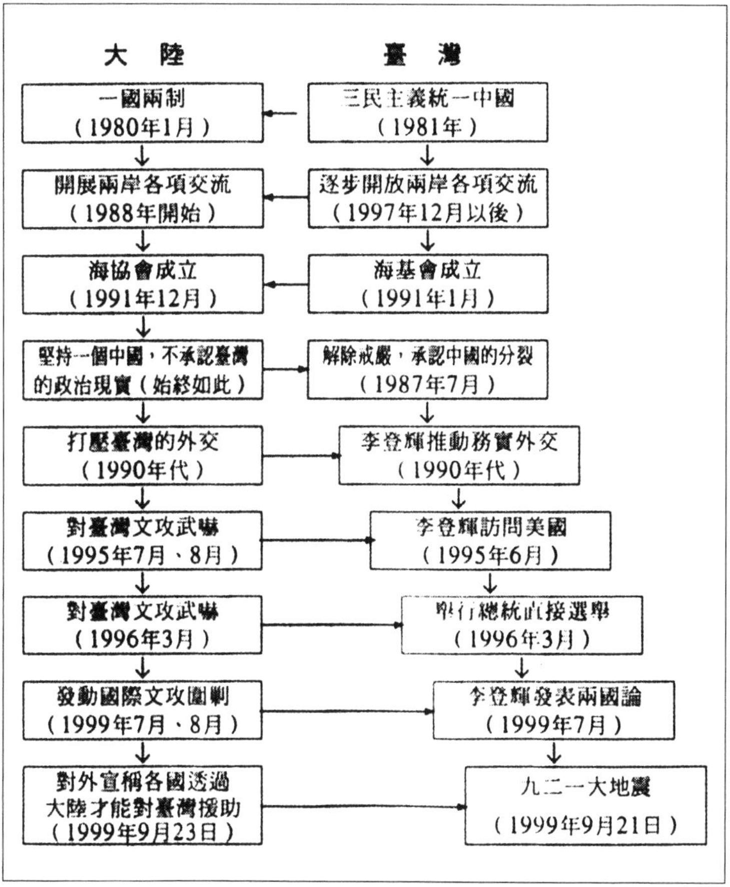

從過去兩岸關係的圖解，當雙方不能互信互重，甚且因不理性行為處於對立狀態時，兩岸關係漸行漸遠，終於在任何「未來」都找不到可以整合交集的「點」（戰爭交集點除外）。反之，成為一種良性循環，「未來」會有很多整合的「點」（機會），兩岸雙贏共利，避開

兩岸關係的善性循環表

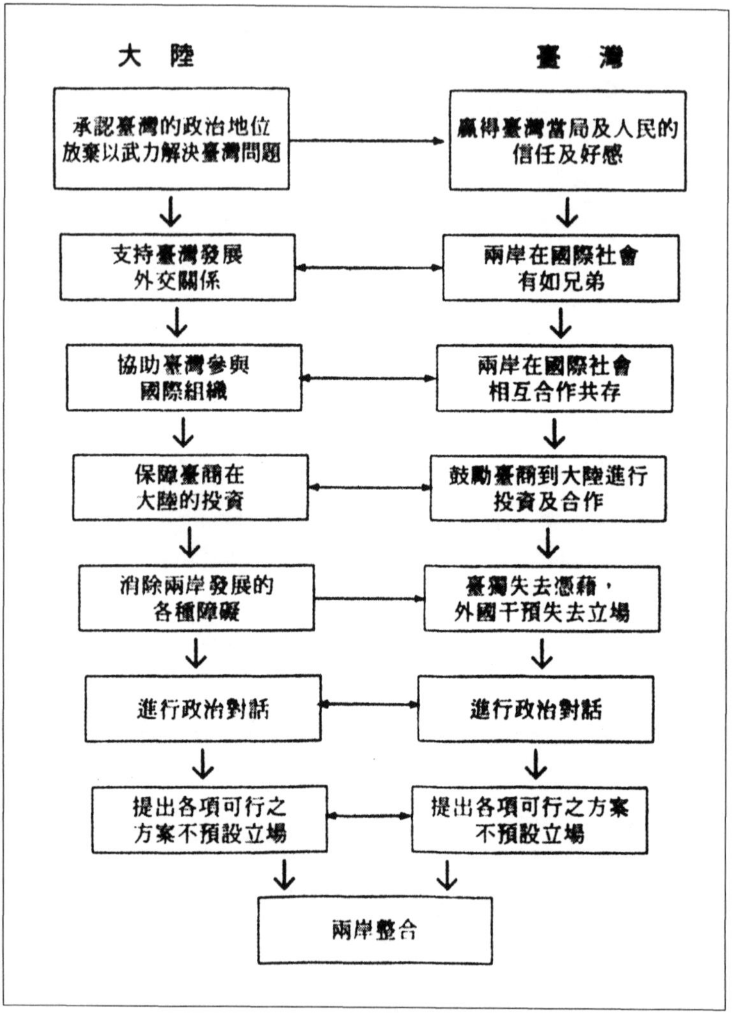
大　陸
臺　灣
承認臺灣的政治地位
放棄以武力解決臺灣問題
贏得臺灣當局及人民的
信任及好感
支持臺灣發展
外交關係
兩岸在國際社會
有如兄弟
協助臺灣參與
國際組織
兩岸在國際社會
相互合作共存
保障臺商在
大陸的投資
鼓勵臺商到大陸進行
投資及合作
消除兩岸發展的
各種障礙
臺獨失去憑藉，
外國干預失去立場
進行政治對話
進行政治對話
提出各項可行之
方案不預設立場
提出各項可行之方案
不預設立場
兩岸整合

了「共同悲劇」的發生。

貳、未來兩岸關係的決定因素

兩岸關係的決定因素，從以往就是兩岸（中華人民共和國、中華民國）和國際（美國）為主，但看更久遠深層的「未來」，須要從大歷史的大勢所趨，才能使未來有較清澈的輪廓。

首先在兩岸方面，政治改革與經濟發展決定雙方勢力消長，大陸的政經勢力（總體國力）已足夠成為區域強權。由於「黑洞理論」的效應（台灣離黑洞最近），政治與經濟依賴大陸日深（地緣、市場、文化）。所以未來面對中國大陸不論整合或「被整合」都是大勢所趨，台灣只要避開各種不利於己的作為（泛政治化、意識形態、內鬥），就能免於戰爭或衝突，並在整合過程中獲取最大之利。

其次是二十一世紀初到中葉的亞太地區情勢將如何？由於歐美至大西洋沿岸地區發展已到極限，全球地緣、經濟及政治關係重心已緩慢向亞洲移動，亞洲將成為美國的「主戰場」。形成這種趨勢的主要原因是中國的崛起，其次是歐洲統合的成功使日本將逐漸喪失歐洲市場，回到亞洲打拼。歐美地區的人力與資源運用都已在「臨界點」，亞洲地區夾其「地大物博人眾」，二十一世紀是亞洲的世紀，是太平洋的世紀。大環境如此有利，台灣何能不

資本主義和共產主義最後交集點：現代化過程圖解

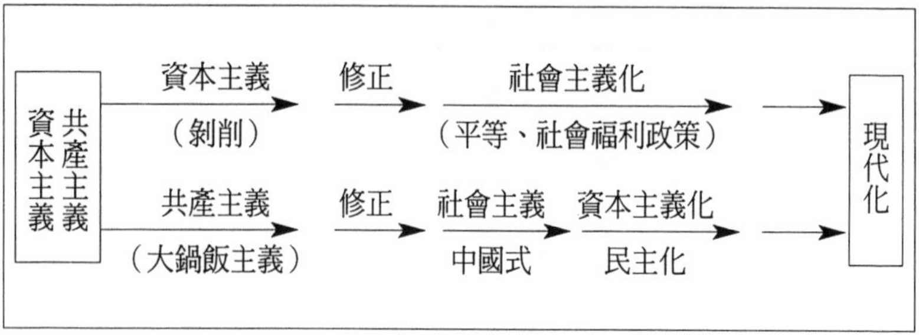

分「一大杯羹」呢？

最後從「西方資本主義」和「東方共產主義」的發展趨勢看兩岸關係的大未來。（如圖解）（註五）大家都知道，原始的資本主義和共產主義早已不存在，它們都在異化與修正中，二者發展的交集點（目標）竟然是現代化。不管是不是歷史的偶然形成，或「一隻看不見的手」（利己的黑洞理論）使然，這是兩岸關係未來發展可以樂觀的基點。當中國的現代化運動進行一百年後（自強運動起算），兩岸便分裂分治發展，台灣持續最近這五十年的現代化改革，中國大陸也在進行現代化改革（政治現代化最緩慢）。雙方都走上了相同的不歸路，持續這條不歸路就是兩岸未來整合與統合的共同目標。

參、兩岸三邊未來最大可能的戰略架構

眾所週知「兩岸」已非兩岸，而是三邊（中華民國、中華人民共和國和美國）。目前美國是最大一邊，中共次之，我國是最弱的一邊。是故，兩岸問題及其發展已非中國人自己可以主導，

最大的一邊（美國）有舉足輕重的關鍵地位，只是次邊正在挑戰最大邊。

在中共方面，二十一世紀中葉前勢必完成第一到第二島鏈的國防戰略建設，鞏固北起東北亞、東海、南海及東南亞地區的勢力範圍。台灣位處新世紀中國海洋戰略之要衝，優先解決台灣問題已超越民族主義和國家安全因素，是中國全方位國家安全戰略的必要策略。

在美國方面，以美國的國家利益前提下，維持台海兩岸和平穩定，避免軍事衝突，就能確保美國亞太地區戰略目標之達成。其次預判未來五十年（二十一世紀中葉前），兩岸關係仍受到美國的主導。但因台灣民主化未趨成熟，中國大陸影響力逐漸增強，使美國主導兩岸關係漸感困難。例如李登輝提「兩國論」使美國很不諒解，認為這種未經協商的狀況可能節外生枝，未經戰略評估的舉動也易於帶來危險。

未來兩大巨強的戰略架構定型，任何的「擦槍走火」都可能正面衝突，如軍機擦撞事件、兩國論或其他。台灣不論是十三億中國人生存發展的「石頭」或美國圍堵中共的棋子！都是馬前卒的角色，隨時隨地要被犧牲。在這個大戰略架構下，台灣的未來確實不樂觀。是否有可能解套（解危）？唯一的出路是與中國整合或統合在一起。當然這個整合或統合的過程必須合乎「台灣關係法」所定和平民主原則，否則引爆兩強衝突，後果也是台灣承擔。

肆、歐盟統合經驗對兩岸關係未來的啟示

歐洲聯盟（European Union, EU；簡稱歐盟），距離「歐洲合眾國」（United States of Europe）雖很遙遠，但目前已有傲人的成績，是為各地區整合（Integration）與統合（Unity）之典範，亦稱「歐洲統合」（European Unity）。歐盟經驗對兩岸關係有重大參考價值，其原因在（一）陳水扁總統在二〇〇一年元旦發表「兩岸統合論」，之後多次表明可參考歐盟經驗。親民黨主席宋楚瑜在總統大選時，也提出「整合論」，參酌歐盟經驗整合兩岸關係。而「國統綱領」和「連戰的主張」就是一種「整合論」。（註六）這是國內各黨派難得的共識。（二）歐盟是從經濟性統合開始，如一九五一年簽署「歐洲煤鐵共同體」條約，一九五七年簽署「歐洲原子能共同體」和「歐洲經濟共同體」條約，一九六五年上述三組織整合成一個「歐洲共同體」，一九九一年通過「歐洲聯盟條約」（即馬斯垂克條約），二〇〇二年元旦完成貨幣統一（歐元）。這種整合過程正合目前兩岸的交流模式，未來開放「三通」及WTO的規範，歐盟經驗恐是「勢在必行」了。（三）合於國家安全考量，兩岸關係中都有很大的安全顧慮因素，台灣方面怕被「吃掉」，中共領導人一再宣稱「不會吃掉」台灣，可是中共愈講台灣愈怕；反之，其實講的一方更怕，不是怕被吃掉，而是怕「吃不掉」，怕台灣阻礙全中國在二十一世紀的國家安全戰略佈局，「吃也不對不吃更不對」的恐

懼。這就是雙方都犯了「國家安全恐懼症」。歐盟經驗可以解決雙方的安全顧慮，對台灣而言漸進式透過條約的統合可以不被「吃掉」，並滿足全中國在二十一世紀的戰略佈局。最重要的合乎「台灣關係法」原則（美國利益），可謂兩岸三邊「三贏」局面。

兩岸存在這麼多有利的整合與統合因素，但歐盟性質與兩岸關係也有很多差異，在參酌歐盟統合之同時，兩岸要先化解歧見。最易於做到的是加速進行「三通四流」，這已在民國九十年「經發會」兩岸經貿改善問題達成共識。積極落實執行就能化解歧見，分述下項的五大領域。（註七）

伍、加速落實「經發會」共識以利兩岸經貿整合

政治整合的可能性決定在經貿整合的成敗，戰後歐洲積極進行統合運動，前四十年都在進行經濟統合（一九五一到一九九一年）。再往後十年的政治統合就很順利（一九九一年通過聯盟條約到二〇〇二年貨幣統一），鑑於歐盟經驗，未來兩岸關係要積極落實「經發會」共識，順利完成經貿整合，政治談判與整合才易於成功。經貿整合有五大領域。

一、以「台灣優先」保持經濟發展的自主性，以「全球佈局」確保國際競爭力優勢，以「互惠雙贏」推動兩岸經貿關係正常化，以「風險管理」考量各層面的安全問題。

二、「積極開放、有效管理」的相關配套辦法：第一、放寬大陸投資產業及產品，有助

於提高國內產業競爭力；第二、放寬投資大陸資金限制，建立風險管理機制，避免對國內資金產生排擠作用；第三、加強兩岸資訊透明化，有利於保障投資安全，開放企業赴大陸直接投資；第四、推動簽署兩岸投資保障協定及兩岸租稅協定。

三、建立兩岸資金流動的靈活機制：第一、健全資金回流機制（如直接通匯、利潤匯回）；第二、循序開放國內金融服務業赴大陸投資、設立分行（分公司）或子公司；第三、配合共同加入 WTO，循序開放陸資來台投資土地及不動產。

四、加入 WTO 與兩岸三通：第一、配合 WTO 開放兩岸直接貿易、通郵及通訊，同時規劃安全預警制度；第二、積極推動兩岸「通航」，這方面的難度最高，因二次大戰後的分裂中國家無此先例，歐盟無此問題，兩岸須從簽署「通航協議書」行之；第三、積極評估建立「經貿特區」（如共同市場）。

五、積極推動大陸人士來台觀光，初採總量管制「團進團出」，仍須建立安全通報機制，逐漸放寬管制措施。

為甚麼經濟整合是政治整合的前提？因為有高水準的社會經濟發展，不僅有助於威權體制轉型成多元政治，也有利於多元政治的穩定性。（註八）歐盟若不能完成經濟性整合，其政治統合必不能啟動。

本文試探測兩岸關係的未來發展與可能的變局，未來是不易測知的。惟在過去與現在的基點上，尋找各種未來的決定因素，描繪出未來兩岸三邊的戰略架構，參酌歐盟經驗及兩岸現有經貿交流的共識。兩岸關係的未來依然有脈絡可以依循，避免出現不該有、不樂見的變局。

【註釋】

註一：宮崎正弘，中國大分裂（台北：鑽石人生出版社，一九九五年），第五章。

註二：宮崎正弘，中國廣東軍、叛亂　！（東京：二見書房，一九九五年六月二十五日），第六章「巨大國家、南北分裂へ」。

註三：同二，終章「アジアの新時代」。

註四：顧長永，中共對兩岸關係的新思維：化被動為主動，中華戰略學刊，八十九年秋季刊（九十年十月一日），頁二六一～二八四。

註五：旅日學者戴國煇先生「台灣結與中國結」一書中，曾認為共產主義和資本主義是「單卵雙生胎兒」，他們只是方法或手段不同，但共同的目標是現代化。戴先生沒有點明這個發展過程，我把二者的異化及其共同目標具體圖解。由此觀點出發，兩岸關係的未來發展依然樂觀。

註六：「連戰的主張」見聯合報八十九年二月十八日，三版。

註七：大陸工作簡報，行政院大陸委員會，行政院第二七五一次院會（九十年九月十二日），頁三〇～三三。

註八：Robert A. Dahl, Polyarchy: Participation and Opposition (New Haven and London：Yale University Press, 1971), p.62.。

第三章 大陸政策的制訂與執行

大凡形成一種重要的公共政策，
就是已經有了共識，可以執行且必須依既訂政策執行。
是故，
「大陸政策」比之「兩岸關係」的詭譎，已算頗具定性。
影響因素分析與背景、大陸政策與國統綱領、
大陸工作組織體系與執行、大陸政策的未來發展與變數，
都是本章論述的重點。

第一節 大陸政策制訂的影響因素分析與背景

任何政策的形成通常不外受到客觀環境的影響，或主觀環境的需要，甚或兼而有之。當這種主客觀的需要產生合流時，「政策指標」（Policy Indicators）於焉形成，可將公共統計數值用於公共政策議題的衡量工作，有利於公共部門制訂妥適的政策。（註一）這是一般的公共政策，只須考量到三種價值內涵：純經濟效益、主觀性福祉（Subjective Well-being，如人民的期望）和公平性等三者。但我國的大陸政策不僅是公共政策，而且是「重大的」公共政策，緊緊的牽動著國防、外交與內政等各項政策。故大陸政策制訂的影響因素，除價值內涵外，也涉及更高層次及更複雜因素。

壹、國際政經環境變動的影響

自從第二次世界大戰後的民主與共產對峙，經歷數十年的恐怖平衡，到一九八〇年代末期，兩極體系的冷戰狀態開始出現鬆動。到一九九一年波灣戰爭後，蘇聯及東歐共產集團相繼瓦解，國際間以合作代替對抗的「大和解」呼聲高漲。如民主與共產（後共產）國家、兩德、兩韓、以阿及北愛爾蘭等地區，都在設法爭脫壁壘分明的「零和賽局」，尋找可以雙贏的機會。顯著的例證是一九九〇年十月，兩德完成統一，給戰後分裂中國家很大鼓舞。這種國際「大和解」氣氛，是我國後來製訂大陸政策──「國統綱領」重要的契機。

在國際關係中以美國的「中國政策」對我影響最大，以美國為首的西方國家，堅信「經濟發展→政治發展」有必然關係的理論基礎。「和平演變」乃成為美國對中國大陸的基本策略，此不僅合於「台灣關係法」規定和平解決兩岸問題，也最合乎美國利益。因此，我國在推展大陸政策所須採行的模式，當然是一種「和平民主」的程序，這符合整合國際社會的政經秩序，也應合乎兩岸人民的利益。

目前國際關係中的「後冷戰」結構仍未改變。但恆「常」之中存有「變」的因子，如二〇〇一年四月一日「美中軍機擦撞事件」，「九一一事件」，都讓美國感受到「中國的力量正在壯大」到快要可以挑戰美國；而另一方面「中國的市場和利益」也絕不可放棄。因此，從大歷史觀之，自一九七二年以來美國的對華政策都有明顯的「恐共→反共→親共」模式，且愈來愈嚴重。（註二）準此而言，對我國制訂大陸政策必升高其影響力，且不論那一執政者可能要面對國際方面（美國為主）更大的壓力。

貳、中國大陸政經及社會發展因素的影響

我國大陸政策施行的對象就是中國大陸，就公共政策而言也是「標的人口」（Target Population），更是一種「政策利害關係人」（Policy Stakeholders）。何況大陸政策是我國最重要的內政－「準外交」政策，對標的「中國大陸」的影響力，自然要全面掌握以利因應。再者，以往國內學者研究大陸政策時，常寄望於大陸當局可能的「變天」（政權瓦解、經改中斷或動亂等）。筆者以為這些已經不切實際，是一種對中國大陸政經發展了解不深入的片面思維。實際對我大陸政策制訂與執行，影響至鉅者有以下三方面因素。

第一、中共對台動武的「時機」。八十四年兩岸引爆「閏八月」危機時，國內外學者都把重點放在中共武力犯台的「能力」問題，並分「有」和「無」兩方。筆者獨排眾議，認為中共武力犯台已非「能力」問題，而是「時機」。（註三）姑且不論中國大陸能或不能，純就台灣方面安全考量，建軍備戰之目標與目的，中共至少仍是「假想敵」（實際也還是），不能假設敵之「不能」，而要假設敵之「可能或一定能」。據此策訂大陸政策才比較可靠、安全與可執行。儘管有學者倡導，台灣面對強敵應發展「不對稱作戰」（Asymmetric Warfare），筆者以為在政治、經濟或心理戰層面可行，在武力戰則不可行。（註四）既然戰爭爆發只是事先可預知的「時機」，就該避免這種時機出現，最重要有「台灣宣佈獨立」、

「台灣內部有動亂」、「外國勢力介入台灣」。但「台灣方面無限期拖延統一」，及「阻礙全中國在二十一世紀的國防戰略佈局」也將成為以武力收回台灣的時機。以上時機的迫切感日深，預料將對我國的大陸政策產生重大影響。

第二、中共對我務實外交及民進黨政府台獨傾向的反映。儘管務實外交是政黨輪替後仍在持續的外交工作，但國民黨和民進黨的務實外交有差別。在國民黨時代企圖使中華民國在國際上成為一個「政治實體」，推動「雙重承認」及重返聯合國，都被中共認定為「兩個中國」、「一中一台」等，因而遭受到全面封殺。到民進黨政府因其台獨傾向，雖然也在推動務實外交，惟過於彰顯「台灣」圖騰，甚至一批民進黨的人馬在積極推動以「台灣名義進入聯合國」。這些行為在中共方面都界定為搞「台獨」，例如陳水扁在二〇〇二年元月十三日對台獨組織（FAPA）宣佈，中華民國護照加註「台灣」二字，中共強烈認為是「一步步邁向台獨」的行為。（註五）

中共對我務實外交一味封殺，使中華民國在國際上的邦交國僅剩二十八個小國家（二〇〇二年元月為準），重返聯合國機會「接近零」。大環境的不利將使大陸政策的制訂、決策及推行，愈顯困難重重。也可能使兩岸人民產生更多疏離感，增加未來整合與統合的難度。

第三、中國大陸地區經改到政改的前景。經濟改革已是一條不歸路，不走下去現代化目標不能達成，二十一世紀的全方位國家安全戰略也無力持續，所以經改可期無須置疑。政治改革（外界所稱「民主化」、「民主政治」或「美式民主」）遲遲不能啟動的原因，筆者以為有三。其一、中國要成為富強而統一的強國，須要一個團結、強大與能夠獨斷的政黨，有堅強領導中心的政黨。幾乎所有第三世界都在經濟發展尚未成熟，就急急於民主化，國家因而陷於永無寧日的亂局中，所以「美式民主」在現階段的中國不適用。其二、美式民主並非放諸四海皆準，在全世界近兩百個國家中，推行「美式民主」成功者，僅美國一國，所以江澤民一再強調「絕不照搬美式民主」。其三、「台灣經驗」的啟示，四十年一黨獨大使台灣沒有「菲律賓化」，而有今天的基礎。但美式民主的推行形成「多黨制」，所幸四十年建立的基業經得起現在的「內耗」而尚未垮台，至少中共認為美式民主在台灣推行並不成功。

既然美式民主並非放諸四海皆準，中國式民主仍須推行（如　孫中山的訓政方法，逐漸釋出政權給人民。）。目前中共在試辦的縣長民選或許是「中國式社會主義式民主」的起步，有民主就有安全（對台灣），加快民主腳步才能給中華民國更多安全保障。大陸政策才能夠大幅度開展。

參、台灣地區內部因素的影響

台灣地區內部因素對大陸政策決策的影響，看似複雜，其實可以匯流成三部份，對國家統一的共識程度（合領導階層及一般民意）、經貿發展的需求與地緣關係所形成「生存發展共同體」的依賴與堅持。

首先是對國家統一的共識程度。近十餘年來有許多有關統獨民意調查，大體上「急統」和「急獨」已退出主流民意，此處不再例舉各項統計數字。隨著民進黨執政，許多「台灣獨立論述」也引起緊張，如民進黨「事實承認中華民國」，看機會台灣獨立；李登輝及台灣團結聯盟以「本土化」之名，行台獨之實。殊不知不論急獨、緩獨或機會獨都存在下列五種危險：（一）喪失合法性的統治基礎，這和一八九五年「台灣民主國」的「無天可籲，無人肯援」基本原因相同，任何政權的存在，合法性統治是第一要件。（二）欠缺合法性也表示國際上不可能得到承認，以中華民國原有的合法性基礎，尚有二十餘小國承認，加上美國以「台灣關係法」支持。放棄中華民國更難得到承認，美國對李登輝的「兩國論」尚且高度不滿，更何況台獨！（三）是給中共有武力犯台的藉口。（四）在中國歷史上「獨」僅表示「暫時分裂分治」，或某種形式的「割據」，如三國或其他分裂的時代。各方都在尋求如何統一，「獨」的傾向將引起戰禍（他方也以統一為正名興起戰端）。（五）內部各族群勢力不能擺平，也易於引起動亂，台灣地區的安全、安定與經濟繁榮均可能一夕瓦解。內部動亂又引起中國以武力平亂及統一，惡性循環接踵而來。

其次是台灣地區經貿發展的需要。台灣地區屬海島型經濟，島內資源缺乏，經濟發展又是台灣賴以生存發展的生命線。若以中國大陸為腹地可以解決上述所有問題，且大陸是台灣

「天成」之腹地，世界各地都不俱有和大陸相同的良好條件。所以台灣產業的「大膽西進」是台灣本身自己的需要，當然大陸即將成為全世界最大的經濟體，表示大陸市場有「黑洞」般的吸力，也吸納世界各國的產業爭相到中國去「分一杯羹」。現在民間企業西進大陸一頭熱，政府則想要「有效管理」，大陸政策決策也增加諸多複雜因素。

最後是地緣關係所形成的「生命共同體」，也是一種「生存發展的共同體」（地緣關係詳見第一章第四節）。戴國煇形容這種關係最貼切，稱為「睪丸理論與自立共生的構圖」。（註六）睪丸與身體是生命共同體的共生關係，但要「掉在外面」與身體保持一定距離（自立），完全脫離（獨立）則面臨生存危險（死亡）。反之，身體沒有睪丸雖能生存，卻已破功。以整個人體比喻中國，以睪丸比喻台灣最傳神真實，台獨論述意味著睪丸割離身體，其結果是不可收拾的。

兩岸生命共同體是以地緣關係為溫床，經數千年發展成共同的地緣經濟（Geoeconomics）、地緣歷史（Geohistory）和地緣文化（Geoculture）。這種關係連陳水扁總統都是承認的，獨派人士想割卻割不斷，民進黨的大陸政策才陷於兩難。

肆、大陸政策制訂的背景與基礎

大陸政策除了有很多影響因素外，也有其歷史背景與基礎。背景指的是歷史的流向所至之必然，基礎指的是人民支持度之使然，這種影響因素使決策者必須考量，甚至要納入政策加以執行。

在歷史背景方面，兩岸關係歷經軍事衝突、冷戰對峙、民間交流，以迄目前的「九二共識」爭議。在每個階段都有不同的政策，例如「反攻大陸」是一種政策，「三民主義統一中國」也是一種政策。但最能受到民意支持及較有政策方向，對今後大陸政策影響最鉅者則有兩個「關鍵點」。

第一個關鍵點是民國七十六年十一月蔣經國先生決定兩岸開放探親，此事是以後大陸政策的「引爆點」。兩岸人民渴望交流（探親、訪友、旅遊等）的情緒，終於在禁絕數十年後從內心的「黑盒子」中爆發出來，不可阻擋的掀起一片大陸熱。這是人倫，也是常情。但在不同制度中生活半世紀的人民，隨伴接觸機會增加，也產生很多必需兩岸共商解決的問題，例如婚姻、繼承、通訊、貿易及文書認證等，乃至偷渡、走私、搶劫、漁事糾紛等問題的處理。這些事情在民國七十六年之前雖都存在，均在暗地裡非法進行，之後政府鑑於大勢所趨，必須有正式合法的方式處理。

第二個關鍵點是民國八十年三月「國統綱領」的頒佈。在此之前我政府對大陸雖有政策，但缺乏方向指導，從此之後的大陸政策是在統一指導下兩岸由隔絕走向交流，由對立走向緩和，由紛亂摸索走向制度與理性的發展。各類有關兩岸交流的法令規章由此開始建立，如「台灣地區與大陸地區人民關係條例」等，至今已有百餘種。相對的大陸方面也必須制訂相關法令，兩岸交流在軌道（制度）上進行，才不致於出軌（非理性行為、戰爭）。

除歷史背景外是人民支持的基礎，就是「合法性」與「正當性」的基礎。所以大陸政策的制訂及其決策，其實也受到「人民的需要」所影響。凡有需要就有「市場」，有市場就有「需要」，似乎是古今不易的通則。這些人民的需要包括：

一、人民不希望兩岸發生戰爭，不希望兩岸關係惡化；人民想要和平、安定及安全的過日子。大陸來台的子民曾經飽受流離之苦，本地同胞也見證過戰爭的可怕，而對岸同胞也親臨內戰的非理性。換言之，不論那一方面的中國子民都不希望再受戰火洗禮。

二、人民真正想要甚麼？不外富裕、繁榮、自由，日子一天比一天好過，財富一天比一天多。台灣方面的現狀是經過半世紀和平發展才有的基礎，當人民財富縮水一半，當股票跌到四千點時，人民就要開始質疑統治者的「合法性」和「正當性」。反之，大陸方面有現在的經濟表現是二十年經改的成果，這些才是人民心中所想要的。

三、中國大地是數千年來生養所有中國子民的一張溫床。真正去大陸開學術會議，搞「和平演變」，加上台商大軍，在到過大陸千萬人次中，（註七）只佔少數。絕大多數除探親訪友外，他更想看看白山黑水、長江黃河、中原古都。或李白與杜甫的故居等等。這是一種精神層面的需要，看過後他覺得今生也就滿足了。

四、政治領域上的需要（也是眾多人民的需要）。確保中華民國與中華人民共和國能在和平、理性與對等原則上互動，以利和平民主方式完成國家統一工程。但「立即統一」和「永久分離」都是不安全、不務實的原則。

大陸政策雖有一定的「定性」，始成政策而能推行，但因所受的影響因素很多，仍須不斷從實踐中獲取經驗，適度調整大陸政策的原則，以確保政策的可行性。整個國際大環境仍是變幻莫測，惟兩大強權（美國——中國）互爭盟主地位，應是二十一世紀的常態，台灣在可預期的未來仍在夾縫中求生存，台灣無力改變這整個大格局。但台灣可以小心因應各種影響因素，趨利避害（勿自找死路），策訂最有利的大陸政策，這是台灣人民有能力、有智慧可以做到的事。

【註釋】

註一：吳瓊恩、李允傑、陳銘薰合編著，公共管理（台北：國立空中大學，八十九年二月），頁一八七～一八八。

註二：王央城，美「中」軍機擦撞加速美國對亞太戰略的改變，國防雜誌，第十七卷第五期（九十年十一月十六日），頁三九～五一。

註三：陳福成，決戰閏八月——後鄧時代中共武力犯台研究（台北：金台灣出版社，一九九五年七月十日），第七、八章。

註四：「不對稱作戰」是一種避實擊點的「點穴戰法」，如二〇〇一年「九一一」恐怖攻擊，賓拉登（Osama Binladen）戰法就是「不對稱作戰」，避開對手的強點，擊其弱點。問題是敵人（美國）地大物博人眾，不可能一擊殲滅之，當敵人反擊時反而被殲滅。是故，以兩岸戰力比，不論對稱或不對稱，台灣方面都不應該對大陸主動發起任何形式的武力戰。

註五：見二〇〇二年元月十四日及近日國內各媒體報導。

註六：戴國煇，台灣結與中國結（台北：遠流出版社，八十三年五月十六日），「寫在前面」。

註七：據入出境管理局統計，從民國七十七年元月到八十八年十二月，台灣地區人民赴大陸為一千五百四十七萬五千一百八十五人次；大陸地區人民來台為四十四萬九千一百九十五人次。

第二節 大陸政策與國家統一綱領

大陸政策的具體內涵是甚麼?我們說過「反攻大陸」和「三民主義統一中國」都是一種政策宣示，都曾經動員軍民力量實踐之。甚至「一個中國」涵義說明、「台灣問題與中國的統一」白皮書、「台海兩岸關係說明書」等，也都是大陸政策的一部份。九十年召開「經發會」的決議也是一種大陸政策，行政院必須依照決議逐項落實執行。但以上都不能代表一個完整而具體的大陸政策，必待八十年國家統一綱領（簡稱「國統綱領」）頒佈，始見大陸政策之全貌。

惟民進黨執政後，國統綱領部份內涵遭受「擱置」，但並未廢除，國統綱領仍為現階段大陸政策的重要內涵。民進黨政府所「擱置」的部份（一中爭議或台獨論述），應屬兩岸關係發展與大陸政策推行的變局（留待本章第四節講述），本文針對國統綱領內涵、意義與反應探究之。（註一）

壹、國統綱領的內涵：具體的大陸政策

兩岸關係演變到民國七十九年間，政府居於主客觀需要，認為有必要進一步宣示兩岸未來立場，勾勒出中國統一的遠景藍圖。是年十月間，朝野達成共識組成「國家統一委員會」（簡稱「國統會」）。開始研擬國統綱領草案，於八十年二月二十三日國統會第三次會議通過，同年三月十四日行政院會議通過後，國統綱領正式成為推行大陸政策的依據。國統綱領的內涵可用「一二三四」來說明，即「一國」、「二區」、「三階段」、「四原則」。

一、「一國」：中華民國

就是一個統一的中國，應指民國元年（一九一二年）建立迄今的中華民國。民國三十八年後，兩岸形成分裂分治的局面，中華人民共和國不等同於中國，中華民國也不等同於中國，二者都是中國的一部份。因此，中國的統一問題兩岸都應以務實的態度，為中國統一共同貢獻智慧和力量。大陸政策的目標就在追求國家統一，具體的說：「一個中國」最終目標是指政治民主化、經濟自由化、社會多元化和文化中國化的實現。

政治民主化的重點在政黨政治、自由選舉和地方自治；經濟自由化的內涵是私有財產、自由企業和市場機能；社會多元化反映在輿論開放、資訊流通和社會發展管道多元等；文化

中國化更指馬列文化必須澈底揚棄，回到原有中國文化（儒家為主流）的本位上，現在所謂「中國式社會主義」，其本質仍是「馬列的」，而不是「中國的」。

就歷史、文化及民族情感而言，半世紀隔絕已是悲慘，沒有理由持續分裂下去。但以上述標準衡量，目前兩岸統一條件未臻成熟，貿然立即統一，等同犧牲台灣地區人民的安全與福祉，完成大一統的虛幻假象。中國的統一不是立即的目標，而是一個長遠的目標。

二、「二區」：台灣地區與大陸地區

就政治現實及現狀存在看，海峽兩岸是「一中兩國」（一個中國、兩個中國人國家），分別在不同的地區行使其合法有效的統治權。中華民國在台灣地區享有治權，是中國之一部份，並不能代表全中國，但中華民國確實是一個政治實體。另一個中華人民共和國則在大陸地區享有治權，也是中國的一部份，不能代表全中國，也是一個政治實體。所以兩岸是兩個對等的政治實體，只在自己的地區有效行使治權，任何一方也不能有效實施治權於對方地區，而這兩個不同的地區都是屬於中國領土。

然而中共不肯承認這種事實存在，認為只有中華人民共和國才能代表中國，中華民國只能是一個地方政府，或中共管轄下的一個特別行政區，不承認我為一個政治實體。基於此而提出「一國兩制」作為統一中國的模式，其「一國」是中華人民共和國，「兩制」是大陸地區實行社會主義，台灣地區暫行資本主義。這種暫行設計，只是社會主義初級階段的安排，未來（台灣、港、澳）都仍要過渡到共產主義制度。所以這種「和平統一」的手段，只是兼併台灣的策略。

三、「三階段」：近、中、遠程完成統一

海峽兩岸經歷五十年隔絕，雙方分別有了不同政治體制與社會制度，人民也有不同的生活方式和價值觀。還有歷史遺留下來的敵意和不信任感並未完全消失，絕無可能短期間完成統一，而是一項長期艱鉅的政治工程。所以國統綱領規劃了近、中、遠程三個階段，在穩定中分階段完成國家統一。

「近程——交流互惠階段」：透過民間交流讓大陸地區人民了解海峽兩岸存在那些差異，讓雙方有比較、觀摩的機會。在交流過程中，雙方以互惠化解敵意，不危及對方安全，建立良性互動關係。同時為使交流能在制度中進行，設立中介機構以維護兩岸人民的權益。我方於八十年二月成立海峽交流基金會，大陸當局也在八十年十二月成立海峽兩岸關係協會，共同推動兩岸民間交流。立法院也於八十一年七月通過「台灣地區與大陸地區人民關係條例」，作為兩岸交流的具體規範，該條例確保國家統一為最終目標。

在本階段若中共能在三件事情上作出善意回應：放棄武力犯台、承認我為政治實體、不

干擾我在國際社會的活動，便有進入中程階段官方接觸的條件。

「中程——互信合作階段」：在本階段，我們願與大陸方面建立對等的官方溝通管道，進而開放兩岸直接通郵、通商、通航，共同開發大陸東南沿海地區，並逐步向其他地區推展，以縮短兩岸人民生活差距。把「官方接觸」和「三通」政策置於中程階段，乃考慮國家社會的整體利益及安全，認為唯有兩岸化解敵意後，才能進行官方談判及「三通」。以漸進穩定的腳步向前行，對台灣地區造成的衝擊較小，追求統一的努力才易於落實。

敵意消除有了互信基礎後，兩岸應協力互助，參加國際組織與活動。推動兩岸高層人士互訪，以創造協商統一的有利條件。

「遠程——協商統一階段」：國家統一進程到了遠程階段，應是水到渠成的事，各種國家統一的準備工程已經完備。所以本階段兩岸開始協商成立統一機構，依據兩岸人民意願，秉持政治民主、經濟自由、社會公平及軍隊國家化原則，共商統一大業，研訂憲政體制，以建立民主、自由、均富的中國。

有關國家統一最敏感的國號、國旗、國歌及意識型態等均略而不提，乃為保留最大的彈性空間，由未來協商機構談判再議。對於統一後的政體（Forms of Government）也僅提到「研訂憲政體制」，這只是一種憲政制度（Constitutionalism），或稱為「立憲政體」（Constitutional Government），乃對政府威權決策所加有組織的約束之制度。此並非甚麼

「預設立場」，若有，憲政體制是專制體制之相對也。

參酌第二次世界大戰後，由國際共黨造成分裂的國家統一模式：越南統一是北越以武力完成之；德國統一是西德以其政經優勢和平統一；兩韓尚在摸索中，且情勢仍然緊張。我國情況與上述三國有異，若能依據近——中——遠三個進程逐步完成，應能開創以民主方式完成統一的新模式。

四、「四原則」：和平、理性、對等、互惠

「和平」原則就是雙方放棄以武力解決兩岸問題的手段，但重點在中共放棄武力犯台，因為台灣並無武力進犯大陸之能力。我大陸政策從「反攻大陸」到「以民主、自由、均富統一中國」，就是從武力統一轉向和平統一，可惜中共方面尚未放棄武力統一的企圖。

「對等」原則有四層涵義，其一是相互遵重，要談判要和平解決問題，就必須雙方有相互遵重的對等，否則協商無法持續。其二是承認對方為政治實體，事實也不得不承認。其三為「中央對中央、地方對地方」的談判，不能是中華民國對大陸某一省級政府的談判。其四是中華民國的國際關係，應與中華人民共和國有平等對等的權利和地位。所謂「平等者之間無統治權」(Par in Parem non habet imperium)，兩岸既然都是政治實體，對等是必要之原則。

「互惠」原則是「非零和競賽」的「雙贏」概念，必須對兩岸都有利，不能犧牲任何一方的利益（中華民國、中華人民共和國或中國）。如何能使各方互惠共利？以兩岸各有的優缺互補，以求取兩岸長遠的發展，加速政經改革，邁向統一才有意義。

至於「理性」原則，是兩岸關係進展的基本出發點，是對過去非理性行為的反省，面對未來所有問題不要泛政治化。儘管兩岸事務不論政經文教等各方面都充滿政治味，但仍期許就事論事，不要凡事淪於意識型態之爭。理性也表示面對事實與務實的態度，對談判統一問題才有幫助。

貳、國統綱領的意義：大陸政策的政策性宣示

自從國統綱領在行政院通過後，大陸政策推行有了依據，兩岸政經文教交流日趨熱絡，同時也把兩岸關係各類活動逐年法制化，避免體制外的危機產生。是故，國統綱領的頒行，對我國大陸政策而言，有多層意義存在。

一、形式內容的意義

台灣地區在動員戡亂時期終止後，兩岸政情面臨新的轉型，「反攻復國」大政方針需要重新調整。國統綱領的宣佈，正指引大陸政策的新方向，其最大的轉變是：以「和平交流」

取代「軍事對峙」，以相互了解化解敵意，建立兩岸關係的互信基礎。再者，統一是長期艱鉅的政治工程，需要分期漸進完成，但仍不設時間表，以免自我設限。

二、實質內容的意義

在國統綱領中並未規範國體、政體或憲政體制應如何？其實質內容則明確規範統一的中國必須是在「民主、自由、均富」的基礎上。換言之，政治民主化、經濟自由化、社會公平化及軍隊國家化是具體的標準。

三、憲法位階的意義

國統綱領雖非憲法或法律，但因由直隸於總統府的國統會所規劃通過，其「前言」、「目標」、「原則」和「進程」，代表國家最高單位（總統府）凝聚全民共識所形成的政策宣示，是大陸政策的最高指導原則。兩岸關係交流活動既然必須加以法制化，勢必要訂定各種相關法令規章，而這些法令規章均不得有違國統綱領所揭示的原則。到目前為止，為推動大陸政策所頒行的法令規章有百餘種，舉例如下：（括弧內為最近一次修訂公佈日期）（註二）

■基本類：

台灣地區與大陸地區人民關係條例（86.5.14）
香港澳門關係條例（87.6.17）

■組織類：

國家統一委員會設置要點（79.9.21）
行政院大陸委員會組織條例（86.1.22）
財團法人海峽交流基金會組織規程（80.2.26）

■法政社會類：

台灣地區人民進入大陸地區許可辦法（84.8.23）
大陸地區人民進入台灣地區許可辦法（87.10.7）

■文化教育類：

大陸地區學歷檢覈及採認辦法（86.10.22）
民間團體赴大陸交流須知（82.12.1）

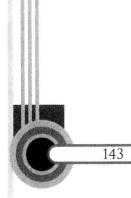

■財經交通類：

大陸地區產業技術引進許可辦法（84.11.8）

在大陸地區從事商業行為許可辦法（87.1.21）

大陸信件處理要點（82.1.27）

■其他類：

兩岸公證書使用查證協議（82.5.24）

兩會聯繫與會談制度協議（82.5.24）

辜汪會談共同協議（82.5.24）

以上不過例舉大端，在中華民國憲法增修條文第十一條規定，「自由地區與大陸地區間人民權利義務關係及其他事務之處理，得以法律為特別之規定。」（註三）可見大陸政策的制訂與執行，已考慮到「適憲性」問題，使國統綱領與各有關法律命令規定同時具有「合法性」的法律基礎。

四、結合世界民主陣營對全中國進行和平演變國統綱領為求各方的「最大公約數」，雙方國號、國旗、國歌及最終統一政體均略而不提，有關敏感的意識型態（三民主義、共產主義、資本主義）亦未形之文字。但在內容用詞上，明確表達我們支持民主政治制度，中國未來統一也必須是一個「民主國家」（美式民主）。言下之意，我們反對共產主義、社會主義及「人民民主專政」那一套。只是這種立場並未形之文字，試看國統綱領的「美式民主」論述文字：

目標：建立民主、自由、均富的中國。

原則：保障基本人權，實踐民主法治爲宗旨……理性、和平、對等、互惠……。

近程：大陸地區應積極推動經濟改革，逐步開放輿論，實行民主法治。

遠程：秉持政治民主，經濟自由，社會公平及軍隊國家化的原則。（註四）

如此論述是一種明確的「表態」，我們堅守民主陣營，亦為西方民主陣營堅定之一員，與西方民主陣營一起對大陸進行「和平演變」。從大陸的經濟繁榮來看，國統綱領似乎發生預期中的影響力。

參、國統綱領公佈施行後兩岸看法與互動

自從國統綱領公佈施行以來，兩岸交流掀起一波波的高潮，筆者以為這是回到歷史發展的常態。（註五）在人員往來、經貿（對大陸進口、出口、投資、境外航運中心貨運量）、郵電往來、文化（出版、電影、電視、文教）交流、為民服務等都有傲人的統計數字。但十餘年來兩岸關係仍止於事務性或經貿層面，國統綱領所揭示的國家統一進程沒有很大進展，「中程階段」始終不能進入。此十餘年兩岸仍各有堅持，除了經常「放話」外，也在重要政策宣示中表達。

在大陸方面，在一九九一年六月七日（我國統綱領公佈後三個月），中共中央台灣工作辦公室發表「有關和平統一的三點建議」說：

> 我們注意到，台灣當局一再聲稱，中國只有一個，中國必將統一。但是，台灣當局仍然強調「敵對意識」，這是很不合時宜的；他們還企圖謀求海峽兩岸互爲對等的「政治實體」，幻想「和平轉變大陸」，這根本行不通的。（註六）

顯然兩岸領導階層認知的落差很大，一九九三年八月中共國務院政策白皮書「台灣問題

與中國的統一」，一九九五年元月「江八點」，都在重談「一國兩制」的基調，否認雙方是對等政治實體。

在台灣方面，國統綱領公佈後，開始循既訂政策進行。在「一個中國」的涵義中表示，中華民國政府為求民族之發展、國家之富強與人民之福祉，已訂定「國家統一綱領」，積極謀取共識，開展統一步伐。八十二年九月時任行政院長的連戰先生在新聞評議委員會成立三十週年大會向大陸當局語重心長的喊話：

> 我們認爲中華民國一旦得以參與聯合國，必會增加我們對中國統一的信心，使我們依據「國家統一綱領」，以更積極的作爲，追求中國未來的統一……將刀劍熔爲犁鋤（Swords into Plowshare）……和平是點滴心血累積而成（Peace by Pieces）。（註七）

之後，八十二年九月我方發表對中共「台灣問題與中國的統一」白皮書看法，強調只有「中國問題」，沒有「台灣問題」。次年因李登輝與日本右派作家司馬遼太郎（台獨支持者）對談，不斷刻意「去中國化」、「台灣是台灣人的國家」，暗示中國應讓各省分裂獨立，治理起來也比較方便。（註八）及後來的「兩國論」，兩岸不僅漸行漸遠，還險些重啟戰端。

二十一世紀無情地把二十世紀拋棄，兩岸關係邁向第二個五十年的里程中。我方國統綱領所訂的大陸政策，因統獨之爭相持不下，而難以推動。在對方的大陸當局，也不能體察我國統綱領的善意和苦心。但隨著中國的經改開放，及其崛起成為一個區域強權，並野心勃勃的向世界霸權邁進，台灣想要維持「某種程度的獨立性」，日趨困難，愈顯不利；反之，向中國靠攏，不管是我們主動靠攏，或市場（黑洞拉力）必須靠攏，是否更為有利？大陸政策顯然在新世紀又要調整新方向了！

【註釋】

註一：本文所指「國統綱領內涵」，是針對國統綱領詮釋及申論其內涵，並非以作者本人觀點論其內涵，不加入作者個人觀點乃為力求內涵的正確。國統綱領與大陸政策正確的解讀，可參閱國立編譯館，國家統一綱領與大陸政策（台北：國立編譯館，民國八十二年三月）。

註二：行政院大陸委員會，大陸工作法規彙編（台北：行政院大陸委員會，八十八年七月修訂四版）。

註三：中華民國憲法增修條文（第一次）於八十年五月一日總統公佈，第二次於八十一年八月一日公佈，第三次於八十三年八月一日公佈，第四次於八十六年七月二十一日公佈。

註四：均見「國家統一綱領」。

註五：兩岸由於地緣關係，原本在政經文化及人民一般生活都是同一個系統。但有部份時期，如明太祖、鄭成功、日據時代及戒嚴時期，兩岸曾因政治原因中斷部份交流，大部份時間兩岸交流都很熱絡。所以筆者以為兩岸各種活動的頻數，原是歷史發展的常態；阻絕兩岸交流才是「變態」。常態表示是一種「市場正常需要」，變態表示太多政治力的介入。

註六：人民日報，一九九一年六月八日，第一版。
註七：中央日報，八十二年九月三日，及當日國內各報紙。
註八：八十三年四月三十日至五月二日，國內各媒體報導。

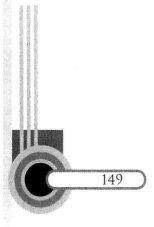

第三節 大陸工作組織體系與執行

自政府開放大陸探親後，我國大陸政策面臨重大轉型，須由專責機關研究規劃及行政事務處理。因此民國七十七年八月行政院設置任務編組之大陸工作會報（大陸委員會前身），負責兩岸民間交流工作。七十九年九月依據「國家統一委員會設置要點」，成立「國家統一委員會」。八十年元月按「行政院大陸委員會組織條例」，設「行政院大陸委員會」。同年二月「財團法人海峽交流基金會」也成立，研擬多時的大陸工作組織體系終於建構完成，大陸政策進入嶄新的階段。

壹、大陸工作組織體系與運作（如附圖）

如圖所示，國統會是總統有關國家統一大政方針的諮詢與研究，陸委會是行政院的決策規劃與執行機構，海基會接受政府委託辦理兩岸民間事務。但下圖左右兩個組織體系稍有不同，右圖在國統會、陸委會和海基會之上，另有國安會（NSC）負責協調關係的功能，位階在三會之上與總統之下。可能是民進黨政府初取政權，對安全（國家安全或政權安全）有特別需求。惟大陸政策的決策與執行，還是由三會負主要責任。

基於三會在政府部門中的權責關係，海基會的定位是政府授權委託，可以執行公權力的民間團體，同時受陸委會監督（其他尚有組織、司法、國會、全民等監督）。而陸委會須對立法院負責，在民主社會中不論那一層級的組織，最終則受到民意和輿論壓力的監督。

貳、國家統一委員會的組織與功能（註一）

國統會是總統在自由、民主的原則下，為加速國家統一之完成，研究並諮詢有關國家統一大政方針的需要，以任務編組方式設置成立。本會由總統擔任主任委員，有副主任委員三人，除由副總統及行政院長擔任外，另由總統聘任一人。

本會置委員二十五至三十一人，由總統聘任，聘期一年。本會最大功能除接受總統有關國家統一大政方針諮詢與研究外，通過國家統一綱領是最大貢獻。

參、大陸委員會組織與功能（註二）

行政院大陸委員會組織條例於八十年一月二十八日總統公佈實施，大陸委員會乃正式成為行政院所屬執行大陸事務的法定專責機關。依組織條例第二條規定，本會對省（市）政府

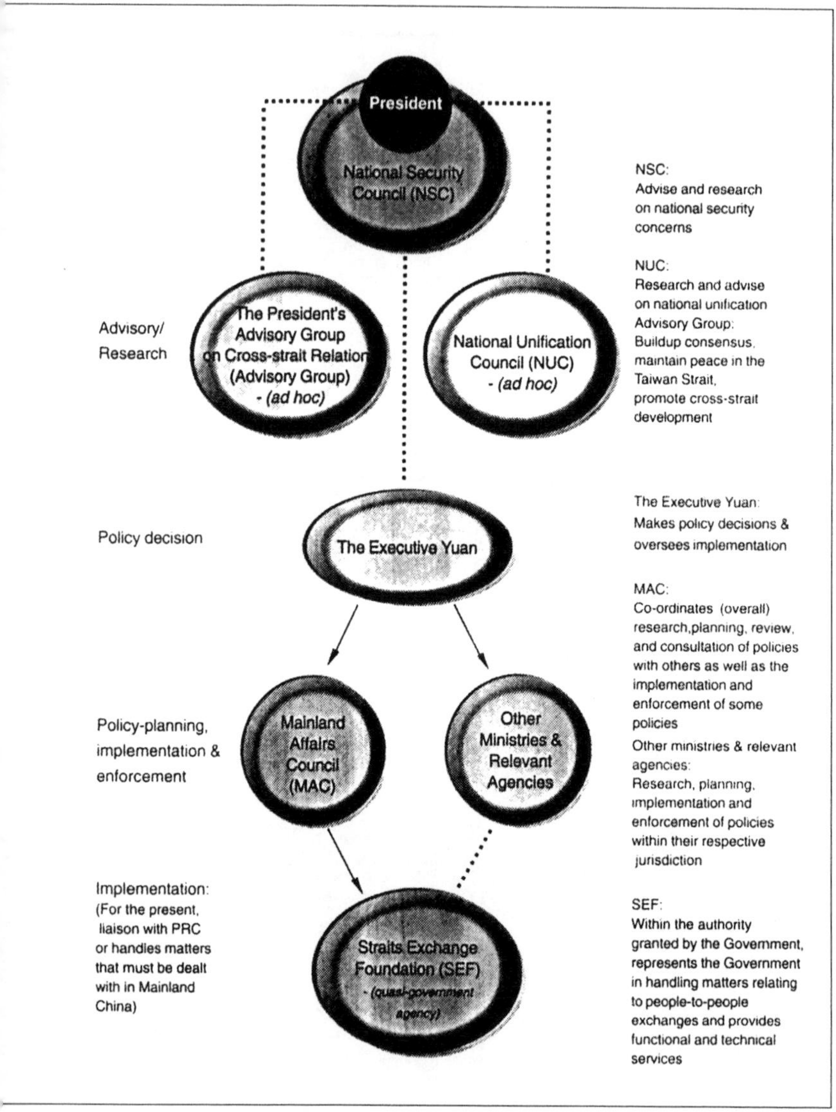
President
National Security Council (NSC)
Advisory/ Research
The President's Advisory Group on Cross-strait Relation (Advisory Group) - (ad hoc)
National Unification Council (NUC) - (ad hoc)
NSC: Advise and research on national security concerns
NUC: Research and advise on national unification
Advisory Group: Buildup consensus, maintain peace in the Taiwan Strait, promote cross-strait development
Policy decision
The Executive Yuan
The Executive Yuan: Makes policy decisions & oversees implementation
Policy-planning, implementation & enforcement
Mainland Affairs Council (MAC)
Other Ministries & Relevant Agencies
MAC: Co-ordinates (overall) research,planning, review, and consultation of policies with others as well as the implementation and enforcement of some policies
Other ministries & relevant agencies: Research, planning, implementation and enforcement of policies within their respective jurisdiction
Implementation: (For the present, liaison with PRC or handles matters that must be dealt with in Mainland China)
Straits Exchange Foundation (SEF)
SEF: Within the authority granted by the Government, represents the Government in handling matters relating to people-to-people exchanges and provides functional and technical services

兩種大陸政策與大陸工作組織體系

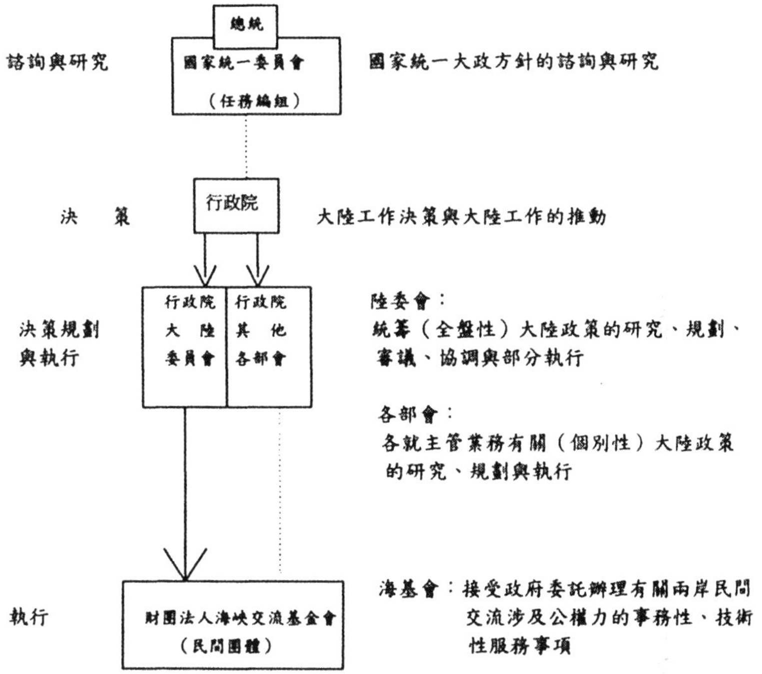

上表資料來源：行政院大陸委員會，參考諮詢問題選輯
（台北：行政院大陸委員會，86年9月），頁56。
右圖資料來源：Mainland Affairs Council: An Introduction, Taipe, February 2001, p,6.

-------表示協調關係

——→表示督導關係

註：右圖的組織體系強調國家全安會議（NSC）的協調關係。

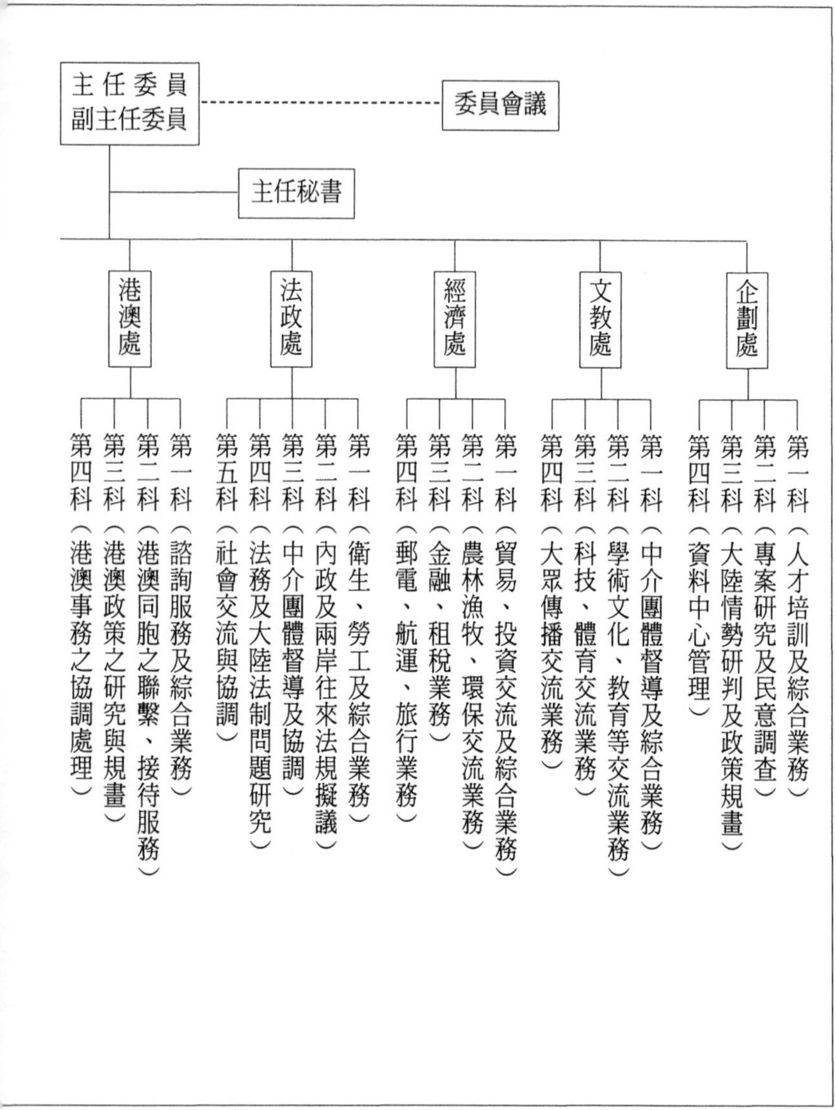
主任委員
副主任委員
委員會議
主任秘書
港澳處
法政處
經濟處
文教處
企劃處
第一科（人才培訓及綜合業務）
第二科（專案研究及民意調查）
第三科（大陸情勢研判及政策規畫）
第四科（資料中心管理）
第一科（中介團體督導及綜合業務）
第二科（學術文化、教育等交流業務）
第三科（科技、體育交流業務）
第四科（大眾傳播交流業務）
第一科（貿易、投資交流及綜合業務）
第二科（農林漁牧、環保交流業務）
第三科（金融、租稅業務）
第四科（郵電、航運、旅行業務）
第一科（衛生、勞工及綜合業務）
第二科（內政及兩岸往來法規擬議）
第三科（中介團體督導及協調）
第四科（法務及大陸法制問題研究）
第五科（社會交流與協調）
第一科（諮詢服務及綜合業務）
第二科（港澳同胞之聯繫、接待服務）
第三科（港澳政策之研究與規畫）
第四科（港澳事務之協調處理）

行政院大陸委員會組織體系表

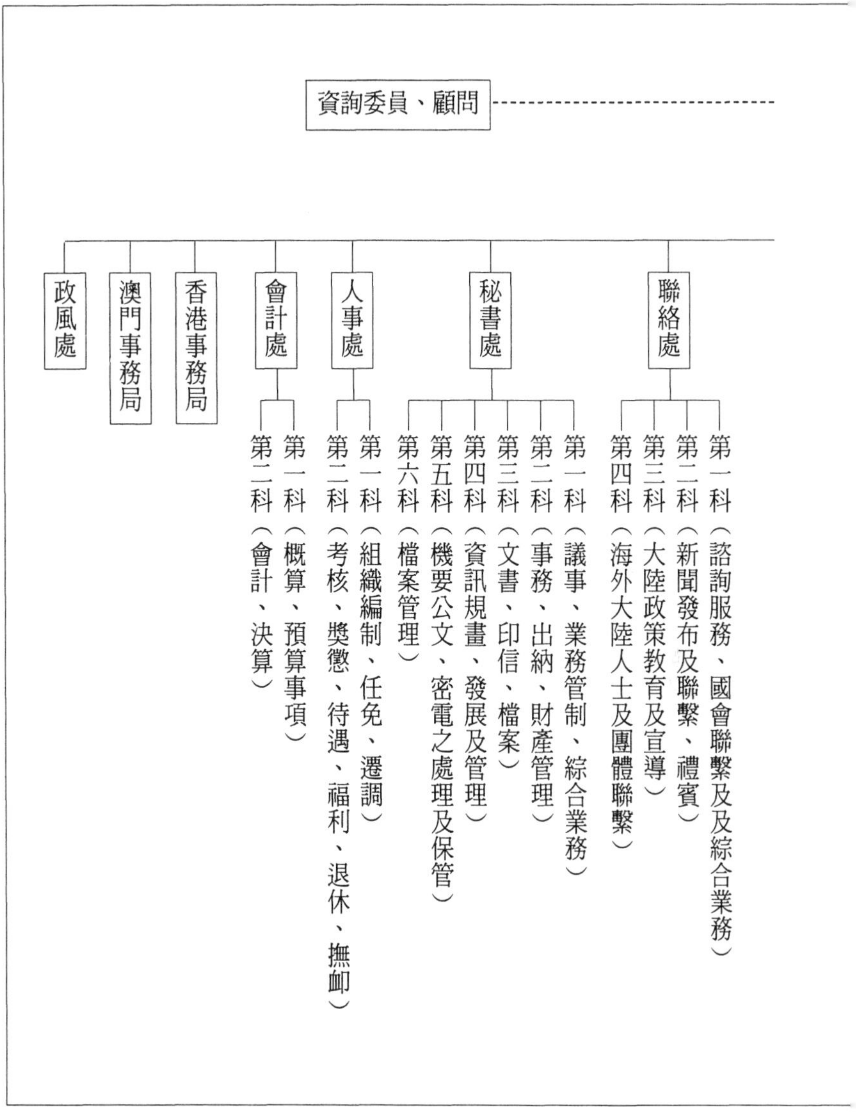
資詢委員、顧問
政風處
澳門事務局
香港事務局
會計處
第一科（概算、預算事項）
第二科（會計、決算）
人事處
第一科（組織編制、任免、遷調）
第二科（考核、獎懲、待遇、福利、退休、撫卹）
秘書處
第一科（議事、業務管制、綜合業務）
第二科（事務、出納、財產管理）
第三科（文書、印信、檔案）
第四科（資訊規畫、發展及管理）
第五科（機要公文、密電之處理及保管）
第六科（檔案管理）
聯絡處
第一科（諮詢服務、國會聯繫及及綜合業務）
第二科（新聞發布及聯繫、禮賓）
第三科（大陸政策教育及宣導）
第四科（海外大陸人士及團體聯繫）

執行本主管事務，有指示、監督之責；依第三條規定，本會對於中介團體經授權處理台灣地區與大陸地區各項業務交流事項，有指示、監督之責，這是陸委會對海基會有督導權的法源基礎。

本會置主任委員一人，副主任委員二至三人，委員十七至二十七人，由行政院長派兼或聘兼之。有關大陸政策及重要大陸工作措施，需經委員會會議議決之。此外，本會因業務需要，得遴聘學者、專家為顧問或諮詢委員。本會主要職掌，是依行政院長指示，從事全盤性大陸政策及大陸工作的研究與規劃，並協調各部會採取一致的政策，審議各機關所擬訂的大陸事務法規，執行部份跨部會工作，依憲法規定對立法院負責。其組織職掌在主任委員之下，各處、室、局，如陸委會組織體系圖。

與本會組織與功能有關，尚有諮詢委員和顧問遴聘辦法、集會辦法、會議規則、會報（業務協調、港澳、文教、經濟）設置要點、香港事務局、澳門事務處、資訊及研究中心。舉其兩種常用的網站架構如左圖。（註三）

為處理港澳相關事務，依本會組織條例第二十條之一規定，設香港事務局，局長以下分服務、商務、新聞、聯絡及綜合五組。澳門事務處置處長一人，下分服務、聯絡及綜合三組。

陸政策是我國重大之公共政策，涉及我國其他方面政策者頗多，為使大陸政策發揮全方

行政院大陸委員會網站架構圖
（http://www.gov.tw/rpir/）

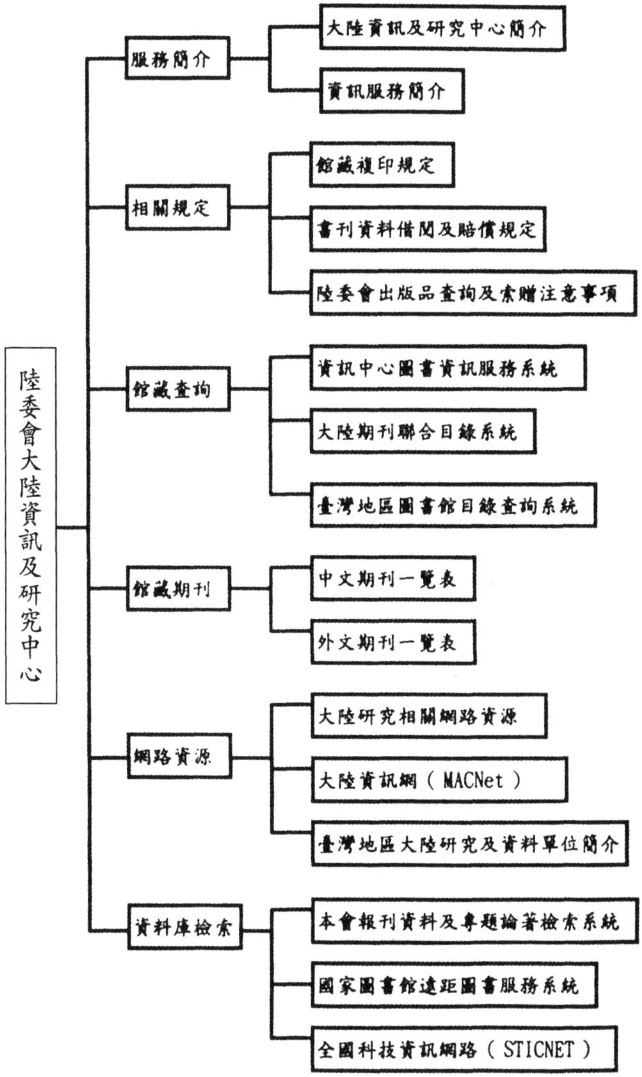

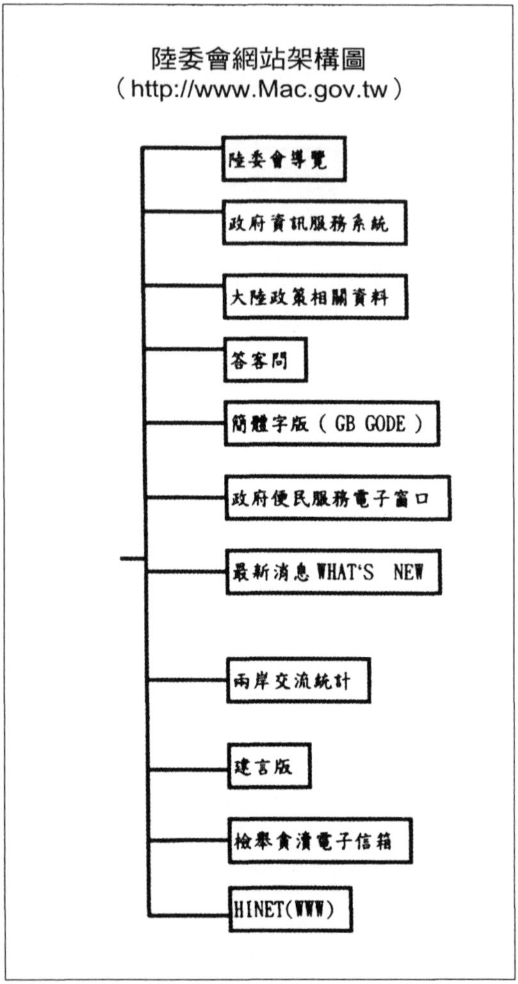

位功能，若將組織與功能限於陸委會，則大陸政策的執行也難於落實。政府其他各部會推動與執行大陸政策相關事務很多，舉其已訂有相關法令規章如：（括弧內日期是最近修訂公佈）

取得華僑身分香港澳門居民聘僱及管理辦法（行政院勞委會八十六年六月二十八日）

大陸地區人民在台灣地區定居或居留許可辦法（內政部八十六年九月二十二日）

就養榮民進入大陸地區定居就養給付發給辦法（行政院國軍退除役官兵輔導委員會八十

二年九月二十七日）

大陸地區遺族或法定受益人請領公務人員保險死亡給付、一次撫卹金及一次撫慰金作業規定（銓敘部八十七年六月二十九日）

大陸地區出版品電影片錄影節目廣播電視節目進入台灣地區或在台灣地區發行製作播映許可辦法（新聞局八十八年五月二十八日）

旅行業辦理台灣地區人民赴大陸地區旅行作業要點（交通部觀光局81年5月5日）。

大陸信件處理要點（交通部八十二年一月二十七日）（註四）

凡此均顯見陸委會從事全般性大陸政策及大陸工作的研究與規劃，並協調各部會採取一致的政策，在一般事務層面已能與人民生活權益相結合。鑑於兩岸關係及大陸政經情勢常有新發展，為落實政府各階段大陸政策，凝聚各機關對大陸工作之共識，發揮整體之組織功能，陸委會也須辦理各種研習會。針對兩岸經貿政策、國際情勢發展與兩岸互動、中共談判策略、兩岸交流秩序、大陸政情與對台政策等，提出報告並進行意見交流。（最近一次是九十年八月二十七、二十八兩日）

肆、海峽交流基金會組織與功能（註五）

現階段兩岸立場互異，為處理涉及公權力而政府不便出面處理的大陸事務，於八十年二月成立財團法人海峽交流基金會，該會以謀保障兩岸地區人民權益為宗旨，不以營利為目的。依財團法人海峽交流基金會捐助暨組織章程規定，本會設董事會為決策機構，掌理資金運用，秘書長任免，工作方針核定。本會置董事長一人，綜理會務，對外代表本會，另置副董事長一至三人，襄助董事長處理會務。

本會組織職掌如圖。

財團法人海峽交流基金會組織系統表

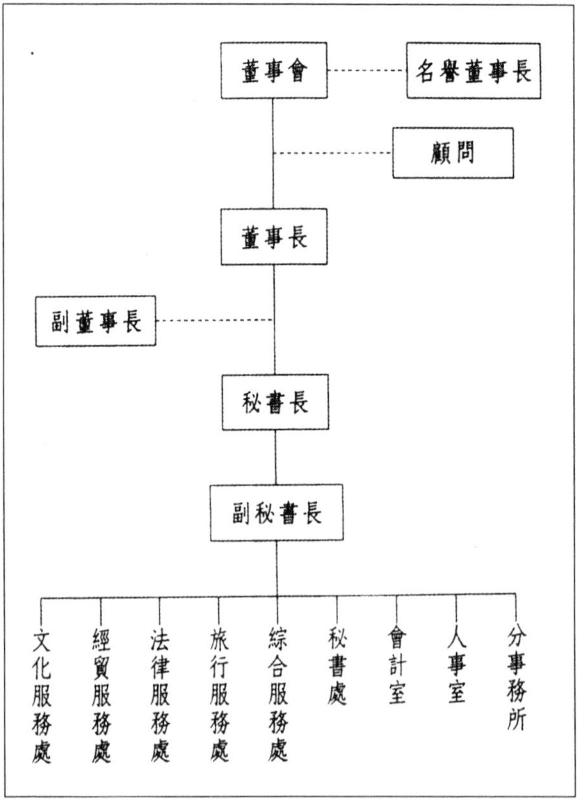

文化服務處掌理：（一）

兩岸教育、文化及藝術交流事項；（二）兩岸學術科技交流；（三）兩岸新聞體育交流；（四）大陸地區教育文化資訊之蒐集及諮詢服務；（五）受政府委託、章程所定及其他與文化服務有關事項。

經貿服務處掌理：（一）兩岸經貿交流；（二）兩岸經貿糾紛調處；（三）工商業者在大陸地區經貿活動之協助及輔導；（四）大陸地區經貿資訊之蒐集及諮詢服務；（五）受政府委託、章程所定及其他與經貿服務有關事項

法律服務處掌理：（一）兩岸文書驗證及身分證明；（二）兩岸民事糾紛處理；（三）兩岸間文書送達、受託調查及其他司法協助；（四）大陸地區相關法規判解之蒐集及諮商服務；（五）受政府委託、章程所定及其他與法律服務有關事項。

旅行服務處掌理：（一）兩岸人民出入台灣及台灣地區協助；（二）兩岸探親旅行輔導及協調；（三）台灣地區人民在大陸地區停留權益保障；（四）大陸旅行資訊之蒐集及諮詢服務；（五）受政府委託、章程所定及其他與旅行服務有關事項。

綜合服務處掌理：（一）大陸資訊之蒐集、處理與運用；（二）出版發行；（三）教育訓練、規劃研究與推廣；（四）新聞處理與發佈；（五）電腦系統之規劃與執行；（六）受政府委託、章程所定及其他與綜合服務有關事項。

本會視業務需要設人事室、會計室，並得在海外及大陸地區設立分事務所。年度經辦業

務及基金收支，均應依法向主管機關報備。

民間機構受託執行公權力，首應確立監督法源及權利義務關係。依八十年五月十日陸委會發佈「大陸事務財團法人設立許可及監督準則」第十九條，財團法人有左列情事之一者，本會得予糾正並通知限期改善；逾期不改善或情節重大者，本會撤銷其許可，並通知該管法院。（一）違反法令、公共秩序、善良風俗、設立許可條件、捐助章程或遺囑。（二）有事實足認為有危害台灣地區安全或社會安定之虞。（三）經營方針與設立目的不符。（餘略）陸委會亦得請求法院宣告解散之，向法院聲請變更其組織，或宣告其行為無效。

另按八十三年一月十七日行政院發佈「受託處理大陸事務財團法人訂定協議處理準則」，受託財團法人（海基會），經主管機關（陸委會）許可，與大陸地區法人、團體或其他機構訂定具有協議或其他相當效力之文書，依本準則辦理。協議訂定前，主管機關得先與立法院相關委員會協商。協議之內容，涉及現行法律之修正或應另以法律定之者，於協議訂定後一個月內，報請行政院核轉立法院議決；未涉及法律修正或無須另定法律者，送立法院查照。完成上述程序，兩岸協議文件始正式生效，完成合法程序或具備合法性基礎。

伍、大陸政策執行原則

大陸政策是國家統一政策，其執行情形不僅攸關台灣地區安全與人民福祉，更影響中華民族的前途與發展。眼前十三億中國人正雄心勃勃的邁向新世紀的太平洋，二千萬台灣地區人民順之或逆之，或如何因應！都事關重大。再者，大陸政策是公共政策之一種，更是我國重大且特殊的公共政策，需要從公共政策的觀點把握政策執行之原則。

一、兩岸特別關係背景的執行原則

國統綱領所標示理性、和平、對等及互惠加強民間交流，亦堅持以和平民主方式循序漸進完成統一。如宣告終止動員戡亂，廢止懲治叛亂條例，全面修改對「共匪」一詞的稱謂，都為和平統一展示誠意和決心。再者，以前瞻、務實、主動和穩健的原則，創造統一環境。例如「中共黨政軍機關企業學術機構團體旗歌及人員職銜統一稱謂實施要點」（陸委會八十一年十一月十九日），對中共「國旗」、「國歌」、「國慶」及「國徽」的尊重與稱謂方式；「兩岸公證書使用查證協議」（司法院八十二年五月二十四日），對兩岸公證書的相互認證，都表示我方執行大陸政策的原則，合乎兩岸特別關係與背景。

二、公共政策執行過程要件具備

政策執行通常被視為政策制定過程中的最後階段，它是政策制定者基於政策的企圖心，透過政策目標與行動綱領的設定，希望將它付諸實現，並且發生效果。（註六）政策執行可以劃分為三個交互依賴的階段，（一）特定執行綱領的發展，將法律規範的內容轉化成執行政策（Implementation Policy）的優先順序與經費配置；（二）將執行政策轉化為更具備的行政政策（Administrative Policy），包含人力配置、工作流程與組織結構等；（三）執行的監督過程，包含財務審核、政策成效評估等。以這三階段檢驗國統會、陸委會和海基會，在政府部會中的權力義務關係與運作情形，大陸政策理應有良好的成效，但我們的大陸政策為何困難重重，明顯存在其他問題。

政策執行過程另須具備三項本質上相互衝突的必要條件，（一）法律要件，乃政治上最優先的政策理念予以法律化，以取得合法性基礎；（二）理性官僚要件，指執行者必須認定政策本身是正確的，行政體系成員能夠忠實執行；（三）共識要件，乃各種利害關係人縱使對公共政策有不同的認知，也必須對政策本身具備共識。（註七）以此三要件審視我國的大陸政策，也仍合乎公共政策的執行原則。

三、政策執行的政治性質與影響

傳統的政策理論者認為政治與政策執行應有明確區隔，才易於見到執行效果。但晚近（一九八〇年後）以來，有些學者（Nakamura、Smallwood、Brodkin等人）發現執行活動就是政治活動，政策執行即是政策政治（Implementation as Policy Polities）。所謂

「政策政治」，是不斷衝突性地界定社會政策的過程，將政治帶入政策執行，使政治在政策執行過程中，從「邊陲」轉變成「核心」地位。（註八）由政治力大量介入政策執行過程，政策法令本身出現大量模糊語言，以利各方妥協，官僚體系喪失行政中立性，政策執行過程中增加許多不可掌控的變數。

大陸政策因具有高度政治性，執行過程必然受到各方（國內、中共、國際）政治勢力的牽動，徒增執行的困難度。

國家統一並非一蹴可幾，須視兩岸社會、經濟及政治條件是否成熟而定。時間、自然和耐心是治百病的三個醫生，目前兩岸關係出現錯綜複雜的局面，民進黨雖承認中華民國，但又推翻「九二共識」，仍在統獨之間游走。在中國大陸方面，堅持「一國兩制」，一國是指「中華人民共和國」，顯然兩岸認知落差仍大。因此，更須要兩岸中國人和平、理性，有耐心，按部就班，步步為營，共創有利時機，國家統一自然會有瓜熟蒂落的時刻來臨。

【註釋】

註一：「國家統一委員會設置要點」，七十九年九月二十一日總統府秘書長函。行政院大陸委員會，大陸工作法規彙編（台北：陸委會，八十八年七月），頁貳之一至貳之二。

註二：「行政院大陸委員會組織條例」，同註一書，頁貳之三至貳之一〇。
註三：陸委會，參考諮詢問題選輯（台北：陸委會，八十六年九月）頁一三三～一三四。
註四：詳見註一，大陸工作法規彙編。
註五：同註四書，頁貳之一一五至貳之一一九。
註六：李允傑、丘昌泰（台北：政策執行與評估，八十九年十月），頁五，第一章。
註七：同註六，頁六。
註八：同註六，第一章，第四節。

第四節

大陸政策的變局與發展

大陸政策自推行以來，在國民黨執政時期除受到國際和中共方面阻礙，在內則因李登輝言行（如兩國論）造成政策執行的困難。客觀環境（中共、國際）勿論，國內在「泛藍」陣營中對大陸政策的論述，雖有差異，但並未產生變局。對我國大陸政策的推行產生衝擊最大者，還是來自民進黨及其他獨派傾向，又以民進黨的大陸政策產生的變局影響最大。對兩岸關係的未來發展，不僅因為民進黨是現在的執政黨，更因其對統獨的取捨與處理，影響兩岸政局的大方向。是故，本文論大陸政策的變局與發展，是以民進黨各階段的大陸政策為主述。

壹、台灣主權獨立論時期的大陸政策

民進黨在建黨初期，雖對中華民國的國號、國歌、國旗均未認同，對國家也抱持否定、排拆，甚至有意推翻。（註一）當時使用「住民自決」一詞，實即台灣獨立的暗語（Code

Phrase)。（註二）到台灣主權獨立論時期（一九八七年十月到一九九一年十月），有了稍見具體的大陸政策。此時期分兩階段：「四一七決議文」和「一〇〇七決議文」。

一九八八年四月十七日民進黨召開二全大會，第一次臨時會有「四個如果台灣獨立」論，如果國共片面和談，如果國民黨出賣台灣人民利益，如果中共統一台灣，如果國民黨不實行民主憲政，則主張台灣應該獨立。本階段的大陸政策重點：（一）根據黨綱宣示自決、和平、平等原則及「四一七決議文」四個如果精神，促進兩岸和平共存；（二）台灣具有獨立的國際主權，在此前提下開展兩岸關係的可行性；（三）兩岸相互尊重對方法律體系，人民往來受國際法規規範；（四）直接通郵、通話、通航，直接貿易，建立預警制度；（五）兩岸宣佈非戰政策，放棄「一個中國」立場。

一九九〇年十月七日民進黨四屆二中全會，提出「一〇〇七決議文」，其要點有：（一）長期以來我國並未對中國大陸及外蒙古行使統治權的事實；（二）我國未來憲政體制、內政、外交，均應建立在事實領土範圍之上；（三）責成國大、立院黨團依其職權促其實現，通令各級黨部全力宣導，達成全民共識。同時再強調住民自決原則，本階段的大陸政策要點有（一）兩岸定位為互無法律承認的兩個政治實體，相互承認為主權獨立國家；（二）通航採許可制，商貿往來應設預警制度；（三）設立官方中介機構，並受立法院監督，中介機構官員同一黨籍不得超過半數。

比較本時期前後兩階段的大陸政策，「一〇〇七決議文」的獨立更為堅定明確，兩岸是兩個主權獨立的國家。但經貿政策則在「後退」，「四一七決議文」階段尚有「直接三通」，到「一〇〇七決議文」就採「許可制」。惟本時期提出「民主大憲章」是重要的里程碑。（註三）主張凍結中華民國現行憲法，採兩階段制憲，國號、國旗、國歌、國土等未明文規範；兩岸關係定位在「準兩國兩府」，迴避統獨之爭；反對「中華人民共和國」對台灣擁有主權，兩岸政府往來按國際及慣例處理。

貳、台灣獨立建國論時期的大陸政策

一九九一年十月十三日民進黨五全大會，認為台灣已是主權國家的事實，更基於台灣與中國大陸必須清楚定位為兩個主權獨立的國家。會中提案決議在黨綱增列「建立主權獨立自主的台灣共和國」條款，開啟台灣獨立建國論新時期。主張由台灣全體住民以公民投票方式選擇決定，並以「台灣」名義「重新」加入聯合國。

此時期民進黨中國政策的指導綱領，是依黨綱宣示之台灣主權現實，重新界定台灣國家領域主權及對外主權範圍，兩岸關係依國際法及慣例建立往來關係。同時保障雙方人民往來之權益，台灣前途應由全體住民，以自由、民主、普遍、公正及平等的方式共同決定。

基於綱領指導，此時期的大陸政策重點是（一）反對國統綱領預設國家統一立場，反對以黨對黨談判；（二）兩岸所進行的事務性談判，不應預設在「一個中國」前提下進行，「一個中國」政策是一種自殺政策；（三）兩岸互相承認與尊重對方法律體系，並接受國際法規範；（四）進行第一階段兩岸談判，中共應公開不以武力解決台灣問題，第二階段談判兩岸應簽訂「互不侵犯條約」；（五）裁撤國統會，並以法制後的國家安全會議為總體國家安全政策的決策機構；（六）兩岸往來先擱置政治性議題，社會文教交流應擺脫「促進統一」前提的羈絆，依循國際規範處理；（七）通航需不影響國家安全與主權獨立，並在兩岸政府間完成談判後始能通航。（八）建立預警系統、投資保障協定，反對引進大陸勞工，反對推動「大中華經濟共同體」等兩岸整合構想。

此時期（一九九一年八月）也提出「台灣共和國草案」，明定國名為「台灣共和國」，領土範圍為台灣本島、澎湖群島、金門、馬祖附屬島嶼及國家權力所及之其他地區。一九九四年五月民進黨第二屆「人民制憲籌備委員會」，公開對外徵求「新國旗、新國歌」。民進黨的台灣獨立建國步步前進，兩岸關係日趨緊張，這年年底海峽開始戰雲密佈，島內終於引爆移民（逃亡）潮。

因為台獨路線太危險，民進黨內部也有很多爭論，最關鍵性的問題是台獨難獲普遍性支持，故台獨等於阻擋了執政之路。為了台獨該不該堅持下去！獨派陣營意見不能整合，終於台獨基本教義派另組「建國黨」。另外，此時期的大陸政策也有很多爭議，八十七年二月間

民進黨大陸政策：「大膽西進」與「強本漸進」差異

	大膽西進論	強本漸進論
支持派系	美麗島系	新潮流系
代表人	黨主席許信良	秘書長邱義仁
歷史觀	歷史終結論	歷史未定論
國際形勢	冷戰結束，和解重於一切的國際新秩序	冷戰結束，和解與衝突並存的失序渾沌狀態
安全保障	理想主義的集體安全體系	現實主義的權力平衡或霸權主導體系
國際經濟	經濟自由主義的國際主義	經濟國家主義的國際主義
台灣危機	國際孤立、台海衝突	國民意識的消蝕、國際地位的矮化
促談壓力	存在、對台灣不利	存在、並無特別不利
對國際社會與中國的態度	順應國際主流，不淪為國際異端，不挑戰國際現狀，不刺激中國，不談台獨	持續凝聚國民意識、突破外交封鎖
經濟戰略	以投資中國市場為主軸，帶動台灣產業升級的邊際效果	以國內投資環境的改善、研發及教育經費的投入為主軸，來創造產業升級，強化國民經濟的自主性
自保方案	以經濟整合、經貿互賴來牽制中國，降低中國對台灣的敵意，並暗圖在中國製造利益團體（如解放軍），「和平演變」中國	與中國保持距離，避免被中國「經濟吸納」
談判主軸	以三通議題取代事務性議題，並迴避政治議題	從具體、不具敏感性的議題展開，強化對話及溝通機制

資料來源：中國時報87年2月12日。

為「大膽西進」或「強本漸進」？進行大辯論，兩種不同政策如前表。經過三天大辯論，以「強本漸進」論取得共識，時任黨主席的許信良先生宣佈，強本西進共識成為現階段民進黨的中國政策綱領。（註四）但到此時，台獨路線已日漸狹化，陷於困境掙扎之中。

參、中華民國主權獨立時期大陸政策：「台灣前途決議文」到「新中間路線」

民進黨的統獨論戰「如何面對中華民國」，八十八年一月三日正式端上抬面，在民視舉辦「台獨黨綱應否修改」辯論會。提出修正案的沈富雄表示，民進黨的台獨應稍微把李登輝的「獨台」吸納進去，李登輝戴著不同面具來吸納民進黨的主張，民進黨卻永遠只有台獨一副面具。李登輝可以「偷」台獨政策，民進黨也可以「偷」獨台政策，因此台獨黨綱要修正，以去「台獨」汙名化，讓選民放心。（註五）辯論結果反修派佔上風，各派立場如下表。

但數月後，五月八日民進黨八屆全代會還是以二百三十三票對二十一票的懸殊比數通過「台灣前途決議文」，

民進黨各派系台獨黨綱立場

派系	立場	備註
美麗島（許信良）	不修改	定位為「歷史文獻」
新世紀	不修改	
新潮流	不修改	派系決議
福利國	不修改	派系決議
正義連線	未明朗	會長沈富雄提案修改台獨黨綱，不過派系決議不以派系名義提修正案

資料來源：中時晚報，88 年 1月 3日

首度承認中華民國。根據決議文，民進黨對現階段的兩岸關係有七大主張：（一）台灣為主權獨立國家，任何有關獨立現狀的更動，必須經台灣全體住民以公民投票決定。（二）台灣不屬於中華人民共和國，中國片面主張的一個中國原則與一國兩制不適用於台灣。（三）台灣應廣泛參與國際社會，尋求國際承認。（四）台灣應揚棄一個中國的主張，避免國際社會認知混淆。（五）台灣應儘速完成公民投票的法制化工程。（六）台灣朝野各界在對外政策建立共識，整合有限資源。（七）台灣應與中國全方位對話，經貿互惠合作，建立和平架構。

在說明主張部份，民進黨以「台灣，固然依目前憲法稱中華民國，但與中華人民共和國互不隸屬」的事實陳述。民進黨也認為目前朝野差異已從國家認同的價值面，縮小到確保國家安全與主權獨立的政策面。對台灣內部族群和諧應是良性的進步，未來可望減低國家認同的內耗。

在承認中華民國不到一年，八十九年三月十八日民進黨便以「新中間路線」拿下中華民國的執政權。在陳水扁總統宣誓就職演說堅定表示：

> 本人深切瞭解，身為民選的中華民國第十任總統，自當恪遵憲法，維護國家的主權、尊嚴與安全，確保全體國民的福祉。因此，只要中共無意對台動武，本人保證在

任期之內，不會宣佈獨立，不會更改國號，不會推動兩國論入憲，不會推動改變現狀的統獨公投，也沒有廢除國統綱領與國統會的問題。（註六）

何謂「新中間路線」？即不統不獨，在兩岸關係的定位是兩個國家的特殊關係。兩岸互不隸屬、互不統治、互不管轄。其大陸政策有七個重點：（一）堅持「善意和解、積極合作、永久和平」，謀求兩岸人民與國際社會的最大利益。（二）台灣作為主權獨立的國家，任何有關現狀的改變，都必須由全體台灣人民共同決定。（三）儘快恢復制度性的互訪與對話，並建立包括官方談判的全方位互動機制。（四）在和平、平等的前提下，任何議題都可以進行協商與對話，除可簽署和平條約，包括人員互訪、演習告知、軍事互信機制、三通均可商談。（五）台灣願意扮演積極角色，協助中國現代化、民主化。（六）以WTO模式，尋求兩岸平等參與國際社會，共存共榮。（七）推動兩岸領導人互訪，彼此身分與見面地點不應成為障礙。

肆、大陸工作組織與功能變異下的大陸政策

我們在前節所研討的國統會——國統綱領——陸委會——海基會，不僅有憲法和法律位階的基礎，也是一種制度性運作。既然如此，便不應受到政黨，政府和政權輪替，任意變更

民進黨政府的大陸工作組織體系圖

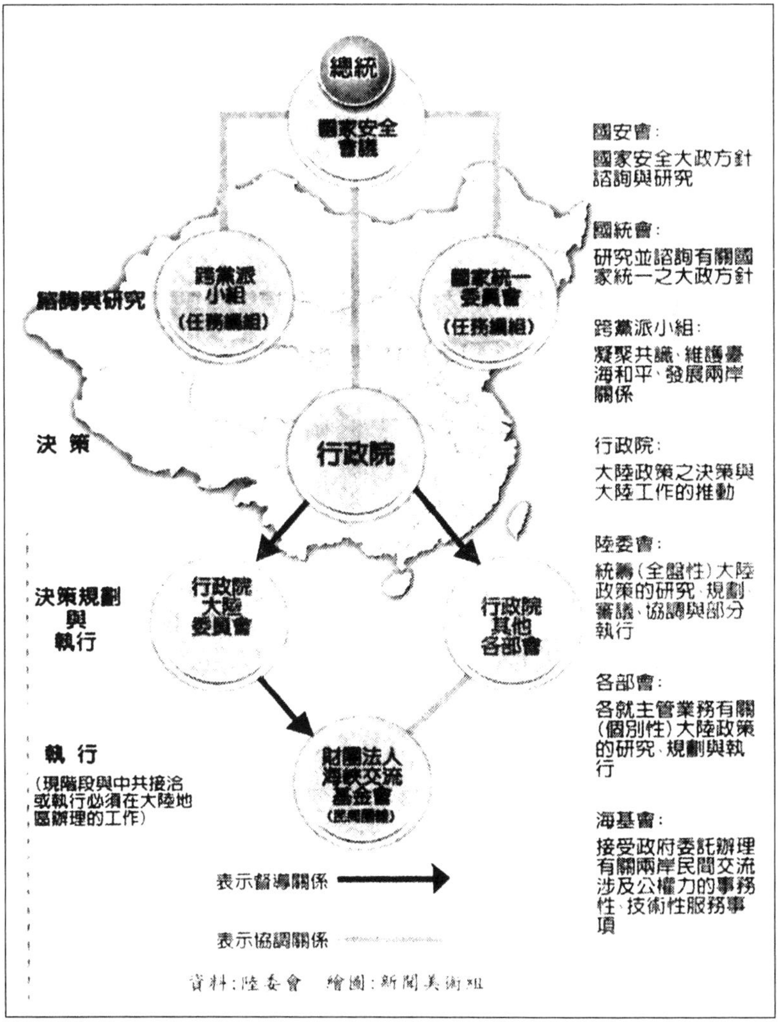

資料來源：中國時報89年11月24日，第四版。

基本綱領的原則，例如國統會、陸委會和海基會等組織的延續性，由這些組織所完成的大陸工作也有持續性，這是政黨輪替的「常識」。所以陳水扁在就職演說表示「沒有廢除國統綱領和國統會的問題」。

言猶在耳，忠豈忘心。就職後不久，宣佈另行設置「跨黨派小組」，與原先的國統會並列。雖未廢除國統會，但功能被擱置也形同廢除，跨黨派小組取代了國統會功能。根據陸委會對國統會與跨黨派小組在現行大陸工作體系流程的定位詮釋，國統會是向總統提供大陸政策相關諮詢及研究意見，是諮詢性質的任務編組。跨黨派小組則是「以凝聚全民共識、促進族群和諧、維護台海和平及發展兩岸關係為目的之諮詢機構。」

同樣是在國統會——陸委會——海基會架構下完成的「一中各表九二共識」，國民黨執政時代沒問題，民進黨執政就是問題。難不成這些具有憲法和法律位階的組織，所完成的工作可以任意的不算數或被推翻？所謂「法制化」或「制度化」豈不成了政客的口號？只是用以謀取政治利益（選票、職位）的工具？大陸政策的變局與詭異在此。

對於大陸政策的未來發展應如何？筆者以為有三點是很重要的。第一、朝向「整合與統合」的方向前進，這一點至少是國內民進黨、國民黨、親民黨等大黨的共識，至少大家認為「合」是兩岸未來的方向，是大勢所趨的潮流。有此共識，「離」的思考就不會成為選項之一。天下之所以離，因有離的好處；天下之所以合，也是有合的利益。現在大家想到合的好處多多，正是「合則兩利，分則兩害」。

第二、國內應先凝聚大陸政策的共識才與中共談判。筆者以為這點只要各政黨（尤其執政者為主）理性、誠意，共識不難形成。原因是民進黨已經承認中華民國，困擾半個世紀的國家認同問題已經解決，目前各黨的差異是政策面的問題，較易於形成共識。

第三、在合的前提下（已有的共識），與中共開展互動性大陸政策。我方大陸政策之所以中斷多時，原因之一是中共對我國統綱領的「合」有疑慮，以李登輝的兩國論為搞獨立的證據。如今，陳水扁總統願意「統合」，主席謝長廷也「不排除統一」。（註七）國民黨和親民黨有不樂觀其成乎？所以與中國大陸重新開始互動性大陸政策，此時不進行，尚待何時？

【註釋】

註一：聯合報，七十七年三月十九日，第二版。

註二：Susan Tifft,「The native son」, Time (January 19880, p.10。

註三：聯合報，七十九年六月八日，及當日國內各媒體。

註四：詳見八十七年二月十二日到十六日國內各媒體報導。

註五：中時晚報，八十八年一月三日。

註六：見中華民國第十任總統陳水扁宣誓就職演說全文，八十九年五月二十一日國內各媒體。

註七：中國時報九十年三月十八日、中央日報九十年五月三十一日，及當時國內各媒體報導。

第四章

國際關係架構下的大陸政策與兩岸關係

眾所周知的兩岸問題早已不是「兩岸」，
而是「三邊」（美國——中共——台灣）。
雖中共一再否認「台灣問題」不是國際問題，
而是內政問題。
但事實是不可推翻的，
本章要從國際關係架構的宏觀視野來研究大陸政策與兩岸關係，
以蒐尋解決兩岸問題之契機。

第一節 國際政治體系與當前國際政治環境概觀

國際關係是指國與國之間的關係，是一種概括性的稱謂，可以指涉國際間政治、經濟、軍事、民族及其他各面之泛述。故亦可通稱「外交關係」，或俗云「國際現勢」。自古以來國際關係都是風雲變幻莫測，捭闔縱橫不擇手段。但萬變不離其宗，國際關係以國家民族利益為前題，以國家力量為基礎。所以國際關係的研究，就是戰爭與和平的研究。（註一）國際關係的焦點與主體，就是以主權國家為成員的國際政治體系。

壹、國際社會的本質與國際關係的歷史演變

國際與國內最大的差異，是國內有最高與最後的權力統裁機構。國際間則只有平行、協調關係，沒有一個被普遍承認為超國家的世界政府組織，來對國際秩序和規範國際行為，做最後與最高的統裁。古來皆然，現在及可見的未來亦如是，這是國際社會的本質，稱為「國際無政府狀態」（International Anarchy）。（註二）國家只能依靠自己的力量以保護維持正

義和安全，歷來各國為求自保無不擴張軍備。而軍備不斷擴張就取得霸權，獲得霸權為維持之，又需要持續擴張軍備，惡性循環的結果，乃導至列國爭戰從不止息，而以世界大戰最為「壯觀」。

第一次世界大戰導因於列國競相擴張軍備以其為自保的捷徑，但軍備競賽又引起國際間的互相猜疑和恐懼。戰後政治家及學者咸認為此種國際間的無政府狀態，必使世界永無寧日，國際和平永無實現的一天，乃倡議國際聯盟組織。第二次世界大戰後誕生的聯合國，也是基於相同的原因和構想。然而，國際聯盟和聯合國並非世界政府，只是主權國家的組合，對各主權國家的行為與國際秩序，並沒有最後和最高的統裁權力。對國際爭端的解決，對主權國家的不法行為（如侵略、種族屠殺、迫害人權等），還是得依賴強國保護與合作。

國際社會雖自古至今有其不變的本質，但國際關係也由於文明與文化演進，呈現單純向複雜的多面性發展。在上古時代純是生存競爭的國際關係，中古以降的國際關係日愈複雜。在中國如民族關係的整合與衝突，主要是漢民族與周邊四夷；政治關係如春秋戰國的合縱連横，頗似今日的國際環境。在西方如十字軍東征，宗教衝突始終是西方國際社會不安定的原因。

近現代以來，全球發生空前鉅變，短短四五百年間的進步發展超越了以前的數千年，改變了國際關係的原貌。其重要關鍵有（一）國際社會的成員擴大，由數十國增加到現在的一百九十餘主權國家，並且在理論上所有國家都是平等的。（二）由於新大陸的發現，而有殖民地的建立與發展，在政治上形成帝國主義國家與殖民地國家的對立；在經濟上形成資本主義市場，也是對殖民地國家的經濟剝削。（三）資本主義的「適者生存、不適者淘汰」，使人類社會的物化、剝削過甚，因而有共產主義之起，接著是民主、共產與資本主義長達一百五十餘年的糾纏。（四）工業與農業革命，促進生產的快速進步與國際貿易發展，但也形成已開發——開發中——低開發國家間，貧富落差太大造成的緊張情勢。（五）民族主義及少數民族之興起，許多地區的少數民族追求獨立自主浪潮四處推波助瀾。目前幾乎大多數國家包括美、英、法、俄、加及中國等，都有所謂「統獨」問題的困擾。由以上各複雜原因，硬生生把國際社會區隔成第一、二、三、四世界。（註三）這是另一種形態的「國際無政府狀態」。

貳、國際政治體系與主權國家的權力政治

把國家視為獨立的政治社會（Political Community）觀念，始自馬基維利（Niccolo Machiavelli, 1469-1527）。把獨立的主權國家（Sovereign State）視為國際社會的主角，始於一六四八年的衛斯法理（Westphalia）條約。所謂的「主權國家」，是指一個有獨立主權的政治實體（A Sovereign Political Entity）。我們所稱的「國際政治體系」，就是許多

獨立的政治實體或國家，因接觸而構成的國際社會，由此國際社會產生的政治體系。（作者註：中共不承認我方為政治實體，就是顧慮到承認了我方便有「獨立主權」，成為國際政治體系的一員。）本體系有兩大構成要素：（一）獨立的主權國家或民族國家為主，區域性或世界性的國際組織為輔，以及少數具有合格的獨立政治實體。（二）國際間的關係（Interrelationships）和互動（Interactions）。（註四）

準此兩大構成要素，國際政治體系有其基本特性。（一）由於發展之迅速，時空觀念改變與地球變小，應視全球為地球村的一個整體；再分兩個層面：一者全球，再者區域。（二）主權國家是國際政治體系的基本演員，國際政治是這些主權國家間的政治。（三）以主權國家為主角的國際社會，結構鬆動，沒有共同的價值系統，有各種複雜的原因和強勁的力量在推動，不斷的在動、在變。（四）國際關係是一種平行體系（Horizontal System），只有協調關係，沒有從屬關係，也就是「國際無政府狀態」。（五）各主權國家都在追求各自的國家利益（National Interest,）即安全、經濟與發展三者。（註五）其運用的手段則是國家權力，國際政治就是各主權國家的權力政治遊戲。（六）各主權國家都依其國家傳統的主流價值追求所認定的國家利益，此種價值大都是相互衝突的，極難整合成一致。因此，國際間的戰爭、衝突、屠殺，及各種形式的眾暴寡和寡暴眾的暴力行為，依然不斷發生，且難以管制，呈現相當程度的「叢林法則」規範。

國際政治是各主權國家的權力政治遊戲，想在遊戲中佔優勢，需要有相當籌碼，在每個時代所要的籌碼稍有不同，但「大國權力」是最重要的基礎。歷史上能夠富國強兵成為國際盟主，都是地大物博人眾之國，如亞洲的中國、歐洲古羅馬或中世紀之法蘭西等。近代以降隨著科技經濟倡明，有所謂「工業強權」、「經濟大國」、「原子權力」（核能）或「科技權力」等。總歸是要有廣義的「資源權力」，始構成國家能力（National Strength），能在國際衝突中獲取優勢（Gaining Superiority）和克服障礙。資源與能力愈高，國家權力愈有決定性影響力，愈有機會在權力政治遊戲中扮演主角，位居發號司令的國際盟主地位。

在國際政治體系中運用國家權力，最重要是維護國家利益和達成國家目標。所以在本質上，國家權力不是目的，只是手段，必須在特定目的下使用，國家權力才有意義。若把至高至強的國家權力任意揮灑，也將帶來更多戰爭與悲劇。是故國家權力的運作應有規範與程序，規範是對共同遊戲規則的尊重，並且運用時要考量國家間的文化、宗教或民族主義。硬生生的只顧權力揮灑，反而降低了權力政治的合法性，增加揮灑權力時的阻礙。

國家權力運作的程序，是國家間的關係和互動過程。通常以外交為最優先，仍須在軍事和經濟權力的背景支持下，以談判和勸誘，運用理性說服、物質利誘或軍事威脅，影響他國行為，期達成所要的國家目標。若談判和勸誘成功，走向合作和聯盟；反之失敗，可能進行經濟制裁或武力威脅，再不得已發動戰爭。

參、確保國際政治體系安全與和平的途徑

主權國家固然是國際政治體系的主角，國際政治就是權力政治。但若任由權力政治去運作，「國際無政府狀態」與「叢林法則」發揮極致，則全球恐將成為殺戮戰場。政治家或一般人民，追求世界和平與安全始終存在很高的理想，自古以來都一直在尋求各種方法，以獲取安全與和平。最有實踐價值，並且實踐成效能普遍被人們認為「雖不滿意但可接受」，有兩種以權力為基礎的運作途徑。

一、權力平衡（Balance of Power）途徑

這是國際社會的主權國家，以權力為基礎的平面權力佈局，重視權力鬥爭，以利害為互動依據，進而阻止戰爭，獲取和平。

權力平衡的理論，認為權力不應高度集中而應或多或少平均分配。權力平衡運作的手段，包括建立軍備、同盟（Alliance）或聯盟（Coalition）等。（註六）研究近代世界史的學者認為，自馬基維利以來，國際政治的本質並未改變，權力平衡的理論還是唯一的基礎。（註七）在國際之間必然存在一種現象，有主張維持現有秩序者，有主張推翻現有秩序以求改變現狀者，雙方乃透過權力鬥爭（運作），不斷在尋求平衡與推翻平衡。戰爭與和平便在

兩者之間擺蕩。

二、權力協和（Concert of Power）途徑

這是國際社會的主權國家，以權力為基礎的垂直權力佈局，否定權力鬥爭，以是非善惡為準則，進而阻止戰爭，獲取和平。

近二百年來只有三個實例，對權力協和途徑進行實踐嘗試：拿破崙戰爭後的神聖同盟、第一次世界大戰後的國際聯盟和第二次世界大戰後的聯合國，都屬權力協和型態。其基本觀點都認為，國際政治體系應建立在「法律」和「有效的國際組織」基礎上，主要強國均應參加並負主要責任，對威脅和平、安全和秩序的行為，採行集體制裁。依目前聯合國憲章所規定「集體安全」和「區域安全」制度，至少是現行維持世界和平唯一的機制。

此外，建立一個最高機制統裁的世界政府，是人類為實現大同世界最後的夢想，其實現恐是遙遙無期的，因此在現狀並不被看好。目前正在興起，可能在二十一世紀會有所表現的是合作與共同安全（Cooperative and Common Security），它的思考跳開了恐怖平衡與相互毀滅的權力平衡途徑，也避開事後制裁的權力協和途徑。合作安全的理念建立在雙方的信心和誠意，內涵包括以諮商取代對抗，軍事透明而非秘密，事前防制重於事後矯正；以及國際法庭的司法程序、世界公平法庭、聯合國制度改善、國際衛星監測局設立等。

肆、後冷戰及「九一一事件」後對兩岸的影響

自從一九九一年前蘇聯帝國解體，美蘇兩極對峙結束，世界進入後冷戰時代。至今又邁向另一個新世紀，似已把二十世紀遠遠的丟在後頭，但就國際整體大勢而言，仍屬後冷戰時代架構。所謂「後冷戰國際環境特質」，首先是民主理念成為主流思潮，導致共產陣營全面瓦解。碩果僅存的四個共產國家（古巴、越南、北韓、中共），也不得不進行改革開放。以民主方式解決爭端是重要原則，包括以阿和平問題、英國北愛問題、朝鮮半島及海峽兩岸等，透過會議協商、溝通、妥協及談判解決問題，確實有了一點成績。

其次是兩極對抗不復存在，「恐怖平衡」與「保證相互毀滅」都獲得解套，各國軍備競賽壓力大幅度降低。不論民主與共產國家，開始以經貿發展為施政重點。經貿實力逐漸凌駕以往的軍事實力，成為衡量國際地位及展現外交影響力的重要籌碼。地區經貿整合亦大有進展，如歐洲統合（European Unity）、中美洲統合體（SICA，一九九七年我國加入）、亞太經合會（APEC），兩岸「三通」（小三通已開始）應指日可待了。

最末是聯合國地位及國際組織日漸重要，由於各大國能夠捐棄意識形態對抗，採取合作的態度，國際組織才更能發揮解決爭端的功能。一味依賴強權是不夠的，如一九九〇年波灣戰爭、一九九四年南斯拉夫內戰，至二〇〇一年「九一一事件」後的反恐怖戰爭，各種國際

組織（聯合國、北約、美日安保）應能發揮更大作用。

「九一一事件」雖未能改變後冷戰結構，卻對後冷戰國際政治體系產生重大衝擊。原本只有主權國家才有機會在國際權力政治舞台上演出，現在個人（賓拉登，Osama Bin Laden）不僅超越國家，直接在這個舞台上演出，而且還當了主角。「九一一」的傷害與震撼，可能與前兩次世界大戰一樣，成為千秋萬世人類揮不去的惡夢與教訓，這是恐怖主義的極限。但是，吾人須將範疇縮小，了解「九一一」對兩岸關係（兩岸三邊）的影響。

最重要的影響在國防、軍事與安全層面上，「不對稱戰略」（Asymmetric Strategy）最大可能的殺傷力獲得實證，以後凡弱勢對抗強勢，只要「比照辦理」就能達成所要戰略目標或目的。如同人類第一次完成原子彈試爆或試用，殺傷力獲得證實後，各國就爭相發展核武。

「不對稱戰略」原是中共構想對抗美國的戰略，根據蘭德公司研究員柏斯（Mark Burles）與蘇斯基（Abram N. Shulsky）研究顯示，中共在未來解決台灣問題與美國衝突時，將採用「不對稱戰略」對抗美國，避開美國軍事武力的強點，痛擊其弱點。美國官方對「不對稱戰略」的說法是，「不對稱的威脅」與技術，不遵循公平戰鬥的法則，包括所有戰略——戰術——戰技——戰鬥的奇襲，以及不按照美國所規劃的武器模式來遂行戰爭。大陸學者喬良及王湘穗共同提出的「超限戰」觀念，都屬「不對稱戰略」構想之一部份，此亦與中國古代兵法「避實擊虛」理念之實踐。在台灣方面應該從「不對稱戰略」中學習，對中共「避實擊虛」，勿正面交鋒；勿全面交鋒，勿拉長戰線，須縮小戰面及縮短戰線；走間接路線「以迂為直，以患為利」。（註八）不要直攻、強攻、硬拼，先總統蔣公在大陸失敗後，痛定思痛，找到「藥方」，他提出新的戰略指導：「三分直接路線，七分間接路線」。

總結當前國際政治體系與當前國際政情，由於我國並非主權國家，在權力政治遊戲規局內必然是屬於不利的一方。特別是「九一一事件」後，美國宣示對全球恐怖主義發動長期戰爭，從軍事、外交、經濟及政治的每個環節，消滅全球的恐怖組織網及基層組織。此舉極須各大國支持，始克反恐戰爭之全功，在這過程中可能使北京誤判，美國對中共的重視是對台灣的忽視，讓中共有對台採取不理性行為的機會。在這盤棋上，我國如何面對這些「主權國家」，從中取利——台灣千秋萬世之利，是我們最高的思維準則。

【註釋】

註一：謝文治，國際關係研究綱要（台北：中國文化大學出版部，七十五年三月，六版），頁一。

註二：羅志淵主編，雲五社會科學大辭典，第三冊，政治學（台北：台灣商務印書館，七十八年一月，八版），頁二七七。

註三：第一世界（First World）包括西歐、北美、紐西蘭、澳洲等，最早完成工業革命。第二世界（Second World）是冷戰時代的共產集團。第三世界是亞、非及拉丁美洲的低開發國家。David Robertson, A Dictionary of Modern Politics (London: Europa Publications Limited, 1985), P.128。所謂「第四世界」，一般通指非洲更貧窮或未開發國家，如盧安達等地區，人民一貧如洗。也有把目前在世界各地經營毒品與軍火的「黑社會組織」，因為他們已形成一個國際經營體系，稱他們為「第四世界」。

註四：孔令晟，大戰略通論（台北：好聯出版社，八十四年十月三十一日），第一篇第一章第一節。

註五：張彝鼎，雲五社會科學大辭典，第四冊，國際關係（台北：台灣商務印書館，七十四年四月增訂三版），頁二一四～二一五。

註六：同盟是攻擊性或防禦性的雙邊或三邊協定，聯盟也是根據協定，但由四個或四個以上強國所簽署。聯盟的組成困難，維持也難，聯盟比同盟規模大，所以不易形成；即使形成也常因不信任而解體。在法國大革命後，歐洲對抗拿破崙的聯盟一再解體。近四百餘年來，僅有五個聯盟的例子：對抗路易斯十四（Louis XIV）、拿破崙、查理五世（Charles V）的三個聯盟、第一次世界大戰中對抗同盟國、及第二次世界大戰對抗軸心國所組成的聯盟。楊逢泰，現代西洋外交史（台北：三民書局，八十二九月），頁二九。

註七：Fred I. Greenstein and Nelson W. Polsby, Handbook of Political Science V.8, International Politics (Massachusetts：Addison-Wesley Publishing Company, 1975), p.36.

註八：兩點間最近的距離不是直線——談間接路線。可看陳福成，解開兩岸十大弔詭（台北：黎明出版社，九十年十二月），第八詭，第四講。

第二節

聯合國的「大陸政策與兩岸關係」

——「中國代表權」的變遷與未來發展

在海峽兩岸中國人夾纏數十年的「大陸政策與兩岸關係」，不論稱「台灣問題」或「中國問題」，搬到聯合國或國際政治體系上，都統稱「中國代表權」問題。雖然早在民國八十四年五月，當時陸委會主委蕭萬長先生在大陸工作報告「政府大陸政策立場與作法」說，我們已放棄正統、法統、中國代表權之爭。但問題並沒有解決，因為所謂「中國代表權」，與「一個中國」問題是不能脫鉤的，是另一種面貌的「統獨」問題。

壹、「中國代表權」問題源起（註一）

中華民國為聯合國創始會員國之一，且為聯合國安全理事會常任理事國，載在聯合國憲章第二十三條（一九四五年約文），該條第一款：

安全理事會以聯合國十一會員國組織之。中華民國、法蘭西、蘇維埃社會主義共

和國聯邦、大不列顛及北愛爾蘭聯合王國及美利堅合眾國應爲安全理事會常任理事國。（註二）

該條約文於一九六三年修改，「安全理事會以聯合國十五會員國組織之」，中華民國仍是常任理事國之一。憲章仍在便「鐵證如山」，中華民國仍是會員國之一。除非如「蘇維埃社會主義共和國聯邦」，已經不存在，就不可能再是會員國。（注意！俄羅斯的繼承是另一個問題）但是，中華民國依然健在，照憲章規定，仍是會員國，而現在實際上中華民國卻不是會員國，真是「無天可籲，無人肯援！」為甚麼？

中華民國自一九四九年起，喪失對中國大陸的管轄權（主權仍在）。但自一九五〇年起，印度、蘇聯、阿爾巴尼亞等國先後提出中國代表權案，倡議排我納中共，經二十年爭議，到一九七一年我國終於退出聯合國。外交部於是年十月二十六日中午發表公報說，聯合國大會於十月二十五下午（台北時間二十六日上午），就「中國代表權」問題阿爾巴尼亞案提付表決前，我出席聯合國代表團團長周書楷已發表嚴正聲明，宣佈我決定毅然退出聯合國。聲明部份如下：

參與敦巴頓橡園會議，並以召集國之一員發起金山聯合國制憲會議，而成爲聯合國創始會員國及安全理事會常任理事國之一的中華民國，決定退出他自己所參與締造的聯合國……今後對國際事務的處理，仍當一本當年參加締造聯合國之初衷，循守憲章所揭示之目標與原則，協同志同道合的友邦，並同為維護國際公理正義與世界安全和平而繼續奮鬥。（註三）

聲明文的制憲會議，在憲章第三條規定「凡曾參加金山聯合國國際組織會議或前此曾簽字於一九四二年一月一日聯合國宣言之國家，簽訂本憲章，且依憲章第一百一十條規定而予以批准者，均為聯合國之創始會員國。」第一百一十條第三款的規定，為「一俟美利堅合眾國政府通知已有中華民國、法蘭西、蘇維埃社會主義共和國聯邦、大不列顛及北愛爾蘭聯合王國、與美利堅合眾國。以及其他簽字國之過半數將批准書交存時，本憲章即發生效力。」（註四）

顯見從聯合國創始會議、成立及憲章生效，到安全理事會常任理事國，中華民國都是要角，論國際法、聯合國憲章本法或公理正義，中華民國均無退出聯合國的合理性和合法性。退出了，這是前面所說的國際政治的本質「權力政治」，是一種「活生生血淋淋」的「叢林法則」規範。用我們常用的術語是「西瓜靠大邊」政治，大陸淪陷後還能維持二十多年已算了不起，後面要論述二十年努力及退出經過，以窺聯合國及國際上對「大陸政策與兩岸關係」

的認知觀感。

貳、聯合國處理「中國代表權」及我捍衛經過

自一九五〇年起，聯合國歷屆大會都在表決「中國代表權」問題，是我國與中共在國際關係上的主戰場，歷屆攻防對決投票記錄如表所示。在一九五二年（第七屆大會）助我票最高達百分之八十二點四，這一年美國政府、國會及輿論界支持我國的聲音，具有壓倒性的優勢。我國亦動員政府及民間關係，捍衛我在聯合國之代表權。一九五三年陳誠寫一封信給于斌主教，信中說：

> 望吾兄即與史培爾曼樞機洽商，就美國天主教組織力量發動公平解決韓國問題，阻止中共匪幫進入聯合國，並堅決反對美國被迫承認中共偽政權之運動。並請兄儘量與中南美及西班牙方面取得聯繫，協助進行……深信史培爾曼樞機主教登高一呼，必能立見成效也。（註五）

顯見我國當時為捍衛聯合國代表權，連神（宗教）的力量亦動員投入，奈何「道高一

尺，魔高一丈」。一九五二年後歷屆投票的助我票百分比均逐年下降，一九六〇年代的十年間是艱困中奮戰。一九七〇年尼克森的對台政策，在國務卿季辛吉的主導下出現重大轉變，這年九月蔣公派于斌再度訪美，但他的努力敵不過國際權力政治，中共在這年的投票中已佔上風（如表）。一九七一年季辛吉密訪中國大陸，尼克森也在是年七月十五日宣佈，接受周恩來邀請準備訪問大陸，八月二日宣聲不再反對中共加入聯合國。這年九月二十一日起聯大第廿六屆常會在紐約舉行，對「中國代表權」進行最後表決。

一、中國代表權之議題及各項提案

該屆聯大有一三〇國代表參與出席，開幕前的七月十五日，阿爾巴尼亞等十七國已向聯合國秘書長提出一項議題，把「恢復中共在聯合國之合法權利」列入大會議程，同時附提一項決議草案加列「中共並為安理會五常任理事國之一」。

另美國也早在八月十七日先致函聯合國秘書長，請將「中國在聯合國之代表權」列入大會議程。九月二十二日再提出兩項決議草案，其一是變相的重要問題案，規定大會任何提議，結果將剝奪中華民國在聯合國之代表權者，為憲章第十八條所稱之重要問題。其二是提出我與中共並存的雙重代表權案，接納中共之代表權，同時我方繼續具有代表權。

聯合國歷屆大會對所謂中國代表權問題投票紀錄

外交部國際組織司編
中華民國六十年二月

大會屆別	大會年度	表決案別	阿富汗 Afghanistan	阿爾巴尼亞 Albania	阿爾及利亞 Algeria	阿根廷 Argentina	澳大利亞 Australia	奧地利 Austria	巴貝多 Barbados	比利時 Belgium	玻利維亞 Bolivia	波扎那 Botswana	巴西 Brazil	保加利亞 Bulgaria	緬甸 Burma	蒲隆地 Burundi	白俄羅斯 Byelo. SSR	喀麥隆 Cameroon	加拿大 Canada	中非共和國 Cent. Afr. Rep.	錫蘭 Ceylon	查德 Chad	智利 Chile	中華民國 China	哥倫比亞 Colombia	剛果（布拉薩市） Congo (Brazz.)	剛果（金夏沙市） Congo (Kinshasa)	哥斯大黎加 Costa Rica	古巴 Cuba	賽普勒斯 Cyprus
(5)	1950	印度排我納匪案	×			A	○			○	○		○		×		×		A				○	○	○			○	○	
		蘇俄排我案(註二)																												
		蘇俄納匪案(註二)																												
(6)	1951	泰國緩議案(註二)	×												×		×							○						
(7)	1952	美國緩議案	A			○	○			○	A		○		×		×		○				○	○	○			○	○	
(8)	1953	美國緩議案(註二)	A												×		×							○						
(9)	1954	美國緩議案	A			○	○			○	○		○		×		×		○				○	○	○			○	○	
(10)	1955	美國緩議案	A			○	○			○	○		○		×		×		○				○	○	○			○	○	
(11)	1956	美國緩議案	×	×		○	○	○		○	○		○	×	×		×		○		×		○	○	○			○	○	
(12)	1957	美國緩議案	×	×		○	○	○		○	○		○	×	×		×		○		×		○	○	○			○	○	
(13)	1958	美國緩議案	×	×		○	○	A		○	○		○	×	×		×		○		×		○	○	○			○	○	
(14)	1959	美國緩議案	×	×		○	○	A		○	○		○	×	×		×		○		×		○	○	○			○	A	
(15)	1960	美國緩議案	×	×		○	○	A		○	○		○	×	×		×	A	○	A	×	A	○	○	○	A		○	×	A
(16)	1961	五國重要問題案	×	×		○	○	A		○	○		○	×	×		×	○	○	○	×	○	○	○	○	○	○	○	×	A
		蘇俄排我納匪案	×	×		○	○	A		○	○		○	×	×		×	○	○	A	×	A	○	○	○	A	A	○	×	A
(17)	1962	蘇俄排我納匪案	×	×	×	○	○	A		○	○		○	×	×	×	×	○	○	○	×	○	○	○	○	○	○	○	×	A
(18)	1963	阿東排我納匪案	×	×	×	○	○	A		○	○		○	×	×	×	×	○	○	○	×	○	○	○	○	○	○	○	×	○
(19)	1964	未審議																												
(20)	1965	十一國重要問題案	×	×	×	○	○	A		○	○		○	×	×	A	×	A	○	×	×	A	○	○	○	×	○	○	×	A
		二十國排我納匪案	×	×	×	○	○	A		○	○		○	×	×	A	×	A	○	×	×	A	A	○	○	×	S	○	×	A
(21)	1966	十五國重要問題案	×	×	×	○	○	A	表決時尚未加入	○	○	○	○	×	×	×	×	A	○	○	×	A	○	○	○	×	○	○	×	A
		十一國排我納匪案	×	×	×	○	○	A		○	○	A	○	×	×	×	×	A	A	○	×	A	○	○	○	×	○	○	×	A
		六國研委會案	○	○	○	A	○	A		×	×	○	×	○	○	○	○	A	×	○	○	A	×	○	×	○	×	A	○	A
(22)	1967 (註三) (註四)	澳大利亞程序動議	×	×	×	○	○	A	A	○	○	○	○	×	×	×	×	○	○	○	×	○	○	○	○	×	○	○	×	A
		十五國重要問題案	×	×	×	○	○	A	A	○	○	○	○	×	×	×	×	○	○	○	×	○	○	○	○	×	○	○	×	○
		十二國排我納匪案	×	×	×	○	○	A	○	○	○	○	○	×	×	×	×	○	A	○	×	○	○	○	○	×	○	○	×	A
		敘利亞程序動議	○	○	○	×	○	A	×	×	A	×	×	A	○	○	A	A	×	A	○	A	×	○	A	○	A	×	○	A
		五國研委會案	○	○	○	A	○	A	×	×	A	A	×	○	○	○	○	A	×	○	○	○	×	○	×	○	○	×	○	×
(23)	1968	十四國重要問題案	×	×	×	○	○	A	A	○	○	○	○	×	×	×	×	○	○	○	×	○	○	○	○	×	○	○	×	○
		十六國排我納匪案	×	×	×	○	○	A	○	○	○	○	○	×	×	×	×	○	A	○	×	○	○	○	○	×	○	○	×	A
		柬埔寨程序動議	○	○	○	×	○	A	A	×	×	○	×	○	A	○	A	○	×	○	○	○	×	○	×	○	○	×	○	×
		五國研委會案	○	○	○	A	○	A	×	×	A	○	×	○	○	○	○	○	A	○	○	○	×	○	×	○	○	A	○	×
(24)	1969	十八國重要問題案	×	×	×	○	○	A	A	○	○	○	○	×	×	×	×	○	○	○	×	○	○	○	○	×	○	○	×	○
		十七國排我納匪案	×	×	×	○	○	A	○	A	○	○	○	×	×	×	×	○	A	○	×	○	A	○	○	×	○	○	×	A
(25)	1970	十九國重要問題案	×	×	×	○	○	[illegible]	A	○	○	○	○	×	×	×	×	[illegible]	○	○	×	[illegible]	[illegible]	○	○	×	○	○	×	○
		十八國排我納匪案	×	×	×	○	○	[illegible]	○	A	[illegible]	[illegible]	○	×	×	×	×	[illegible]	[illegible]	[illegible]	×	○	[illegible]	○	○	×	○	○	×	A
(26)	1971																													

（會員國（註一）／投票別）

馬利 Mali	馬爾地夫 Maldives	馬來西亞 Malaysia	馬拉威 Malawi	馬拉加西國 Malagasy Rep.	盧森堡 Luxembourg	利比亞 Libya	賴比瑞亞 Liberia	賴索托 Lesotho	黎巴嫩 Lebanon	寮國 Laos	科威特 Kuwait	高棉 Khmer Republic	肯亞 Kenya	約旦 Jordan	日本 Japan	牙買加 Jamaica	象牙海岸 Ivory Coast	義大利 Italy	以色列 Israel	愛爾蘭 Ireland	伊拉克 Iraq	伊朗 Iran	印尼 Indonesia	印度 India	冰島 Iceland	匈牙利 Hungary	宏都拉斯 Honduras	海地 Haiti	蓋亞那 Guyana	幾內亞 Guinea	瓜地馬拉 Guatemala	希臘 Greece.	迦納 Ghana	甘比亞 Gambia	加彭 Gabon	法國 France	芬蘭 Finland	斐濟 Fiji	衣索比亞 Ethiopia	赤道幾內亞 Equatorial Guinea	薩爾瓦多 El Salvador	厄瓜多 Ecuador	多明尼加 Dominican Rep.	丹麥 Denmark	達荷美 Dahomey
					○		○		A										×		○	○		×	○		○	○			A	○				A			○		○	A	○	×	
																			×		○	○	×	×							A					○								○	
					○		○		○										×		○	○	A	×	○		○	○			A	○				○			○		○	○	○	○	
																							×	×																					
					○		○		○										○		○	○	A	×	○		○	○			○	○				○			○		○	○	○	×	
					○		○		○										A		○	○	×	×	○		○	○			○	○				○			○		○	○	○	×	
					○	A	○		○	A		A		A				○	A	○	○	○	×	×	○	×	○	○			○	○				○	×		○		○	○	○	×	
		○			○	○	○		○	A		A		○	○			○	A	×	○	○	×	×	○	×	○	○			○	○	×			○	×		○		○	○	○	×	
		○			○	A	○		○	A		×		○	○			○	A	×	×	○	×	×	A	×	○	○			○	A	×			○	×		○		○	○	○	×	
		○			○	A	○		○	○		×		○	○			○	A	×	×	○	×	×	A	×	○	○		×	○	○	×			○	×		A		○	○	○	×	
×		A		A	○	A	○		○	A		×		○	○		A	○	A	×	×	○	×	×	A	×	○	○		×	○	○	×		A	○	×		×		○	○	○	×	A
×		○		○	○	○	○		○	○		×		○	○		○	○	○	○	×	○	×	×	○	×	○	○		×	○	○	×		S	○	×		×		○	○	○	×	○
×		○		○	○	○	○		A	○		×		○	○		A	○	A	○	×	○	×	×	A	×	○	○		×	○	○	×		○	○	×		×		○	○	○	×	A
×		A		○	○	○	○		A	×		×		○	○	○	○	○	A	○	×	○	×	×	A	×	○	○		×	○	○	×		○	○	×		×		○	○	○	×	○
×		○		○	○	○	○		A	×	A	×		○	○	○	○	○	A	○	×	○	×	×	A	×	○	○		×	○	○	×		○	○	×		S		○	○	○	×	○
×	A	○	○	○	○	○	○		○	○	A	×	×	○	○	A	○	○	○	○	×	A	退	×	○	×	○	○		×	○	○	×	○	○	×	×		×		○	○	○	×	N
×	A	○	○	○	○	A	○		A	N	A	×	×	○	○	A	○	○	○	○	×	A	出	×	A	×	○	○		×	○	○	×	○	○	×	×		×		○	○	○	×	N
×	○	○	○	○	○	○	○	○	○	○	×	×	×	○	○	○	○	○	○	○	×	A	○	×	○	×	○	○	○	×	○	○	×	○	○	×	×		×		○	○	○	×	○
×	A	○	○	○	○	○	○	○	A	S	A	×	×	○	○	A	○	○	○	○	×	A	×	×	○	×	○	○	○	×	○	○	×	○	○	×	×		×		○	○	○	×	○
○	A	A	×	○	×	×	×	A	A	A	A	○	○	○	×	×	○	×	×	×	○	A	A	○	×	○	A	A	A	○	×	×	○	○	A	○	○		○		A	×	A	○	○
×	○	○	○	○	○	○	○	○	A	○	×	×	×	S	○	○	○	○	○	○	×	○	○	×	○	×	○	○	○	×	○	○	×	○	○	×	A		×		○	A	○	A	○
×	○	○	○	○	○	○	○	○	○	○	×	×	×	○	○	○	○	○	○	○	×	○	○	×	○	×	○	○	○	×	○	○	×	○	○	×	×		×		○	A	○	×	○
×	A	○	○	○	○	A	○	○	A	N	A	×	×	○	○	A	○	○	○	○	×	A	×	×	○	×	○	○	○	×	○	○	A	○	○	×	×		×		○	A	○	×	○
○	A	A	A	A	×	A	A	×	A	A	○	○	A	A	×	×	A	×	×	×	○	A	A	○	×	A	A	×	A	○	×	×	○	×	A	A	A		○		A	A	A	A	A
○	A	A	○	A	×	×	A	○	×	×	A	○	A	○	×	×	○	×	×	×	○	A	A	○	×	○	○	A	A	○	×	A	A	×	A	○	○		○		A	A	A	○	○
×	○	○	○	○	○	○	○	○	○	○	×	×	×	○	○	○	○	○	○	○	×	○	S	×	○	×	○	○	○	×	○	○	×	○	○	×	×		×	○	○	A	○	×	○
×	A	○	○	○	○	A	○	○	A	A	A	×	×	○	○	A	○	○	○	○	×	A	S	×	A	×	○	○	A	×	○	○	A	○	○	×	×		×	A	○	A	○	×	○
○	A	A	○	○	×	A	A	○	A	A	○	○	○	○	×	×	○	×	×	×	○	A	S	○	×	○	A	×	A	○	×	×	○	A	A	A	A		○	○	○	×	○	A	○
○	×	A	○	A	×	A	A	○	×	×	○	○	○	○	×	×	○	×	×	×	○	A	S	○	×	○	○	×	A	○	×	A	○	○	A	○	○		○	A	○	×	○	○	○
×	○	A	○	○	○	×	○	○	○	○	S	×	×	○	○	○	○	○	○	○	×	○	S	×	○	×	○	○	○	×	○	○	×	○	○	×	×		×	S	○	○	○	×	○
×	A	○	○	○	○	×	○	○	A	A	A	×	×	○	○	A	○	A	○	○	×	A	S	×	A	×	○	○	A	×	○	○	×	○	○	×	×		×	A	○	A	○	×	○
×	■	■	○	○	○	×	○	○	○	○	■	■	×	○	○	○	○	○	○	○	×	○	N	×	○	×	○	○	■	×	○	○	×	○	○	×	×	○	×	■	○	○	○	×	○
×	S	■	○	○	■	×	○	○	A	A	A	■	×	○	○	A	○	■	○	■	×	A	N	×	A	×	○	○	A	×	○	○	×	○	○	×	×	A	×	■	○	A	○	×	○

（接上表）

坦尚尼亞 U.R. Tanzania	英國 U.K.	阿拉伯聯合共和國 U.A.R.	蘇俄 U.S.S.R.	烏克蘭 Ukraint. SSR	烏干達 Uganda	土耳其 Turkey	突尼西亞 Tunisia	千里達 Trinidad & Tobago	多哥 Togo	泰國 Thailand	敍利亞 Syria	瑞典 Sweden	史瓦濟蘭 Swaziland	蘇丹 Sudan	西班牙 Spain	南也門 Southern Yemen	南非共和國 South Africa	索馬利亞 Somalia	新加坡 Singapore	獅子山 Sierra Leone	塞內加爾 Senegal	沙烏地阿拉伯 Saudi Arabia	盧安達 Rwanda	羅馬尼亞 Romania	葡萄牙 Portugal	波蘭 Poland	菲律賓 Philippines	秘魯 Peru	巴拉圭 Paraguay	巴拿馬 Panama	巴基斯坦 Pakistan	挪威 Norway	奈及利亞 Nigeria	尼日 Niger	尼加拉瓜 Nicaragua	紐西蘭 New Zealand	荷蘭 Netherlands	尼泊爾 Nepal	摩洛哥 Morocco	「外蒙」 "Mongolia"	墨西哥 Mexico	模里西斯 Mauritius	茅利塔尼亞 Mauritania	馬爾他 Malta
	×	A	×	×		○				○	A	×					○					A				×	○	○	○	○	×	×			○	○	×				○			
	○	A	×	×								×										A				×						○					○							
	○	○	×	×		○				○	A	×					○					A				×	○	○	○	○	A	○			○	○	○				○			
			×	×							A	×														×																		
	○	A	×	×		○				○	A	×					○					A				×	○	○	○	○	○	×			○	○	○				○			
	○	A	×	×		○				○	A	×					○					A				×	○	○	○	○	○	×			○	○	○				○			
	○	×	×	×		○	A			○	×	×		×	○		○					A		×	A	×	○	○	○	○	○	×			○	○	○	×	○		○			
	○	×	×	×		○	A			○	×	×		×	○		S					A		×	A	×	○	○	○	○	○	×			○	○	○	×	×		○			
	○	×	×	×		○	A			○	併入阿聯	×		×	○		○					A		×	A	×	○	○	○	○	○	×			○	○	○	×	×		○			
	○	×	×	×		○	A			○		×		×	○		○					A		×	A	×	○	○	○	○	○	×			○	○	○	×	×		○			
	○	×	×	×		○	A		A	○		×		×	○		○	A			×	A		×	A	×	○	○	○	○	○	×	×	A	○	○	○	×	×		○			
A	○	×	×	×		○	×		S	○	×	×		×	○		○	A		A	○	○		×	○	×	○	○	○	○	A	×	A	○	○	○	○	×	×	×	○		○	
○	×	×	×	×		○	A		A	○	×	×		×	○		○	×		×	○	A		×	A	×	○	○	○	○	×	A	A	A	○	○	A	×	×	×	○		○	
×	×	×	×	×	×	○	×	A	A	○	×	×		×	○		○	×		×	○	A	○	×	A	×	○	○	○	○	×	×	A	○	○	○	A	×	×	×	○		○	
×	×	×	×	×	×	○	×	A	○	○	×	×		×	○		○	×		A	○	A	○	×	A	×	○	○	○	○	×	×	A	○	○	○	A	×	×	×	○		A	
×	○	×	×	×	×	○	×	○	○	○	×	×		×	○		○	×	×	×	×	A	×	×	A	×	○	○	○	○	×	×	×	○	○	○	○	×	×	×	○		×	○
×	×	×	×	×	×	○	A	A	○	○	×	×		×	○		○	×	×	×	A	A	A	×	A	×	○	○	○	○	×	×	×	○	○	○	A	×	×	×	○		×	○
×	○	×	×	×	×	○	×	○	○	○	×	×		×	○		○	×	×	A	×	○	○	×	A	×	○	○	○	○	×	×	×	○	○	○	○	×	×	×	○		×	○
×	×	×	×	×	×	○	A	A	○	○	×	×		×	○		○	×	A	○	×	○	○	×	A	×	○	○	○	○	×	×	×	○	○	○	A	×	A	×	○		×	○
○	A	○	○	○	○	×	×	×	○	○	○	○		○	○		○	○	○	A	○	A	○	○	A	○	○	×	○	×	○	○	A	○	×	×	×	○	×	○	×		○	×
×	○	×	×	×	×	○	A	○	○	○	×	A		×	○	表決時尚未入會	○	×	×	○	×	S	○	×	A	×	○	○	○	○	×	A	○	○	○	○	○	×	A	×	○		×	○
×	○	×	×	×	×	○	×	○	○	○	×	×		×	○		○	×	×	○	×	S	○	×	A	×	○	○	○	○	×	×	×	○	○	○	○	×	×	×	○		×	○
×	×	×	×	×	×	○	A	A	○	○	×	×		×	○		○	×	A	○	×	S	○	×	A	×	○	○	○	○	×	×	×	○	○	○	A	×	A	×	○		×	○
○	×	○	A	A	○	×	A	×	A	○	○	A		○	○		○	A	A	×	○	S	○	○	A	A	○	A	A	A	○	A	○	×	A	○	×	A	A	A	×		○	A
○	A	○	○	○	A	×	×	A	A	○	○	○		○	×		○	S	○	×	○	S	○	○	A	○	○	A	○	A	○	○	A	○	A	×	×	○	×	○	×		○	×
×	○	×	×	×	×	○	×	○	○	○	×	×	○	×	×	×	○	×	×	○	○	○	○	×	A	×	○	○	○	○	×	×	×	○	○	○	○	×	A	×	○	○	×	○
×	×	×	×	×	×	○	A	A	○	○	×	×	○	×	○	×	○	×	A	○	A	○	○	×	A	×	○	○	○	○	×	×	A	○	○	○	A	×	×	×	○	A	×	○
○	×	○	A	A	○	×	×	×	○	○	○	A	○	○	○	○	○	S	A	A	A	○	○	○	A	A	○	○	○	○	○	×	○	○	×	○	×	○	A	○	×	A	○	×
○	A	○	○	○	○	×	×	A	A	○	○	○	A	○	×	○	○	S	○	×	A	A	○	○	A	○	○	A	○	A	○	A	○	○	A	×	×	○	A	○	×	×	○	A
×	○	×	×	×	×	○	×	○	○	○	×	×	○	×	○	×	○	×	×	○	○	○	○	×	A	×	○	○	○	○	×	×	×	○	○	○	○	×	×	×	○	○	×	○
×	×	×	×	×	×	○	A	A	○	○	×	×	○	×	○	×	○	×	A	○	○	○	○	×	A	×	○	○	○	○	×	×	×	○	○	○	A	×	×	×	○	×	×	○
×	○	×	×	×	×	○	×	[redacted]	○	○	×	×	○	×	○	×	○	×	×	○	○	○	○	×	A	×	(	[redacted]	○	○	×	×	×	○	○	○	○	×	×	×	○	[redacted]	×	○
×	×	×	×	×	×	○	A	A	○	○	×	×	○	×	○	×	○	×	A	○	[redacted]	○	○	×	A	×	○	[redacted]	○	○	×	×	×	○	○	○	A	×	×	×	○	[redacted]	×	○

大會年度	大會屆別	助我票數百分比	對我不利票差	對我有利票差	不參加投票	缺席	棄權	立場與我相反之票	立場與我相同之票	會員國總數				尚比亞 Zambia	南斯拉夫 Yugoslavia	也門 Yemen	委內瑞拉 Venezuela	烏拉圭 Uruguay	上伏塔 Upper Volta	美國 U.S.A.
1960	(5)	67.3		17		4	10	16	33	59					×	A	○	○		○
		79.2		28		3	8	10	38	59										
		77.1		26		3	8	11	37	59										
1951	(6)	77.1		26		8	4	11	37	60					A					○
1952	(7)	82.4		33			9	9	42	60					A	A	○	○		○
1953	(8)	81.5		34		4	2	10	44	60					×					○
1954	(9)	79.6		32			6	11	43	60					×	A	○	○		○
1955	(10)	77.8		30			6	12	42	60					×	A	○	○		○
1956	(11)	66.2		23			8	24	47	79					×	×	○	○		○
1957	(12)	64		21		1	6	27	48	82					×	×	○	○		○
1958	(13)	61.1		16			9	28	44	81					×	×	○	○		○
1959	(14)	60.3		15			9	29	44	82					×	×	○	○		○
1960	(15)	55.3		8			22	34	42	98					×	×	○	○	A	○
1961	(16)	64.2		27		2	7	34	61	104					×	×	○	○	○	○
		57.1		12			20	36	48	104					×	×	○	○	A	○
1962	(17)	57.1		14			12	42	56	110					×	○	○	○	○	○
1963	(18)	58.2		16		1	12	41	57	111					×	×	○	○	○	○
1964	(19)									115										
1965	(20)	53.3		7	1		11	49	56	117				×	×	×	○	○	○	○
		50		0	2	1	20	47	47	117				×	×	×	○	○	○	○
1966	(21)	57.9		18			7	48	46	122				×	×	×	○	○	○	○
		55.3		11		1	17	46	57	122				×	×	×	○	○	○	○
		64.6		28			25	34	62	122				○	○	○	×	×	○	×
(三註)	(22)	62		26		2	12	41	67	123				×	×	×	○	○	○	○
		59		21		1	4	48	69	123				×	×	×	○	○	○	○
1967		56.3		13	1	1	17	45	58	123				×	×	×	○	○	○	○
(四註)		53.7		5		2	53	31	36	123				S	○	○	×	×	○	×
		64		25		3	30	32	57	123				S	○	○	×	×	○	×
1968	(23)	60.8		26		1	5	47	73	126				×	×	×	○	○	○	○
		56.9		14		1	23	44	58	126				×	×	×	○	○	○	○
		66.3		31		2	29	32	63	126				○	○	○	×	×	○	×
		69.1		37		2	27	30	67	126				○	○	○	×	×	○	×
1969	(24)	59.7		23		3	4	48	71	126				×	×	×	○	○	○	○
		53.8		8		1	21	48	56	126				×	×	×	○	○	○	○
1970	(25)	55.9		14	1	1	7	52	66	127				×	×	×	○	○	○	○
		49	2		1	1	25	51	49	127				×	×	×	○	○	○	○
1971	(26)																			

註一：本表所用符號說明：
○表示立場與我相同之票。
×表示立場與我相反之票。
A表示棄權。
S表示缺席。
N表示不參加投票。

註二：聯合國大會第五屆常會表決蘇俄「排我」及「納匪」兩案時，係採舉手方式，致各國投票立場不詳。又第六屆及第八屆常會亦係採舉手表決，致若干「贊成」及「缺席」國家，無法確查。

註三：聯大第二十二屆常會中，排我納匪案編號在重要問題案之前，依議事規則，排我納匪案應先付表決。澳大利亞代表動議重要問題案先付表決。主席乃將澳動議先交大會表決。

註四：在義大利等五國所提設立研究委員會決議草案提付表決前，敍利亞代表動議，該案亦屬重要問題，需出席及參加投票者三分之二多數通過。大會主席乃將此動議交大會表決。

註五：[illegible]表示投票立場有變動而係對我有利之轉變。
[illegible]表示投票立場有變動而係對我不利之轉變。

附記：
一、本表資料來源：雲五社會科學大辭典，第四冊，國際關係（台北：台灣商務印書館，七四年四月增訂三版），頁三四七～三五一》。
二、本書其他部份對中共均不稱「匪」，本表因原始文件，未便更動，特此聲明。

二、中國代表權案列入議程情形

美方代表提議，阿爾巴尼亞等國提案與美方提案合併審議，九月二十二日表決結果，阿方與美方分別通過列入議程。惟美方的兩個合併的決議草案未獲通過。

三、大會審議情形

大會自十月十八日起審議中國代表權問題，至廿五日結束，參加辯論者含我國在內有七〇國。其中四十五國贊成排我納中共，廿二國反對排我，二國立場不明。

四、表決結果及我宣佈退出聯合國

一九七一年十月廿五日（台北時間廿六日），大會繼續審議中國代表權。會中沙烏地阿拉伯提議，保留「台灣島人民」在聯合國內席次，待由聯合國主持「台灣島人民」公民投票，決定其未來地位，經表決未獲通過。美方所提重要問題（憲章第十八條重要問題三分之二多數決），亦遭多數反對未通過。

此時已戰至最後一刻，情勢顯難挽救。我代表團團長周書楷率全團退出大會。在我代表團退出後，大會續就中國代表權最後表決，結果七十六票贊成，卅五票反對，十七國棄權通過。

參、重返聯合國與國際社會的努力及聯合國的態度

我國重返聯合國是否可能？或是否正確？經過十多年努力後，今日已有一些不同的觀點。（註六）民國七十七年外交部開始委託華府一家「凱普蘭律師事務所」（Kaplan Russin Vecchi），首度進行「聯合國及其相關國際組織接受中華民國為聯合國正式會員或觀察員可行性研究」。之後，在野的民進黨也推動以「台灣」名義加入聯合國。八十二年後朝野均積極推動進入聯合國方案，八十四年特請老布希時代主管國際組織的助理國務卿伯頓（John Bolton），在聯合國以質疑中共一九七一年入會不合法的「法律代表性」為訴求，也在美國國會遊說，所有進入聯合國的方案，都被中共和聯合國以「聯合國二七五八決議案」打回票，該決議案對台灣頗為不利：

> 大會回顧聯合國憲章的原則，考慮到，恢復中華人民共和國的合法權利對於維護聯合國組織根據憲章所必需從事的工作都是不可少的。大會承認中華人民共和國政府的代表是中國在聯合國組織的唯一合法代表，中華人民共和國是安全理事會五個常任理事國之一。大會決定，恢復中華人民共和國的一切權利，承認她的政府代表爲中國

在聯合國組織的唯一合法代表，並立即把蔣介石的代表從它在聯合國組織及其所屬的一切機構中所非法占據的席次上驅逐出來。（註七）

我國依務實外交原則，多重管道前進國際舞台，但官方管道始終有難以克服的困境。在建交國方面所尋求的雙重承認，除了八十四年五月與巴布亞紐幾內亞的「政府承認」，算是雙重承認的新模式，在傳統國際法觀念尚未被接受。（註八）一九九五年六月，聯合國在舊金山舉行五十週年慶會活動時，秘書長蓋里被問到，中華民國原係聯合國的創始會員國之一，有無可能再重返聯合國？蓋里重申一貫立場，台灣為中國的一部份。聯合國已有決議：由中華人民共和國取代台灣在聯合國的席位，台灣要參加聯合國是不可能的。解決「台灣進入聯合國」問題，最佳途徑是海峽兩岸直接對話談判。（註九）

前進聯合國為甚麼是一項「不可能的任務」？與前面所提國際社會的本質有關，經歷十多年的實戰經驗，我們似乎應有一些反思。動員如此多的資源前進聯合國是否正確？有必要為與中共對決耗盡資源嗎？或許問題並不在聯合國。兩岸數十年來堅持「一個中國」，既然中國只有一個，中共在聯合國的代表權不也包含了台灣地區？還有，一九四五年在聯合國憲章簽署的歷史文件，中國代表團是由各黨派組成（含國民黨、共產黨代表），代表團簽署上落款的是「中國」。（現在事實上中國包括中華人民共和國和中華民國）

肆、檢討反省與未來努力方向

聯合國成立以來始終都是毀譽參半，譽的方面聯合國確實做了不少事，如教育、科學、文化、衛生（防疫）、婦女、兒童等問題。毀的方面，它始終是大國權力政治的角力場，大會中只見各大哥（大國）的代表在議場上囂張。權力政治的本質是權力鬥爭，以利害為基礎，不論及公理、正義或是非。因此，在一九九五年間聯合國一度面臨存廢問題。（註十）其實早在民國三十九年八月的「自由中國」，就已經指出聯合國的弱點：第一、聯合國俱有舊國聯同樣的缺點，頭重腳輕的官僚式組織架構，只有上層建築，沒有下層建築。第二、國與國間沒有真平等，只有戰勝國和戰敗國的差別。第三、欠缺有效的國際警察制裁力量，對侵略者（如共產政權）不能進行制裁。（註十一）當然數十年來聯合國也做了一些維持和平安全的工作，從一九四七年到一九九二年，聯合國維持和平部隊執行了三十一次任務，一九九四年後亦建立了維持和平作業基本指導方針。數次重大任務（韓戰、波灣戰爭、南斯拉夫內戰、九一一反恐怖主義戰爭），聯合國也發揮了重要的功能，但本質上都是大國間的權力鬥爭，居於霸權擴張上的需要。

因為以上的原因，所以筆者以為我國在「大陸政策與兩岸關係」規劃下，國際關係應做調整。第一、「中國代表權」與「一個中國」是一體兩面的事，甚至「一個中國」是因，

「中國代表權」是果；「因」才是戰場，「果」不是戰場。再者，「因」的問題解決了，「果」迎刃而解。我們倒果為因，弄錯了戰場，在國際上落個「戰略文盲」與「戰略錯誤」的譏笑。難到台灣島內豈無人才乎？或被坐井觀天的「本土化」沖昏了頭。第二、聯合國與正式的官方組織是大國權力政治的舞台，面對中共（中國），台灣沒有資源可以和對手無限度耗下去，耗下去台灣亦被拖垮。第三、我們常把目標指向聯合國，其實聯合國自身難保，因為它受制於各強國（中、美、英、法、俄）。第四、對我國而言，大陸關係和國際關係必須取得平衡，失衡可能帶來不安定或不安全，除非是兩岸和平談判的結果。一味的向聯合國衝，使兩岸關係處於對立衝突，實在是戰略失策。

【註釋】

註一：本節重要內容參考，張彝鼎，雲五社會科學大辭典，第四冊，國際關係（台北：台灣商務印書館，七十四年四月增訂三版），頁三四七～三五二。

註二：聯合國憲章第二十三條，見丘宏達，現代國際法基本文件（台北：三民書局，八十年三月四版），頁一四。

註三：同註一。

註四：同註二，見聯合國憲章相關條文。

註五：引自陳方中，于斌與台美關係（一九五〇～一九七八），二十世紀台灣歷史與人物學術討論會（台北國家圖書館，九十年十月二十日至二十四日），頁一三。

註六：「條條大道經北京」，陳福成，解開兩岸十大弔詭（台北：黎明出版社，九十年十二月），第八詭，第五講。

註七：趙建民，「中共對我國重返聯合國之態度與對策」，問題與研究，第三十三卷，第一期（八十三年一月十日），頁一五。

註八：在國際法上，對兩個政治實體的相互承認，不外「政府承認」和「國家承認」兩個層次。目前與中共建交，又與我有「政府承認」的國家有萬那杜、巴布亞紐幾內亞兩個。聯合報，八十四年五月二十七日，第四版。

註九：中國時報，八十四年六月二十六日，第二版。

註十：聯合報，八十四年六月二十三日，第九版。

註十一：趙文海譯，「論民主國與反共抗俄」，自由中國，第三卷，第四期（三十九年八月十六日），頁一二一～一二五。

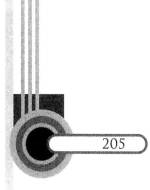

第三節
美國的中國政策

美國建國二百多年來，其和平、安全與強大，到二十世紀為止，都是靠老天垂愛——天然的地緣條件保護。（註一）（廿一世紀第一年的「九一一事件」改變了此種天然保護的局面，在此之前從未有任何敵人在其本土造成如此重大傷亡。）但每個時期仍有不同的對外政策，如孤立主義（Isolationism）、門羅主義（Monroe Doctrine）、杜魯門主義（Truman Doctrine）。（註二）近二十年來有所謂尼克森主義（Nixon Doctrine）、雷根主義（Reaganism，亦稱雷根革命 Reagan Revolution）。（註三）隨著冷戰結束、後冷戰時代來臨、中國之崛起，及「美中撞機」和「九一一」事件之爆發，全球局面出現重大的結構性改變，不管對全球、亞洲、中國或台灣都有新政策，新的影響。

儘管這種影響也有很負面的一面，對美國進行嚴厲的批判者認為，美國只有全球近三十分之一的人口，卻消耗全球五分之一的資源。美國對地球資源的浪費、糟蹋，幾乎到窮奢極慾的程度，世界變壞了，墮落了，超級強權的美國要負最大責任。預料到二十一世紀後半，全球人類將覺悟美國文化是罪魁禍首，必群起而攻之，美國必受到嚴厲的批判與聲討。（註四）超強的美國對世界的影響不論正面與負面，在「國際無政府狀態」下，國際社會受到相當高程度的「叢林法則」規範。自古以來，國際間的紛爭、衝突、和平或安全，無可奈何的必須依賴強權出面擺平。現在我們從國際關係架構來探討「大陸政策與兩岸關係」，美國還是結構性因素之一（兩岸三邊最強的一邊）。

壹、美國的全球戰略、亞洲政策及兵力部署

美國立國的指導原則是以增進國家利益為目的，國家利益區分三部份，即國家安全、經濟福利和價值意識三者。在不同時期各有不同順位，冷戰時代以國家安全為首，經濟福利為次，價值意識為末，到了後冷戰時代，經濟福利為首，國家安全顧慮較少，價值最後。（註五）勿論冷戰或後冷戰，「全球領導」始經是合於美國利益的大戰略構想。為執行此種構想，必須將美國國力投射到全球每一角落。吾人稱「前進戰略部署」，區分全世界為歐洲（EUCOM）、太平洋（PACOM）、中東（CENCOM）、南方（SOCOM）、大西洋（LANTCOM）及美國大陸（CONUS）」等六個戰區或指揮區。兵力投射如圖所示，除本土及海外陸空兵力外，其第二艦隊在大西洋，第三艦隊在東太平洋，第六艦隊在地中海，第七艦隊在西太平洋，以及印度洋和中東支隊。

美國的全球戰略、亞洲政策與海外兵力部署圖

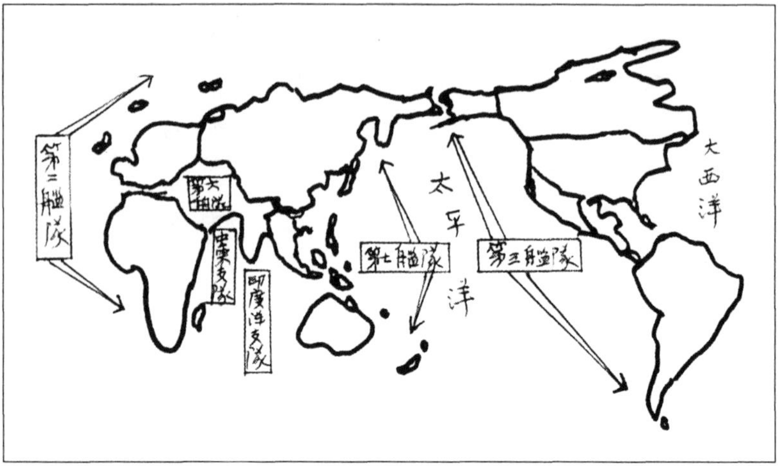

除兵力部署，美國也和全世界多數國家建立聯防條約。例如冷戰時代為圍堵共產勢力所形成的條約，依據世界「內新月形帶」地緣戰略而建構，由西到東為北約——中部公約——美澳紐條約——東南亞公約——美菲——中美共同防禦條約——美日安保——美韓等條約。

半個多世紀以來，這個美國的全球大戰略與兵力部署的基本結構，至今並未產生重大的結構性轉變，歷來也都以「重歐輕亞」為常態佈局。隨著冷戰結束，小布希上台，未來將開始朝「重亞輕歐」調整，形成此種轉變的原因有（一）後冷戰時代的北約與華沙公約對抗結束，北約轉型成為維護區域安全的角色；（二）俄羅斯民主化後，對歐洲已不構成安全威脅；（三）基於美英傳統關係及友誼，美國仍在英國本土駐有重兵；（四）中國的崛起，成為全球可以挑戰美國霸權的國家；（五）環太平

洋（特別是西太平洋）地區，論人口、領土、經貿規模都超越歐洲，成為美國利益的重要關係者；（六）相對於中國的崛起，亞洲文明（儒家文明、印度文明）勢將衝擊西方文明，為捍衛西方文明的霸業，美國責無旁貸必須率先對亞洲（中國為主）有更多投注。另一方面，亞洲卻存在全球最多不安定與威脅區域安全因素，如兩韓、台海、南海、印巴、印尼；「九一一」後的阿富汗週邊地區、菲律賓及印尼附近海域，均可能是恐怖主義者藏身力圖東山再起之地。

綜上剖論，亞洲在全球地緣戰略關係中日愈重要。美國將強化「日美安保」關係，與日本建立類似英國的同盟關係。對中國不管是柯林頓政府時代的「戰略夥伴關係」，或小布希所欲定位的「戰略競爭關係」，都直接關係美國的戰略利益。因此，面對新世紀美國仍要對亞洲有更多投射，維持亞洲的和平和穩定是美國重要的亞洲政策。

貳、美國的中國政策

一九五〇年的冷戰初期，杜魯門政府已宣告放棄台灣的國民政府，不再對台灣的國軍部隊提供援助，決不捲入中國的內戰。韓戰爆發改變亞洲全局，也轉變美國的中國政策，決定重新軍經援助台灣，使台灣在圍堵共產洪流的全球佈局上扮演「永不沈沒的航空母艦」之角色，台灣成為世界地緣戰略不可或缺的要角。此期間，台灣是美國堅定、忠實的同盟國。

一九七〇年代的冷戰中期以後，美國的圍堵政策開始鬆動，美國企圖打開紅色中國的大門，並拉攏中共，夾圍蘇聯。「三報一法」成為美國持續到後冷戰，中國政策的基本綱領。一九七二年二月廿七日美中簽署「上海公報」，美國在公報中表明，「美國認知台海兩岸的中國人都主張只有一個中國，而台灣是中國的一部份，美國政府不會質疑此一立場。」「上海公報」對兩岸最大的意義，是終結所謂「台灣地位未定論」，台灣是中國人的領土，至於中國人要如何解決？統一或獨立的問題，應由中國人以和平方式為之。

一九七九年一月一日的美中「建交公報」，進一步對「一個中國」有規範。美國在公報中「承認中華人民共和國乃是中國唯一合法的政府」，換言之，中國就是「中華人民共和國」。公報又重申「美國政府認知中國人的立場，只有一個中國而台灣是中國的一部份。」從「上海公報」到「建交公報」，對台灣頗多不利，「台灣是中國的一部份」，變成「台灣乃是中華人民共和國的一部份」。所幸，一九七九年四月十日美國國會通過「台灣關係法」，給了台灣一些信心，只是它是美國的國內法，如何執行該法或成效如何？台灣幾無置喙之餘地。

一九八二年八月十七日美中簽署第三公報「八一七」公報，針對軍售台灣的規範。該公報重申「美國承認中華人民共和國為中國唯一合法政府，以及美國認知中國人的立場，只有一個中國而台灣是中國的一部份。」（公報第一條）；在第三條規定「尊重對方主權及領土

完整，以及不干涉對方的內政」，即「台灣問題是中國的內政」。該公報也強調兩岸以和平方式解決，並逐年減少對台軍售。（註六）

歷年來美國政府的中國政策，大體上在這「三報一法」的基礎上運作。歷任總統也多少面對一些「強硬派」、「溫和派」或「平常派」的爭議，柯林頓政府試圖把中共定位在「戰略夥伴關係」上，小布希企圖在「戰略競爭關係」架構上運作。「美中撞機」及「九一一」事件後，一個對中國的新圍堵政策正在形成，包括戰區飛彈防禦系統為基礎，美軍在亞太駐軍的前進基地為據點，以地緣戰略關係為鍊路。（註七）美國已要求南韓、日本、台灣和澳洲參與加入戰區飛彈防禦系統（TMD），明顯為對中共進行戰略包圍。同時企圖以日本、南韓、菲律賓、新加坡和馬來西亞的駐軍為前進基地，重新建設蘇比克灣為美軍航母整補基地，利用越南須要經濟發展的機會加強美越聯盟關係，對中共形成前進基地包圍。地緣關係鍊路為結合俄羅斯、日本、南韓、台灣、菲律賓、泰國、新加坡、馬來西亞、越南、印度及澳洲，對中共形成無形的島鍊進行圍堵，「九一一」後又可望與阿富汗、巴基斯坦加強友好關係。

對中國進行全方位戰略圍堵，持續使中國處於「分裂分治」狀態，就是捍衛美國霸權與利益、西方文明與優勢的「新」中國政策，亦為最高指導原則。

參、美國的對台政策

近半個世紀來的美台關係，走過放棄、同盟、斷交、撤軍的崎嶇路後，二十餘年來在「台灣關係法」的架構上，起落擺盪。至少一九七九年一月一日生效的「台灣關係法」，是維持美國對台政策的基本綱領。（註八）依本法第十五條，「台灣」的定義：

> 「台灣」一詞，涵蓋台灣本島及澎湖，該等島嶼上之人民，以及依據適用於這些島嶼的各項法律所成立之法人及其他實體與協會，以及在一九七九年之前美國所承認的在台灣的中華民國政府當局，以及該政府當局之任何繼承者（包括次一級行政區域、機構及實體組織等）。

明顯的該法涵蓋對象不包括金門、馬祖及附近島嶼，故用「台灣的中華民國」一詞。對兩岸問題和平解決，規範在該法第二條B、C項：

B、美國的政策是：

(1)維護並促進美國人民與台灣人民，以及中國大陸人民和西太平洋地區所有其他人民間的廣泛、密切與友好的商務、文化與其他關係；

(2)宣佈該地區的和平與穩定，與美國政治、安全與經濟的利益息息相關，也是國際關切之事；

(3)明白表示，美國決定與「中華人民共和國」建立「外交關係」，完全是基於台灣的未來將以和平方式解決這個期望上；

(4)任何企圖以和平方式以外的方式決定台灣未來的努力，包括抵制、禁運等方式，都將被視為對西太平洋地區和平與安全的一項威脅，也是美國嚴重關切之事；

(5)以防衛性武器供應台灣；及

(6)保持美國對抗以任何訴諸武力或其他強制形式而危害到台灣人民的安全，或社會與經濟制度的能力。

C、本法中的任何規定，在人權方面都不能與美國的利益相牴觸，特別是有關大約一千八百萬台灣居民的人權方面。本法特重伸維護與提高台灣所有人民的人權，為美國的目標。

該法所謂「和平解決」，基本上是美國單方面的期望，對中共沒有約束力。兩岸所最關心的軍售與安全問題，在第三條有規定：

A、為促進本法第二條所訂定的政策，美國將以台灣足以維持其自衛能力所需要數量的防衛武器與防衛性服務，供應台灣。

B、總統與國會應根據他們對台灣的需要所作的判斷，並按照法律程序決定供應台灣所需防衛性武器與服務的性質和數量。此種對台灣防衛需要所作的決定，應包括美國軍方所作的評估，並將此種建議向總統和國會提出報告。

C、任何對台灣人民的安全或社會或經濟制度的威脅，以及因此而引起對美國利益所造成的任何危險，總統應通知國會。任何此類危險，總統與國會應按照憲法程序，決定美國所應採取的適當行動。

兩岸關係經過「一九九五危機」、「特殊國與國關係」及「中國大使館誤炸事件」後，美國認為台灣關係法的「模糊」（Ambiguity），可能使兩岸及美國出現狀況誤判。因而，二○○○年二月一日美國眾議院以三四一票比七十票，擁有超過推翻總統否決權三分之二以上的票數，通過「台灣安全強化法案」（The taiwan Security Enhancement Act, TSEA）。（註九）本法案在美國國內爭議很大，未來可能成為與中共對抗的籌碼。

展望新世紀，兩岸已經都加入WTO，小布希政府也在檢討對台政策，以「延續過去有用的部份，並結合在實質、重點和氣氛上的重大變化」為基準，提出新的對台政策：（註

十）

第一、強調和平的基本原則，以及無條件堅持台海問題必須以和平方式解決。為防止中國領導人及其軍方誤判情勢，美國必須提醒北京，一旦台灣受到大陸的威脅，美國有能力，也有意願協助台灣自衛。另一方面，美國將根據需要及情勢繼續提供武器給台灣，美國不認為軍售台灣會使和平解決更難達成，美國相信軍售會使台灣更有安全感和自信與北京進行對話。

第二、美國將繼續遵循「一個中國」政策。美國將與台灣在非官方的基礎上，發展豐富的實質關係。

第三、台灣作為民主政體是一個重要且不容否認的事實。這表示美國將以尊重和尊嚴對待台灣及其領導人，也表示任何有關台海問題的協議，必須是台灣人民可以接受的。

第四、台海問題如何解決是兩岸雙方的事，美國的一中政策絕不致主導台北或北京應如何解決雙方歧見。

第五、美國支持台灣「參與」國際組織，例如世界衛生組織，且不認為這與美國的一個中國政策不符。

美國的對台政策，從「三報一法」到現在的新政策，最大的盲點是美國單方面的期望。面對中國的崛起，中國在亞洲、世界的影響力日趨壯大，中國的領導人與人民普遍認為美國的兩岸政策是「明統暗裂」。美——中——台的認知的落差，更大的變數恐還在後面，我國的外交政策要如何走向呢？

【註釋】

註一：Richard Smoke, National Security Affairs, Handbook of Political Science, no.8, International Politics (Massachusetts: Addison-Wesley Publishing Company, 1975), P.252。

註二：孤立主義是美國建國初期的政策，始於華盛頓所倡「埋頭建設，勿管他國」政策。門羅主義為團結美洲，反對歐洲殖民。杜魯門主義為對抗共產主義的圍堵政策（Policy of Containment)。

註三：尼克森主義是在美國國家安全利益不變下，以談判代替對抗。雷根主義內涵有減少政府功能，自由競爭與資本主義，擴張軍備與強勢外交，重建自越戰以後失落的美國精神。

註四：何懷碩，「慾望之國」，聯合國，九十年九月二十五日。

註五：鈕先鍾，「後冷戰時代美國戰略的預測」，國防雜誌，第八卷第十期（八十二年四月五日）頁九~二十。

註六：公報內容引用，吳新興，整合理論與兩岸關係之研究（台北：五南出版公司，八十四年八月），第九章。

註七：王央城，美「中」軍機擦撞加速美國對亞太戰略的改變，國防雜誌，第十七卷第五期（九十年十一月十六日），頁三九～五一。

註八：「台灣關係法」，一九七九年四月十日卡特總統簽署，但本法溯及一九七九年一月一日生效。條文引自丘宏達，現代國際法基本文件（台北：三民書局，八十年三月），頁四六五～四七三。

註九：中國時報，八十九年二月三日，及近日國內各媒體。

註十：聯合報，九十一年一月二十九日，及當日國內各媒體。

第四節 新世紀我國外交政策新契機

我國的外交政策並非一般正常國家的外交政策，我國雖與全世界一百多國家有某種程度的「外交關係」，但絕大多數是「非正式、非官方、非常態」的國際關係。也許我們有時稱這種途徑的外交關係為「務實外交」，或叫「第二條路」。另外，我國的「大陸政策與兩岸關係」，也是一種「準外交關係」，緊緊的牽動著另一方面的「正式」與「非正式」外交關係。二者（國際與兩岸關係）顧此失彼，危機於焉產生；二者兼顧得宜，新契機亦於焉展現。

顯見我國的外交關係（含準外交）異常的複雜而弔詭，基本上是一種「兩難困境」。我們需要認識我國外交政策的常情與變異，了解外交的本質與詭異，洞察新世紀的新環境，始有機緣研創新契機，把國家與人民帶向新局面，為兩岸人民找到新出路。

壹、外交：國家關係的工具、功能與目標

「外交」（Diplomacy），有時視為「外交政策」的同義語，有時用來指「談判」。若談

判參加國家只有兩個稱「雙邊外交」，兩個以上則稱「多邊外交」。此外，外交也常指談判或外交活動的過程，這是我們一般人對外交的看法。

學術界對外交一詞也有不層次的認定，沙多（E. Satow）認為「外交」乃用權謀智略之「術」，處理國家間事務。卡佛（Ch. Calvo）認為外交是國家處理對外關係之「學」，希偉耶（A. Riuier）則二者兼顧；認為外交是國家代表談判之學與術，以處理對外關係，此說較為合理實用，無學難有高明之術，但憑巧術則時有所盡。（註一）現代國家大多把外交當成國際關係的工具，U.S. National Security 一書中，認為「外交是國家在國際上維持邦誼及謀求發展的主要工具。」（註二）所以，外交是國際關係或國際權力運作的核心工具，它是國家之間關係的管理，也是代表（Represntation）和談判（Negotiation）的程序。在和平時期建立友好關係，消除國與國之歧見；戰時爭取國際助力支援。而無論平戰時，總以國家利益與國家目標為第一優先。

外交在某些個別的歷史時空中，帶著神祕詭異的色彩。我國古代兵學鼻祖孫子視外交為戰爭致勝的「次層次途徑」，他說「上兵伐謀，其次伐交」；西方在拜占庭時代（Byazntium，即東羅馬），欺騙是外交的主要特質。法國外交家 Francois de Carillieres 說過，秘密是外交的靈魂，保持秘密是外交家的基本條件。（註三）直到近代美國總統威爾遜（Woodrow Wilson）將自由民主觀念應用於外交，倡導「公開訂約，公開達成」

（Open Covenants, Openly Arrive at.）但現代外交人員為執行特定任務，仍有過程談判的「秘密會議」，談判結果必須在公開記者會公諸大眾，接受第四權（媒體、民意）的監督、關注及批判。其結果或成敗，最終仍須主事者（國家領導人、外交部長、談判過程負責人等），對國會及人民負責。

因外交有高度工具性，至少要產生保護（Protection）、代表（Representation）、觀察和報告（Observation and Reporting）、談判（Negotiation）四項功能。在整個運作過程中，利用勸服、折衷妥協、利誘、施壓、軍事威脅、收買、第三者居中調停，以及戰爭邊緣（詐取、暗殺、顛覆、拖延疲憊的談判），在近現代與當代外交戰場上亦屢見不鮮。凡此，莫不為達成外交政策之目標而設計與進行。

外交政策與運作執行目標為何？即國家利益與國家目標也。解析之有五：（一）維護國家安全；（二）增進人民福祉；（三）維護獨立自主地位；（四）爭取邦交國、國際輿論及外國軍售等特定目標；（五）維護國家在國際間的聲望、領導權，及解決國際爭端，維持世界和平安全。（註四）為甚麼要強調外交工作的基本性質、功能與目標？乃為我國近十餘年來務實外交的執行，部份偏離外交運作之常軌，欠缺目標管理與取向（國家利益與目標）的規劃，導致兩岸關係失衡、失控。外交關係的指導原則是國家之和平、安全與利益，如今不當外交反遭致衝突與戰爭，能不反思之乎？所謂「民之所欲，常在我心」，難道是推斯民於水火之中而不顧？

貳、我國的外交政策：務實外交的推行

務實外交的理念與實踐，可分（一）務實外交基本理念；（二）積極參與國際活動；（三）提供對外援助合作，包括建立援外模式，成立「國際援助其金」；（四）整合國力推展務實外交。（註五）可分述如後。

一、務實外交的緣起、理論、定義與目標

早在一九八〇年，魏鏞先生提出「多體制國家」概念，他針對二次大戰後的分裂國家做實證研究，認為「多體制國家」較能澄清一個事實，亦即「分裂國家」並非一個國家分裂成兩個或多個國家。根本的事實來自內戰或國際安排，一國之內出現兩種以上的政、經與社會制度而已。如兩韓、兩德情形，在國際社會的雙重承認，同為聯合國的會員國，因此海峽兩岸應參考兩德和兩韓模式，有效處理中國在統一前，雙方在國際社會的共處問題。一九八〇年代朝野開始擴大思考外交空間，一九九〇年代是具體的實踐力行。

務實外交是否具有理論基礎？而非單就便宜行事。依據我國憲法第一四一條，中華民國之外交，應本獨立自主之精神，平等互惠之原則，敦睦邦交，尊重條約及聯合國憲章，以保

護僑民權益，促進國際合作，提倡國際正義，確保世界和平。務實外交只是本此原則的擴大思考，行為的主體是一個具有國際法人地位的國家或政治實體，其理論可化約成四個指導綱領：（一）務實外交是政治實體的國際行為；（二）務實外交相當於國家主權的行使；（三）源自憲法為客觀存在的「法律與政治實體」；（四）國際生存權源自國際法上的人權或正當防衛權（Legitimate Defense）。（註六）按務實外交的理念、理論及執行方式，為務實外交下一個定義：

在迫切地需要和國際社會整合，以及一種不放棄中國在未來統一的強烈意願，中華民國政府對其外交政策採取了一種彈性的作法，稱之爲務實外交。（註七）

推行務實外交也有不同時期的目標，以「治權論」暫代「主權論」，讓世人了解客觀事實存在，以韓、德模式的對等政治實體進行談判。近程可以解決生存與發展問題，遠程可以達成國家的和平統一。

二、積極參與國際活動

在國際上官方組織尚不能突破前，務實外交採取「第二條路」（Track-TWO），即非官方或經濟性組織與活動，例如「太平洋經濟合作理事會」（PECC）、「亞太經濟合作會議」（APEC）及「亞太安全合作理事會」（CSCAP）的參與，其他尚有參與將近八百個政府或民間的國際組織。歷年來的「總統渡假訪問」也是務實外交重要的一部份。

三、提供對外援助合作

當我國從四十多年前的國民所得一百餘美元，進步到現在約一萬二千美元水準，我們便該思考如何從受惠國轉而回饋國際社會。民國七十七年政府成立「國際經濟合作發展基金」，每年編列固定預算，對受援國提供直接技術合作及貸款。自一九八八年至一九九五年，我國對友邦的政策性貸款是十億兩千萬美元，一九九六年的援外經費為二億七千萬美元。

務實外交雖面臨中共封殺，政府仍整合國力積極進行，特別是對美外交的維持，幾可決定軍售來源。再者，亦努力於重返聯合國。自一九九三年起有巴拿馬等十三國、一九九四年有尼加拉瓜等十五國、一九九五年有甘比亞等二十國、一九九六年有所羅門等十六國、一九九七年查德等十四國（一九九八年同）、一九九九年有聖文森等十三國，提案及連署支持中華民國重返聯合國案。

參、務實外交的常與變：爭議、困境與檢討

務實外交推動十餘年來，初期政府似乎投入重大資源與決心，與中共在國際戰場上進行「連續決戰」，到李登輝末期已顯「後續無力」。蓋因戰略錯誤（戰略目標與戰略途徑都錯），除中共抵制外，美、英、法等各大國都反對。近年來「進入聯合國」的聲音，不論朝野都已無聲無息了；而增加邦交國並無多大進展。其諸多問題尚要國人反省，兩岸共同面對務實解決。

一、「凱子外交」需要重新正名

務實外交在國內最引起爭議的是「凱子外交」，或叫「金錢外交」。各黨派經常為「國際援助」在立法院吵翻天，顯見國內對此並無共識，很難一致對外。民國七十八年十月對賴比瑞亞的復交，傳出給該國一億四千萬到二億美元，供作賴國修繕公路之用；同月與貝里斯建交的代價是一千萬美元。最離奇的是「尼日事件」，傳我與中共都在對尼日展開外交競標，我國「得標」的底標是五千萬美元。（註八）一九九九年時，李登輝給科索夫和馬其頓各三億美元更是「勁爆」，而最大手筆是一九九五年間聯合國發生財政困難，我國立即表達願捐十億美金換取進入聯合國。美國國務院發言人柏恩斯回應，「捐錢很好」，聯合國會籍只針

對國家，台灣不可能進入聯合國。類似事件使得務實外交「污名化」，如何正名清源呢？

二、爭生存發展還是搞台獨？

務實外交最大阻力其實不在各大國與聯合國，而在中華人民共和國。幾乎所有務實外交活動（進聯合國、爭邦交國、雙重承認、德國或韓國模式、承認為政治實體、主權國家等），在中共的解讀，都是「台獨」、「一中一台」或「兩個中國」。其實不盡然，除了一些基本教義獨派（建國黨、民進黨部份、李登輝及其台灣團結聯盟），多數都認為建立「台灣共和國」是不可行的。是故，民進黨才以「台灣前途決議文」消除台獨黨綱，承認中華民國。既然承認中華民國，依中華民國憲法就是「一中」架構，何來「台獨」或「一中一台」？可見務實外交是搞台獨，根本是兩岸的認知落差。

三、務實外交的誤解誤用與變質

何謂「務實」？是否應為在劣勢國際環境中，爭取台灣最大的利益？方法就是非官方關係所有可行途徑。按此原則指導，進入聯合國不應成為優先目標，因為聯大的代表權是國際權力政治作用的結果。除非兩岸實力（資源、版圖、人口等國家總戰力）有重大改變，否則我重返聯合國為不可能的任務。反之，二十餘年來非聯合國會員身份，經濟及政治發展同樣突飛猛進，並無損於國家的實質利益。

為進聯合國，為李登輝訪美，而動員總體國力去和中共決戰，卻非務實外交之本義。我們誤解誤用成了「務名外交」，變質成了「凱子外交」。

四、務實外交導致大陸政策與國際關係失衡

我國的外交政策最高指導，是必須在大陸政策與國際關係間維持平衡（或均勢，代表和平、安全）；若失衡（或失控，代表衝突、戰爭）。為維持兩岸平衡與均勢，以利談判解決各種問題，務實外交的基本原則是（一）不與中共正面交鋒，即不硬碰硬正面對決；（二）不與中共全面交鋒，縮短戰線，節約我方資源；（三）在大陸政策與國際關係間取得平衡；（四）在國際上不挑戰中華人民共和國的國際地位，如主權與聯大代表權等；（五）兩岸形勢對比中我為「小」，「以小事大」應有「智」，智者不應以力取勝，而在維持良好關係中達成目標。

肆、新世紀我國外交戰略新契機

我國除了對現行的務實外交要痛加檢討外，面對一個全新的世紀，必然是一個新契機與新的轉機。如何透過外交運作的藝術，趨利避害，開展台灣新局面，以爭取國家最大利益。

首先是宏觀國際局勢發展順勢而為，微觀新的變遷握機利用。在國際形勢仍屬後冷戰架構下，美國是國際間唯一超強，中共（中國）則是正在崛起的強國，台灣在兩強夾纏中「形勢比人強」。故不應抗拒國際潮流，當然國際政治有所謂「安全兩難」（Security Dilemma），即自身得利也刺激對手反擊，反而造成更大危害。此種困境形成的根本原因是互信基礎遭受破壞，在掌握宏觀的國際潮流中，我們的外交籌碼極為有限，但至少建立互信或不破壞互信（美國、兩岸），可以從我們自身做起。像一九九五年前後那種「橫衝直撞」、「硬拼蠻幹」的外交方式，在新世紀中不應再出現。取而代之者，在「不對稱戰略」觀點上，台灣可以善用自己的柔性國力（Soft Power，如文化），迴避中共的硬性國力（Hard Power，軍事、經濟），我國的外交空間依然有優勢。

在微觀國際關係變遷方面，是新世紀的資訊時代對國際政治體系的衝擊而產生變遷。由於資訊時代的來臨，國家主權同時受到衝突分裂（Conflict-Fragmentation）與合作整合（Cooperation-Integration）的影響，形成一種分合並存（Frag-megration）現象。現象成為常態而改變了本質，後冷戰已進入一個新階段，國際關係存在全球化（Globalization）整合趨勢，也有地方化（Localization）的分裂趨勢（如下圖）。（註九）國家所獨享的權威朝向分散與多元兩個方向發展，國家權威正在退縮（Eroding）或空洞化（Hollowing Out）。所謂「空洞化」，是國家在地方化和全球化兩股潮流中，逐漸調整其核心價值取向。

資訊時代國際體系的分合並存關係圖

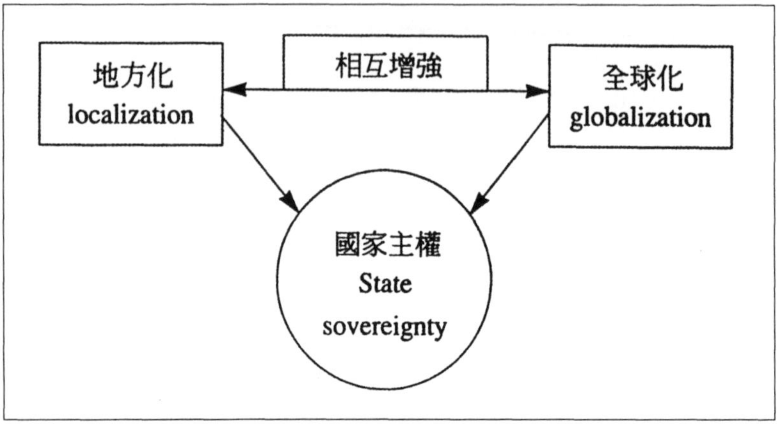

網際網路時代的全球化外交決策溝通流程圖

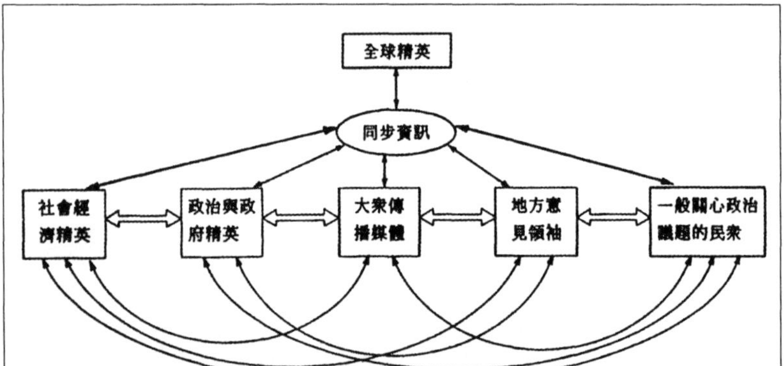

資訊時代的國際政治，勢必轉向「外交民主化」，原因來自網際網路的普遍化，外交決策與溝通不是聯合國體系與強權所能完全獨斷。如圖所示，社會經濟精英、大眾媒體或地方意見領袖等，都在全球精英群中，經由同步資訊而共有強大的影響力。

（註十）

新世紀給我國的外交決策帶來新契機，資訊及網際網路則提供新舞台。對小國而言，國際政治傳播也可以成為外交運用工具，在國際議題領域中尋求政策聯盟，一樣可以達成外交目標。不管是兩岸或國際，一個「沒有外交官的外交工作」（Diplomacy Without diplomat）新局面，正在我們眼前開展。也不論是統合、整合或統一，商機、契機與轉機，都來了。

【註釋】

註一：王人傑，「外交」，國際關係，第四冊，雲五社會科學大辭典（台北：台灣商務印書館，七十四年四月增訂三版），頁四七～四八。

註二：Daniel. Kaufman, Jeffrey S. Mckitrick, Thomas J. Leney, U.S. National Security (Massachusetts: Lexington Book, 1985), P.19.

註三：李其泰，國際政治（台北：正中書局，六十五年三月台七版），頁一三四。

註四：李登科，「國家安全與外交」，台灣大學國家安全講座，八十五年三月二十一日。

註五：錢復，「一九九〇年代中華民國外交政策的新取向」，問題與研究，第三十卷，第十期（八十年十月十日），頁一～九。

註六：芮正皋，「中華民國務實外交的回顧與展望」，問題與研究，第三十二卷，第四期（八十二年四月十日），頁三三～五〇。

註七：吳新興，「台北務實外交對於兩岸關係的意義」，中國大陸研究，第三十七卷，第十期（八十三年十月），頁二五～三八。

註八：資料整理自邵宗海，大陸政策與兩岸關係（台北：華泰書局，八十五年三月二版），第三章。

註九：邱稔壤，「資訊時代國際關係理論與實務之研究」，空專學訊，第一三〇期（九十一年一月十一日至一月二十四日），頁六〇～七一。

註十：同註九。

第五章

大陸政策與兩岸關係的目標管理：國家統一與長治久安

人生需要有目標，甚至應有「大目標」，
國家豈能沒有目標？
就組織發展而言，任何組織都要有目標，且必須進行目標管理。
大陸政策與兩岸關係的目標何在？
是憲法所訂還是國統綱領所述？或執政者空口所言？
一艘運載兩千餘萬人的巨船在世紀首航，
要航向那裡？目標何在？

第一節 國家目的與目標釋義研究

目標對個人的行為動機和績效會產生影響，目標也是一個團體（組織）的未來希望和象徵，指引人們朝正確方向前進的作用，同時並具有激發人們努力的偉大力量。（註一）是故，就國家而言，國家目標是政府施政的指標方向，更是全民奉獻心力共赴之鵠的。勿論個人、組織或國家，即稱「目標」，則必須（一）具體、明確、清晰；（二）總目標應與政策一致；（三）取得多數共識，有利於共同參與，達成所要目標。

再者，國家為眾人所組成，其存在之目的與目標，當然也關係到每一個組成成員的生命、財產和未來事業前途發展，甚至子孫香火命脈。整體的說，就是國家、民族的生存與發展。因此，我們確要探究國家之目的與目標。

壹、國家的目的釋義

政治學上對國家的看法，始終不斷在變遷，二十世紀初的學者，如迦納（James G. Garner）代表當時的主流觀點，即「政治學始於國家終於國家」（Introduction to Political Science, 1910）。（註二）但到二十世紀中葉以後，因受行為學派影響，轉而以政治權力、政治體系的性質與運作，為國家研究之重點。惟對國家存在之目的，古今較有一致的主流意見（亦有逆流者，視國家為「絕對真理」），西塞祿（Marcus Tullius Cicero, 106-43.B.C.）認為國家之目的是公共正義和法律，並為謀人群之公共福利而存在。迦納認為國家為人民的共同目的而存在，勿論在中國或西方，國家為人民而存在最具有現代意義，也最能被多數人接受，此為國家之目的。（註三）

一、國家不能無目的

晚近以來有若干學者，以為國家是生長的（如有機體），只為生長而生長，不為某種目的而存在，所以國家並沒有甚麼目的。此說有難以自圓的解釋，蓋因國家由人組成，任何「正常」的人，會「必然性」的認識到人生的意義，追求人生的目的。國家即為人民存在，何能沒有目的？

更多學者的看法，認為人類所組成的各種組織，必有其組設之目的。普通組織（如社團）尚有目的，國家是人類所組成最堅強、最高的組織，何獨沒有目的？所以國家的存在須有目的。

二、國家本身不是目的

除十八、十九世紀一些極端國家主義者，如德國哲學家菲西特（Johann Gottieb Fichte, 1762-1814）、黑格爾（Georg Wilhelm Friedrich Hegel, 1770-1831）等人，認為國家是最高理性與最後目的，所以「國家本身就是目的」，個人為國家而存在。

所幸，此種極端的國家主義在近代政治發展上沒有成為主流。二十世紀的民主理念風起雲湧，沖垮了國家主義，也淹沒了共產主義。人民的公共意志才是國家意志，由公共意志決定國家存在的目的。所以，國家本身不是目的，國家的目的是國民公共意志的指向。套在兩岸現狀解釋，中華人民共和國（A）和中華民國（B）並非國家之目的，兩岸人民福祉和權益才是目的。若AB不能維護兩岸絕大多人的利益福祉，則AB遲早如同前代各朝（宋、元、明、清）一樣，被人民丟棄在歷史的灰燼中。

三、國家有何目的（目的之內涵）？

按近現代民主理念，我們深知國家存在有目的，而國家本身不是目的，從而吾人追究國家有何目的？即其目的之內涵為何？威特（Emer de Vattel, 1714-1767）認為國家之目的乃人民之快樂，而非人君之快樂。孟德斯鳩（Baron de Montesquieu, 1689-1755）、盧梭（Jean Jacques Roussoau, 1712-1778）以降，認為國家之目的不外自由、平等、正義等；反之，國家不為此目的者，人民對國家隨時可立可廢。

綜合各家之說，國家目的之內涵為（一）對外保障安全；（二）對內維持秩序，主持正義，維護自由，確保人民福祉及權益；（三）促進政治與經濟發展；（四）促進文化及世界和平；（五）達成多數人所期望之目的（目標）。而以上各目的經常互有關聯，更有互為條件或相互消長，端看如何取捨！安全並非單獨可以實現，而賴其他方面配合；秩序敗壞，正義隨之蕩然；同理，人民陷於生活不保，權益不存，則必挺而走險求取溫飽，秩序與正義都難以維持；若安全、權益、自由、福祉都蕩然了，則革命者有之，造反者有之。

各項目的消長過於懸殊亦非常態，沒有自由，福利成為一種飼養，秩序只是制壓在人民身上的框架，正義只是一家（權力）之言；自由過度，秩序失控，正義必然是空話；反之，不顧秩序，拋棄正義而言自由，則自由成為一種罪惡。所以，國家的各項目的，不能由個人或少數人決定，須由全體國民的公共意志決定之，才易於達成與調和。

貳、國家目標的內涵

按美華華美軍語詞典「國家目標」（National Objective）的定義，「為一國之基本目標或目的，其相對者為追求此等目的之手段，對此目標，制定一項政策，而以全國力量及資源投注之。」（註四）這是一個國際標準化定義，包含我國、美國、美洲防衛委員會（IADB），北大西洋公約（NATO）、中東公約（CENT）、東南亞公約（DENTO）等，對「國家目標」一詞，均統一使用這個定義，並硬性規定不得另加解釋。

剖析國家目標尚可分成兩部份，其一是「基本國家目標」，此為國家永久性努力之目標，有鞏固國家安全、維持國內秩序、保障國民權利及增進國民福祉等四者。其二是「特定國家目標」，為國家階段性努力之目標，當國家為達成永久性基本目標而須區分階段完成時，或為達成基本目標遭遇阻礙時，常依當時主客觀因素之需要，而設置特定國家目標。是故，基本國家目標是永久性的「最終目標」；特定國家目標乃為達成最終目標而設置，數量上可能不止一個。國內學者研究我國古代秦國從僻處一隅的小國，到統一天下的過程，其國家目標分三個層次：初級目標、中級目標和最終目標三者。（註五）其前二者便是階段性國家目標，最終目標可視為永久性的國家目標。

戰國初年，秦國弱小，諸侯卑秦，秦孝公以為恥，乃重用法家商鞅以變法圖強。從社會及政治制度改革開始，制定「富國強兵」之戰略。孝公死，商鞅歿，但政策仍能持續，「六世而并諸侯，亦皆商君之謀」。這段國力建設階段稱為「初級目標」。

國力建設即有成就，自然參與國際社會的競爭遊戲，追求權力優勢，厚植國際盟主的基礎。本階段運用兩大戰略，其一為張儀之連橫，用以打破國際孤立態勢，分割六國戰力，迫使六國紛紛割地賂秦，創造各個擊滅的有利態勢；其二是范睢的遠交近攻，為依據連橫政略，針對分割六國後的單一目標，一個個蠶食擊滅。這段過程稱「中級目標」。

戰國時代不論歷史趨勢或整個環境需求，都以統一為首要。故秦的最終目標便是完成整個天下的統一，從商鞅變法，張儀、范睢承其志，及至秦王政，李斯用離間兼併戰略，傾全國之力，終於完成最終目標。

國內學者研究國家目標，亦有認為一個現代國家必須達成五方面目標：安全、秩序、公正、自由和福利。（註六）當然，這些也是國家目的，其達成有助於國家目標的完成。

綜上所述，國家目標（永久或階段），其設置必須明確，其執行必須持恆貫澈，其影響因素則包含所有主客觀環境判斷，其完成須傾國之力，甚至借助國際之力，才能達成最終的國家目標。

參、國家目標在國家體系中之定位

國家是目前世界上最完整、標準的政治體系（Political System），所有公共意志（人民的期望：安全、正義、自由、公正、福利。國際尊嚴與優勢等），都必須由人民投入國家機器，再由國家機器「製造、產出」提供給人民「享用」；若人民仍不滿意或要新主張，就重新再投入國家機器再循環運作，以提供人民更好品質的產品；反之，若國家機器始終提不出好產品，人民不滿意程度日愈高漲，機器將可能面臨崩解命運（政府或國家被推翻）。這是現代國家體系（如下圖）的運作常態，國家目的與目標的內容都是人民最想要「享用」的產品，當然也必須投入在國家體系中加以運作；目標才能達成（即人民才有機會享用）。那麼，國家目標在國家體系中之定位何在？

如前所述「國家本身不是目的」，人民的公共意志所期望才是目的（目標），而這些目的與目標內涵實不離國家利益之範疇。蓋因國家利益（National Interest）者，亦不外安全、經濟與發展三者。（註七）解析之，其主要利益包括領土完整、政治獨立、歷史文化及其基本原則的信守。凡是主要利益，基本上都是保守性質，

國家體系運作圖

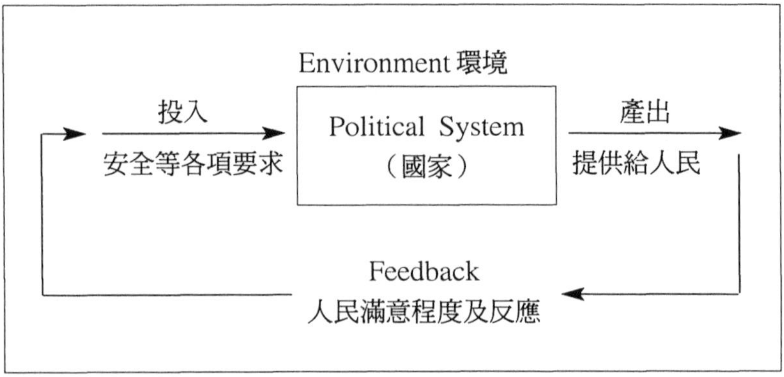

資料來源：依系統理論作者自繪

總是包括國家業已具有的利益，尚可包含尚未達成的目標。惟國家總須先維護現狀，最低限度不能喪失已具有的主要利益。

除主要利益外，便是次要利益，是可以在不得已情況下犧牲或放棄，而不致危害國家安全與繁榮，同時可以換取某種利益者。因而次要利益成為各國外交談判的重要籌碼，次要利益也常蒙上主要利益的外衣，端看運用之藝術與手段。是故，綜前各述，國家目標乃依據國家利益而來，國家政策的計畫與執行即針對國家目標，在投入→決策→產出→反饋的循環運作中（如下圖）。反向觀之，國家政策即國家目標及達成目標所要的行動思想和構想。（註八）

戰略學家研究國家政策有兩個總目標：國家安全和國家發展。國家安全的基本目標是國家生存和其他特定

國家目標在國家體系中的定位與運作圖

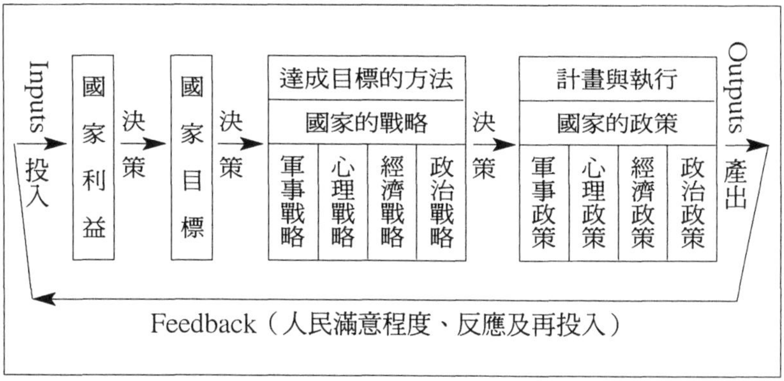

資料來源：依系統理論作者自繪

的安全目標；國家發展的基本目標是不斷提昇全體人民的生活水準和生活品質。因而，國家政策有的分國家發展政策（National Development Policy）和國家安全政策（National Security Policy）；也有分對外政策（Foreign Policy）和對內政策（Domestic Policy）。不論平時或戰時，執行國家政策都是為達成國家目標，而達成國家目標即維護國家利益。

惟「國家本身不是目的」，推論「國家本身也不是目標」。所謂達成的「國家目標」，實即人民經由公共意志所期望之目標。古今中外「國家目標」與「人民目標」常有落差，當國家成為「目標」（只捍衛國家、不顧人民），則國家可能成為一個高高在上的「殺人機器」，統治者口中的「國家目標」，其實是少數領導階層想要的目標。反之，人民的目標太高、太多或太複雜，將使「國家機器」運作困難，只顧人民個人目標的達成，不顧整體的國家目標，終使「國家目標」和「人民目標」都不能達成。

如何維持「國家目標」和「人民目標」的平衡，是古今中外所有國家、政治家及人民思考的問題。在中國主流的政治思想中，統治者只顧「國家目標」，不顧「人民目標」，則人民具有「誅一夫而非弒君」（孟子）的合法性基礎，這也是我們賦予「革命無罪」的合法性依據。

【註釋】

註一：目標管理（Management by Objective）是組織發展（Organization Development）中的一門專業學問，本文不過借用其涵義。英文中常把 Goals 中譯成「總目標」或「大目標」，Objectives譯成「分目標」或「小目標」，但中文都是「目標」。

註二：羅志淵，雲五社會科學大辭典第三冊，政治學（台北：台灣商務印書館，七十八年一月，八版），頁二七三。

註三：國家的目的，可見曹伯森，政治學（台北：三民書局，七十一年四月，第九版），第二章，第四節。

註四：國防部，美華華美軍語詞曲，陸軍之部（台北，六十七年六月），頁一〇二〇。

註五：丘立崗，論秦的統一戰略——一個結構化分析的個案研究（淡江大學國際事務與戰略研究所，碩士論文，七十五年六月），第四章，第一節。

註六：華力進，政治學（台北：經世書局，七十六年十月，增訂一版），第八章。

註七：張彝鼎，雲五社會科學大辭典，第四冊，國際關係（台北：台灣商務印書館，七十四年四月增訂三版），頁二一四～二一五。

註八：孔令晟，大戰略通論（台北：好聯出版社，八十四年十月三十一日），頁九二～九五。

第二節 達成國家目標的方法

——國家戰略研究

國家有了目標或目的，便須有可以達成的方法，此即「國家戰略」（National Strategy），亦別稱「國策」，其國際通用標準定義，是「平時及戰時，為獲致國家目標而發展與運用一個國家之政治、經濟及心理等方面之力量，並使與其武裝部隊結合一致之一種藝術與科學之謂。」（註一）有的學者認為「國家戰略」是平時就假定在戰爭狀態下，預先策定可以執行的「備用計畫」之一種。（註二）顯見不論平時或戰時，欲達成國家目標，非有國家戰略不可，它不僅是一種方法，而且是一種「戰略」方法，深值吾人著墨探究。

壹、國家戰略的內涵

戰略一般區分四個層次：大戰略——國家戰略——軍事戰略——野戰戰略。（註三）國家戰略僅是中間一層，就階層而言，對上支持大戰略，對下指導軍事戰略和野戰戰略。但在實際運用上有兩種情況，第一種是大戰略（即同盟戰略）指導國家戰略，此時同盟目標高於國家目標，所以國家戰略須牽就大戰略；第二種是國家戰略指導大戰略，此時國家目標高於同盟目標，所以大戰略須牽就國家戰略。

第二次世界大戰後美國軍方首先使用「國家戰略」一詞，美國戰略學院對國家戰略有如下的解釋：「凡國家在和平與戰爭時期，為實現國家目標之工作中，發展及運用國家之政治、經濟、社會心理諸力量，及其陸、海、空三軍之藝術與科學。又此等事項發展與運用之基本策略及綱要亦屬之。」（註四）美國學術界則希望擴充國家戰略的內涵，以期更能長期維護國家安全。John M. Collins認為國家戰略，應把一個國家的一切力量融合為一體，在平時和戰時，以達成國家利益和目標。在其範圍內有一個全面的政治戰略，用以同時應付國際和國內問題；一個包括國外和國內的經濟戰略；一個軍事戰略及其他戰略，每一部份都立即和直接影響國家安全。（註五）我國國家戰略之內涵與美國概同，為建立國力，藉以創造與運用有利狀況之藝術，俾得在爭取國家目標時，能獲得最大之成功公算與有利之效果。國家戰略析分之又成四部份：

一、建立並運用政治力，爭取政治目標者，稱為「政治戰略」（Political Strategy）。

二、建立並運用經濟力，爭取經濟目標者，稱為「經濟戰略」（Economic Strategy）。

三、建立並運用心理力，爭取心理目標者，稱「心理戰略」（Psychological Strategy）。

四、建立並運用軍事力量，爭取軍事目標者，稱「軍事戰略」（Military Strategy）。

貳、國家戰略的策訂

策訂國家戰略通常要包含目標、達成目標的方法、環境評估、戰略構想及戰力運用等。負責策訂國家戰略的單位，通常是各國國家安全機構，以下舉美國在杜魯門與艾森豪時期，由國家安全會議所策訂，經當時總統批准的國家戰略綱要為例說明之。（註六）

一、NSC（國家安全會議）：68號案

第二次世界大戰後，歐洲均勢產生鉅變。德、意固已因戰敗而瓦解，即戰勝之英、法亦已陷於破產狀態，捉襟見肘，自顧不暇。當時蘇聯見有機可乘，欲圖先染指希臘，俾能由巴爾幹半島經希臘而直出地中海；進而威脅土耳其，控制達旦尼爾和勃斯普路斯兩海峽，一雪一八五四～一八五五年克里米亞戰爭使俄帝龜縮達百年之恥辱，整個歐洲危在旦夕。能夠挽救歐洲免於淪入鐵幕者，只有美國，「杜魯門主義」（Truman Doctrine）於焉形成，此即美國所採「圍堵政策」（Policy of Containment）之序幕。NSC-68號是由國家安全會議策訂之國家戰略綱要，為執行圍堵政策的戰略計畫與構想。概分數項述之。

(1)對蘇聯追求目標之判斷：加強及維持蘇聯在共產集團內部的地位，統一控制各附庸國，成為週邊的防衛力量。企圖赤化、稱霸世界，瓦解自由民主體制，基本價值觀和制度與

美國是對立的。

(2)對蘇聯弱點、強點之判斷：領導階層與群眾之間的裂痕，與附庸國關係不和諧，農業困境是最大弱點。但有強大武力及大量地面兵力，預判到一九五四年可以對美國本土實施攻擊。

(3)美國本身處境之評估：美國與同盟國已面臨多重危機——全面戰爭、局部侵略，蘇聯並企圖對西方各國進行內部滲透與製造分裂，使美國喪失抵抗意志。美國國家安全受到的威脅相當可懼，「無為」已不能容忍，更不能退守西半球採取孤立主義。

(4)美國應採取之國家戰略：建立強大兵力以能應付有限戰爭，及全面戰爭之需要，加強本土防衛以反制蘇聯之核武攻擊。美國與同盟國家必須大規模提昇國力，對蘇聯保持力量均勢，用全面戰爭以外的方法，使蘇維埃制度的性質發生變化。

本案名為「國家戰略」，實際上應為「大戰略」，因其國力強大，故能以國家戰略指導大戰略。而以本戰略圍堵鐵幕四十餘外，終於瓦解共產集團，證明其國家戰略作為成功。

二、NSC–162號案

圍堵政策進入一九五〇年代，增加「大量報復」（Massive Retaliation），以美國初期核子獨佔和後來的核子絕對優勢，用以嚇阻共產勢力的擴張。這是艾森豪總統對杜魯門主義的修正。本案於一九五三年十月，由國家安全會議策訂，經總統批准。為此時期美國國家戰略，全案分政策檢討、戰略概念及軍事戰略構想。

(1)政策檢討：繼續採取圍堵政策，以傳統武力扮演引線功能，當引線一經觸發，戰略空軍立即以核子武器大量報復。因此，對核子戰略空軍寄以更大依賴，並須擴大及加強本土防衛組織。

(2)戰略概念：由圍堵政策引爆的越戰、韓戰，使民主陣營加深了危機感。到一九五三年底，胡志明領導的越盟（Revolutionary League For the Independence of Vietnam）已控制越南大部份農村面，並開始進行大規模運動戰；在海峽兩岸，中共正積極準備以武力收回台灣。艾森豪總統在此危急之秋就職後，戰略指導自然要通盤檢討，「新境界」（The New Look）是此期間的「戰略概念」，其重點：

1. 擴充防空部隊及核子戰略空軍。
2. 撤退海外部份駐軍。
3. 成立中央戰略預備隊。
4. 同盟國儘量使用本國兵力防衛，美國海空軍支持之。
5. 增強預備軍。
6. 總兵力由現有三五〇萬縮至二九〇萬。

(3)軍事戰略構想：（參謀首長聯席會議提報）

1.立案假定：國際危機與美俄力量關係無重大變化，大量報復可以嚇阻局部或全面戰爭爆發，只要軍事上有必要均將使用核子武器。

2.戰略措施：地區性防衛由各該國多負責任，並促德、日再建軍；海外撤回兵力作為中央戰略預備隊；建構本土防衛體系；建立應付全面戰爭的動員基礎。

3.兵力總額：一九五七年六月前，縮減到二八一萬餘人。

4.國防經費：一九五七年概為三三〇億到三四〇億美元，以後視需要應長期維持，以確保「大量報復」戰略能產生預期效果，達成國家目標。

本案（大量報復的國家戰略）事後證明，成功的嚇阻大規模戰爭的爆發，可惜並未嚇阻共產勢力在亞洲邊緣煽動而發生的有限戰爭和革命戰爭。大量報復戰略在運用上過於僵化，過於信賴單一的核武系統，也是此期間戰略運用的缺陷。

由前面兩個國家戰略策訂及執行範例看，其策訂著重在國際及敵情判斷，政策及戰略律定。惟國家戰略策訂貴在可行，並能貫徹執行。在國力整建上不應過於依靠單一的武器系統，蓋戰略是一種「指導全局」（毛澤東語）的科學和藝術。唯其如此，國家戰略能夠落實執行，國家目標能夠達成，國家利益和安全得以維護。

參、國家戰略的核心思維：國家安全戰略

前節論述國家目的時，強調「國家本身不是目的」，所謂「國家目的」或目標，實即人民公共意志所表達之目的或目標，其中以「安全」為首要（其餘才是：秩序、公正、自由、福利、尊嚴、文化等）。又國家目標依據國家利益訂定，國家利益不外「安全、經濟、發展」三者，安全亦居首要。凡此，皆淵於「安全」是人類最原始、基本的需求。所以，國家戰略的核心思維便是國家安全戰略。

「國家安全戰略」（National Security Strategy）是近年新創的名詞。（註七）國內學者如美國大西洋理事顧問曾復生博士、經濟建設委員會副主委薛琦先生均對「國家安全戰略」有所著墨。美國國防部公佈的二〇〇一年「國防報告書」（Annual Report to the President and the Congress），列有「總統的國家安全戰略」一節，據各家研究及實際運作，國家安全戰略內涵及要點如次：

一、安全與國家安全戰略的涵義

國家戰略的核心思維是國家安全戰略，故國家戰略的內容必須概括，包含國家目標、國家戰略構想、四大國力（政治、經濟、軍事、心理）建立及運用；再者，若國家戰略指導大

戰略，則大戰略內容亦應概括。國家安全戰略在追求國家安全及長治久安，故在戰略計畫作為上要涵蓋四個戰略層級（大略、國略、軍略、野略），同時兼顧地緣戰略關係，才能創造國家持續生存及永續發展之態勢。

為滿足這樣的期望，我們須要對「安全」的內涵有較多的認識，自後冷戰時期以來國際環境產生重大改變，促使學者對安全做更多反省和研究。因而也有不同派別的安全研究觀點，約略有傳統派、擴展派和批判派。（註八）傳統派的學者認為「安全研究」（Security Studies）、「戰爭研究」（War Studies）和「戰略研究」（Strategic Studies），三者根本是同義語，而安全研究就是戰略研究，「國家安全」只是「國家軍事安全」（National Military Security）的縮寫。此派學者以戰略為思考核心，軍事武力運用為重點，因而把安全界定在軍事力量威脅、運用及管制，主要是外在的軍事威脅。

擴展派的學者把安全概念向四面擴展，（一）面從國家層次下至個人層次；（二）面從國家層次上升至國際層次；（三）面從軍事延伸到政治、經濟、社會、環境及人類等多向；（四）面是確保安全的政治責任，垂直從國家下降到區域、地方政府，向上升到國際制度，側延到非政府組織、新聞界、抽象的自然界與市場等。

批判派認為當前的世界秩序是造成不安全的原因，而不是造成安全的原因。安全不應只限於指涉威脅，更重要的是解放（Emancipation），把加諸於「人」（Human beings）的限制全都解放，解放才能產生真正的安全。人們和團體不去剝奪他人的安全，則真正的安全才能實現。

各家論戰各有長短，在冷戰時期的兩極對抗中，人們在「恐怖平衡」的保護下得到安全。進入後冷戰，人們不再面對恐怖平衡，卻失去更多的安全保障，整個世界的每個角落，處處存在著不安全因子。恐怖主義盛行，不安全是各國及其人民永久揮不去的陰影，前面三派學者都無法解釋這個問題。事情發生（九一一事件）後，國內外的學者一致共認未來是一個不安全、高危險的時代。

二、國家安全戰略的思維程序

以安全思維為主軸的國家安全戰略，即為國家戰略的核心問題，則國家目的、目標方向均必須明確而肯定，是使國家安全戰略成為可行構想之要件。整個思維邏輯的過程是：國家利益→國家目標→戰略指導原則→政策→計畫→預算與人事→執行、管制與檢討→國家安全戰略。此一軸線（方向）產生後，戰略性的作業程序如下：（註九）

(1)觀察特定時空內發生的相關現象（先作科學性觀察）

(2)蒐集充足資訊。

(3)排除主觀性的認定與臆測並做客觀性的分析研整。

(4)確認關鍵性因素（即威脅安全因素，如武裝部隊調動、演習。）

(5)推斷戰略性能力、戰略性企圖及發展趨勢。

(6)預估可能發生的影響。

(7)研擬國家安全戰略架構（目標、方法、國力運用、執行、經費、戰略構想。）

目標管理不僅強調目標設定，更重視完成目標的過程管理和方法。在一般組織、團體中尚且如此重視，普遍的運用目標管理法則。大陸政策與兩岸關係之繁複、弔詭，過多難纏難解的節，導致半個世紀來兩岸均未達成其預訂之目標——大陸未完成統一台灣的目標，台灣亦未達成和平統一中國有任何進展。這是兩岸國家目標設訂錯誤所導致，目標一錯，其後的國家戰略、國家安全戰略、長治久安與安全思維就一路錯下來，下節針對這個問題深論之。

【註釋】

註一：國防部，美華華美軍語詞典，陸軍之部，上冊（台北：國防部，六十七年六月），頁一〇二二。

註二：Fred I. Greenstein and Nelson W. Polsby, Policies and Policymaking, Handbook of political Science, V. 6. P.168.

註三：戰略四層次之詳論可見作者另著，國家安全與戰略關係（台北：時英出版社，二〇〇〇年三月），第五章。

註四：李樹正，國家戰略研究集（台北：自印本，七十八年十月十日），頁二五～二六。

註五：John M. Collins, 大戰略，鈕先鍾譯（台北：黎明文化出版公司，六十四年六月），頁四〇～四一。

註六：同註四，戰略之部，第一篇。

註七：陳福成，國家安全與戰略關係（台北：時英出版社，二〇〇〇年三月），第六章，第三節「外交關係與國家安全戰略經營」。

註八：莫大華，「安全研究論戰之評析」，問題與研究，第三十七卷第八期（八十七年八月），頁一九～三三。

註九：曾復生，「九十年代中華民國國家安全戰略分析」，台北市，台灣大學講座，民國八十三年十月十三日。

第三節 兩岸國家目標與國家戰略的檢討與歸正

任何人、組織、團體、團隊，乃至國家，都必須有存在與發展的目的或目標，而且要儘可能的明確一致；個人的目標和團體共同目標應有適當的均衡點，只顧一方而妄顧他方，除了特別情況下的例外，否則都易於走極端。這些是組織發展（Organization Development, OD）和目標管理（Management by Objective）的重要原則，也是人類的基本需求（Basic Needs）及滿足。（註一）但是，近百餘年來的兩岸中國人，如同失去了民族主義一樣，連同國家目標也常在飄移不定，包含建國目標（民主與共產相持不下），與現代化目標（中體西用或完全西化），都一直在「百家齊放」中未形成舉國一致的目標。接下來的國家戰略及其他的國家重大政策，就更不易形成。

所以，現在吾人檢討兩岸國家目標與國家戰略，其實是檢討百餘年來的老問題。惟往者已逝，本文乃從現在往未來看，對兩岸的國家目標與國家戰略提出檢討與歸正，讓兩岸人民更能看清我們的目標與方向！

壹、當前中華民國國家目標與國家戰略

中華民國的國家目標理應就是憲法第一條所訂，「中華民國基於三民主義，為民有民治民享之民主共和國。」這是全中國人民的「階段並永久性的目標」，沒有所謂「當前非當前」的問題。可惜憲法頒行不久，就因大陸淪陷而僅實行在台灣一隅之地。現在的民進黨政府對這部憲法，是「能凍結的凍結、能扭曲的扭曲、能利用的利用」，國家目標也蕩然不存了。

在國統綱領中也有國家目標，「建立民主、自由、均富的中國」，但因兩岸沒有共識，民進黨又將國統綱領「凍結」（否認，推翻均可），此處的國家目標也消失，不知「世紀首航」要航向那裡？台獨基本教義派說航向「台灣共和國」，問題是它成為可行目標的機會「接近零」，而且太危險了，人們都不願意去「陪葬」。

「禮失求諸野」，領導階層的國家目標消失，我們只好回到民間，在民間學術界或一般學者身上探尋國家目標。（就像　國父說的，民族主義在官方及上層社會消失了，要到下階層社會，如洪門這些地方找回的道理相通。）以下列舉三個案做比較參考。

甲案、以大戰略為基礎構想中華民國國家目標與國家戰略（註二）

本案以大戰略構想為基礎，評估大戰略環境的威脅和限制，再進而提出國家目標與國家

戰略，深具全球性的宏觀視野。

一、國家目標：以海峽兩岸交流、軍事嚇阻和反顛覆等作為，突出經濟發展，亦即以經濟發展為大戰略重心，建立和運用所要的國家權力，並適應和支持美國主導的世界新秩序發展，達成國家生存和發展的基本目標。

二、威脅與限制：中華民國面臨的威脅和限制，主要來自中共、日本和美國。中共由於「左右為難」，且「中共」與「中國」尚無明確區分，故在政治和軍事上，對我國有生存與發展威脅。日本在經濟上控制台灣，在政治上配合美國把台灣「拉離」中國，企圖從中取利。美國想持續其世界霸權地位，故需在政、軍、經、心及科技等各方面控制台灣，構成亞洲外緣的「鏈島封鎖線」，以封鎖及圍堵中國的崛起。

三、戰略構想：以民主而有效率的政府和卓越的國家領導，創造和維護「法律與秩序」和「政治團結」；再在法治和政治團結的基礎上，繼續發展經濟、科技、社會和文化，也就是現代化的一系列作為，以奠立充實國家權力的基礎，在美國所主導的世界新秩序架構下，達成國家的基本目標。

乙案、從國家安全戰略架構擘劃國家目標與國家戰略（註三）

國家戰略的核心問題就是安全，故其核心戰略是國家安全戰略。我國在面對當前內外環境的威脅與限制，應有的目標與戰略如後：

一、國家安全戰略目標：中華民國持續生存與發展；避免台海兩岸及台灣島內發生武裝衝突；促進以和平、民主、自由方式統一中國。

二、國家安全戰略：以中華民國對中共守的戰略，依據國家統一綱領的原則與進程，堅持一個中國，兩個對等政治實體，共創中華民族命運共同體的架構，化解中共的「和戰」兩手策略。遵循「能戰才能和」的戰略原則，精實壯大國防力量；對中共攻的戰略，鼓吹「雙贏」策略，推展建設性的交流接觸，宣揚中華民族命運共同體的發展方向；對美國的戰略，吸引多國企業，建設台灣為亞太區域營運中心。倡導參與亞太區域集體安全體系，結合世界主流，形成和平演變中國大陸的基地；對島內台獨的戰略，鞏固中華民國命運共同體，爭取選舉勝利，頒佈國家建設發展綱領。

丙案、在國家戰略架構下規劃四大國力建設（註四）

依據國家利益↓國家目標↓國家戰略的運作程序，進而策訂國家戰略構想，再據以策訂國家安全諸政策。其中以政經軍心四大國力建設為核心，蓋其四者最影響安全。

一、國家目標：以憲法第一條「中華民國基於三民主義，為民有、民治、民享之民主共和國」為永久目標；以國統綱領「建設自由、民主、均富、統一的新中國」為階段性目標。

二、國家戰略構想：鞏固中華關係，維持台海和平，厚植統合國力，創造大陸自由民主的契機，以和平民主的方式，達成統一目標。

三、政策：在政治方面，第一、貫徹國統綱領，回復一個中國（中華民國）立場，強調兩岸分治對等地位。第二、展開兩岸全面交往，對話溝通，增進了解，化解敵意，進而簽訂和平協議。第三、精進憲政法治，釐定地方自治權責，促進中央與地方合作，提昇施政效率。第四、拓展實質外交，鞏固現有邦交，重點強固與美國之關係。在經濟方面，第一、開放三通，拓展經貿，振興經濟，為進入WTO保有主動機先預作準備。第二、繼續完成核四建廠，同時開發民營電廠，政府保有彈性，依需要逐步淘汰核一、二、三廠。第三、強化金融體系，健全市場機制，減緩公營事業民營化，嚴防財團壟斷。第四、知識經濟與民生農工業發展並重。在心理方面，第一、恢宏中華文化，導正價值觀念，改善社會風氣。第二、加強國防教育，提振國民精神，促進族群團結。在國防、軍事方面，第一、繼續精進國軍現代化，增強防衛作戰能力。第二、建立現代化民防體系，落實全民國防。

貳、當前中華人民共和國國家目標與國家戰略

根據中華人民共和國憲法第一條，「中華人民共和國是工人階級領導的、以工農聯盟為基礎的人民民主專政的社會主義國家。社會主義制度是中華人民共和國的根本制度。禁止任

何組織或者個人破壞社會主義制度。」（註五）此為中華人民共和國永久目標，應無疑義。另在憲法序言中也規定「台灣是中華人民共和國的神聖領土的一部份，完成統一祖國的大業是包括台灣同胞在內的全中國人民的神聖職責。」這是中華人民共和國的永久目標也無疑義。

至於階段性國家目標為何?明顯的仍以安全為核心思考。學者曾復生依據美國國防部重要智庫藍德公司（RAND Corporation）的研究，提出中華人民共和國的國家安全戰略：（註六）

一、中華人民共和國國家安全戰略目標

大陸現階段國家安全戰略目標有三：（一）有效地控制疆界，並排除任何危及政權生存的威脅勢力；（二）在面對各種可能的社會動盪情況時，儘力保持國內的社會秩序穩定與經濟發展；（三）致力建設本身在區域地緣政治的影響力與地位。

二、影響目標達成的威脅因素分析

這些因素包括有：（一）維護長達一萬英浬的邊界，使其不受外來力量的侵略與威脅。現階段印度、俄羅斯、日本、美國等，都擁有軍事上的實力，可能對中國的邊界造成威脅，

（二）由於北京的領導結構仍屬人治體系，因此對外的國家安全策略，經常只是國內高層領導人之間的鬥爭工具，導致國家安全受國內政爭的影響甚鉅；（三）北京自視其為國際社會中的大國。目前其正致力於加強本身在經濟、科技和軍事的實力，以期達到與其他強權平起平坐的地位。

三、中華人民共和國的國家安全戰略

為因應影響安全的威脅因素，達成國家安全戰略目標，其戰略構成有四部份。（一）對美國和其他發達國家的政策，致力於維持和緩的友善關係，強調一個崛起強大的中國是亞洲穩定力量；（二）致力減低大陸可能遭受的威脅，逐步增強軍事能力，做為外交與政治運用的籌碼，亦儘力避免引起鄰國對大陸軍力擴張的疑慮；（三）避免使用武力手段做為解決領土爭議的方法，倡導睦鄰政策以減少阻力，至少維持到大陸的實力足以主導全局為止；(四)參與國際社會方面，強調以個案處理方式，分別經濟發展、貿易、技術轉移、軍備控制，以及環境保護等議題，對北京有利者，則採取合作的立場；有違北京利益與立場，則堅持繼續協商的態度，以維持戰略優勢的地位。（以上純就美國利益及立場發言）

參、甲、乙、丙案及中共國家目標和國家戰略比較檢討

大陸政策與兩岸關係之所以難纏難解，從目標管理的角度亦能窺知端倪。前述甲、乙、丙各案及中共國家目標，兩岸都同時存在若干「目標迷思」，例如「永久目標」和「階段性目標」設訂模糊，甚至「階段性目標」當成「永久目標」。國家的永久目標在那裡？深值兩岸人民反思探討。

一、誰才是永久目標？

通常我們說「永久」，就必須是真的永久，而且可以永久，自恆古以來都是如此，才可以叫「永久」。例如我們說「永久和平」，是說達到這個目標後永久可以維持和平狀態，此後再也沒有戰爭。那麼，我們就說人類終於達成「永久和平」這個目標了。光維持數十年，乃至數百年的和平，都不能叫「永久和平」。當然，可以說永久和平是人類（或國家）始終追求，而尚未達成，也尚不存在的一個「永久目標」。在真實世界裡，並未存在著一個「永久和平」。

同理，中華民國是「永久目標」嗎？還有中華人民共和國是「永久目標」嗎？從事實（真正存在的）來看，都如同前代各朝，只是統治者及其人民「期望」自己的朝代，可以真

中國歷史發展的永久目標圖像

一個中國（永久目標）	
黃帝→堯→舜……→明→清→中華民國→	中華民國 中華人民共和國

正的「萬歲」，成為一個事實存在的「永久目標」。可惜，從古至今這個期望從未實現過。所以，中華民國和中華人民共和國都不是「永久目標」，而只是事實上的「階段性目標」，如同宋↓元↓明↓清，都是階段性的存在。所謂「永久」，只是主觀的期望，一種「單相思」而已，客觀世界裡從未有過「實證」，故也不存在。

真正的永久目標在那裡？看「中國歷史發展的永久目標圖像」示意，就一目了然，真正的永久目標是「一個中國」，只有她可以永久存在，成為一種永久目標。是主觀和客觀都存在「鐵證如山」。一九七一年聯合國處理兩岸席位爭議時，即使用「中國代表權」（China Representation）一詞，在大歷史中大家都知道，不論中華民國或中華人民共和國，都只是在我們眼前這個時代「代表」中國；兩岸任何一方都不能「等同是」中國，因為中國是一個永久的，恆常的存在，兩岸任何一方都是階段的，故只能當「代表」。

目標設訂錯誤結果示意圖

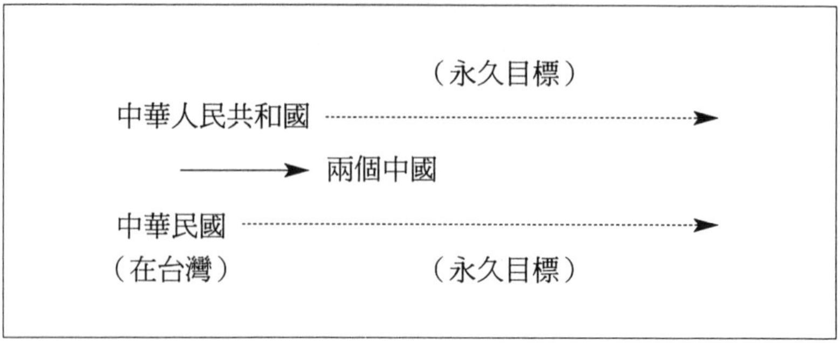

二、目標設訂錯誤的結果

在理論上依據國家利益設訂國家目標，都是正確的。美國人依美國利益設訂其國家目標，大陸地區人民依中華人民共和國利益設訂其國家目標，台灣地區人民依中華民國利益設訂其國家目標。這個基本前提是在相對本我（本國）範圍內，任何人都沒有置喙之餘地；除非在相對的一方（他國），由於利益的相對性和衝突性（見第一章第一節），才會對他國之利益與目標有所置喙。惟在統獨問題嚴重的中國，以所謂「國家利益」為依據，設訂「國家目標」仍有諸多顧慮。

如圖所示，以中華人民共和國為「永久的國家目標」，中華民國亦為「永久的國家目標」，則此二者永無交集，終於成為兩個中國；若以「中華民國在台灣」為永久目標，就是事實上的「獨台」。可見目前兩岸的「國家目標」設訂有欠妥當，其下的國家戰略當然「差之毫釐，失之千里」了。加上台灣地區有些人以為「台灣共和國」真的可以成為「國家目標」，殊不知這些以為可「獨」的人，實際上不過善論事而短於判，其「說事則喙長三尺，判事則手重五斤。」何不看看恆古以來中國歷史長河中，誰才是永久不易的「永久目標」？

三、前述甲、乙、丙三案的檢討

甲案「以大戰略為基礎構想中華民國國家目標與國家戰略」，本案對國際大環境的觀察與判斷甚為正確，而最獨到者在論對我威脅與限制，除中共外，就是美國和日本。從來學者論對我國的威脅與限制都只談中共，不談美日兩國，而事實上美國對台灣由於全球地緣戰略有高度「需要」（第一章第四節），其威脅與限制比之中共實不相上下，甚有過之，因其仍為全球之超強。本案的缺點在「國家目標」不夠明確，故「國家戰略」亦無所適從，不知所云。再者，「適應和支持美國主導的世界新秩序發展、達成國家生存和發展的基本目標」，前後存有相當程度的矛盾，要了前者，限制後者；要了後者，傷害前者。

乙案「從國家安全戰略架構擘劃國家目標與國家戰略」，以安全為核心思考，完全合乎人性及市場需要，國家目標也算明確，「以和平、民主、自由方式統一中國」做為兩岸的「永久目標」，最為可行與正確，合乎兩岸經常有的論述。在戰略上有「鞏固中華民國命運共同體」，也是正確的「階段性目標」；而「中華民族命運共同體」則是「永久目標」。

丙案「在國家戰略架構下規劃四大國力建設」，不論國家目標或戰略，都強調「一個中國」是中華民國的立場，基本原則是正確的。惟其仍有模糊之處，這「中華民國」是全中國的中華民國？或僅存在台灣的中華民國？在戰略上厚植四大國力（政治、經濟、軍事、心理），合乎國家戰略的內涵。

綜合前面兩岸國家目標與國家戰略的現狀剖析，兩岸國家目標設訂的檢討，疏理出一個根本的問題。兩岸的國家目標都只是「階段性目標」，兩岸必須同時歸正到「一個中國」這條恆古以來的歷史長河，才是真實的「永久國家目標」。但是，這何其困難！中華人民共和國和中華民國都早已是「事實存在」的合法國家，如何讓二者產生交集，整合成「一個」，下節再探究。

【註釋】

註一：人們對目標的期望與追求的動機，來自人性本身想要的需求和滿足，其重的理論家如 Abraham H. Maslow 的「需求層次論」、Douglas MaGregor 的「Y理論」、Edwin A. Locke 的「目標設定論」。可參考孫本初、吳復新、夏學理、許道然等合編著，組織發展（台北：國立空中大學，八十九年二月），第十一章。

註二：本案詳見孔令晟，大戰略通論（台北：好聯出版社，八十四年十月三十一日），頁四四七～四四九。

註三：本案參考曾復生，「九十年代中華民國國家安全戰略分析」，台灣大學講座，八十三年十月十三日及「國家安全戰略與資訊─九十年代中共國家安全戰略研究」，台灣大學講座，八十五年一月十一日。

註四：中華戰略學會，「現階段國家情勢與戰略」，八十九年冬季刊（八十九年十二月三十一日），頁一一～一二〇。

註五：中華人民共和國憲法，一九八二年十二月四日第五屆全國人民代表大會第五次會議通過，同時公告施行。本文舉列條文均摘自本憲法。

註六：曾復生，「台北─北京─華府的互動趨勢備忘錄」，盟訊，第一〇四期（八十九年十二月二十五日），頁二三～二八，備忘錄五「剖析大陸的國家安全戰略」。

第四節 現代化為途徑追求國家統一的願景

現在許多政治人物願景「浮滑」，動不動就要給人民這個願景，那個願景，而許多人竟信以為真。一個信用可靠而可以實踐的「願景」（Visin）須有些要件，（一）任務明確（包括永久目標、階段目標、目的）；（二）眾人想要達成的期望，願景可以鼓動人心；（三）有組織、團隊、人才及資源可以配合達成；（四）有方法、有步驟可以完成。本書論究大陸政策與兩岸關係，都是在此種理念架構下才具有實踐價值。

為甚麼以現代化為途徑追求國家統一的願景？其理甚明，兩岸都正向著現代化進程前行，現代化是一條「單行道」，只能前進，不能後退。僅有此路能夠「水到渠成，不須預慮」。再者，共產主義、三民主義、社會主義和資本主義在中國這塊大舞台上，各自已經實相演出數十年，乃至近百年，何者適用或不適用已很明確，它們共同的走向都是現代化。

壹、現代化的具體內涵是甚麼？

現代化（Modernization）是一個語意很廣的詞彙，在英文中與近代化為同一字，且常與發展（Development）、西化（Westernaization）、工業化（Industrialization）或歐化（Europeanization）等概念混用，因其有頗多神似之處。從社會發展過程來看，近代知識劇增，科學逐漸能左右人類生存的環境，以往的風俗習制必須隨著改變以適應新環境的需求，這個適應過程便是現代化。過程中對傳統價值需要相當維持，新知識新價值需要吸收消化，兩者之間能調和平衡，現代化才是一個「滿懷希望的革命」（The Revolution of Rising Expectation）。但是，過程調和是有爭議的，因為人類發展過程的各時期都有某種程度的過程調和問題，並不限於近現代。

十八世紀歐洲工業革命是重要的開端，西方的傳統文化、社會、政治等各個層面受到嚴厲的「自我挑戰」，發展成了以科技為主導性的社會型態。而科技通常是具有普遍性通則（General）或理論（Theory），能夠「放之四海而皆準」的，這是西方社會本身現代化的基本信念，經由自我肯定的普世價值，並實踐推廣此種價值於四海之內。所牽涉的範圍日愈廣泛，例如都市化的形成、工業科技的進步、傳統價值和制度逐漸崩潰與重建等。到二十世紀中葉，全世界每個角落都或多或少產生現代化大變動，從最早現代化國家產生的內發性現代化（Indigenous Modernization），如歐美；到外力逼迫而產生外發性現代化（Exogenous Modernization），如日本和我國。是故，現代化已具有多方領域的內涵。（註一）

一、工業化：傳統社會進入現代社會的動力是工業化。

二、都市化：工業化是因，都市化是果。

三、普遍參與：都市化以後，導致知識和媒介的成長，使社會大眾投入到一個「廣大的溝通網中」，產生普遍參與的現象。就政治文化的類型來說，是從臣屬的政治文化（Subject Political Culture），轉變到參與的政治文化（Participatory Political Culture）。

四、高度的結構分殊性（Highly Structural Differentiation）：這是由工業化、技術革命、專業化或精密分工所造成，個人與團體分殊成不同的角色，擔負其特殊的功能。

五、世俗化：人從被控御的聖化（Charisma）社會中解脫，而肯定自己可以通過科學、實證及理性的方式，來主宰自己的命運。

六、高度的「普遍的成就取向」（Universalistic-achievement Orientation）：現代工業化社會中，用人取才只問是否有專門技術功能，而不問是誰？為專業取向的社會型態。

現代化也隨著不同的地區（國家）和年代，而產生許多不同的變化。諸如生態方面，有人口膨脹、移動與素質變化等；社會文化方面，舊制度與觀念的崩解，新秩序未建或已建的變局；工商方面，科學研究或資訊改變；個人意念，如物資主義、民主、平等的流行，傳統道德及宗教顯現的無力感；民主風潮之起，人民要求在政治上普遍參與。不論民主與共產（後共產）社會，都無可脫逃的要面對現代化的洗禮。

由於工業化是造成現代化的起因，因此國內研究現代化的學者認為，現代化的主要推力是工業化。（註二）另一個「西化」一詞，頗有地域觀念，易於引起民族意識的情結。而「發展」則指社會和政治結構方面的基本變化，尤其指觀念、規範和行為方面的變化。故「現代化」較能包容前述各種變項（Variety），且有中立性和客觀性。綜合西方國家十八世紀以來，以科技為主導的發展，及新興國家從二十世紀初期向西方國家學習、模仿、適應、改革的全部現代化內涵，其明確的概念是：

一、以生活價值的實現為中心。人類的需要必須透過認知，形成價值，才有驅力，才會發生現代化的過程。

二、盡管各人需要不同，生活價值也因環境變遷而有變動，但趨向滿足則是共同的方向。那麼，從農業時代發展到工業時代，就成為需要滿足的必然趨勢。

三、知識與技術不斷進展，認知內容也在變動，新價值也在不斷出現，人類追求滿足將無休止，現代化形成一個不停的過程。

四、任何社會體系都是為了實現共趨的生活價值而存在，體系是否現代化，端視能否實現共趨的生活價值。（註三）

現代化建立在全球各地都有不同模式，亞洲的日本、韓國、新加坡和我國經由威權途徑完成，顯得格外特別。（註四）現代化也在政治領域發生重大的作用，成就了政治現代化的工程，其內涵包括民族國家的運作、行政與法律的發展、大眾動員與參與、民主政治的建立、安定而有秩序的變遷、動員與權力及社會趨向多元發展。（註五）惟政治發展或現代化，在全球各地區也有很多爭議，這部份後面再探討。

貳、我國現代化的歷程與分歧

由於「中國政治思想轉變之直接原因為外力的刺激」，（註六）可以確認中國現代化的動力是外部因素。中國現代化的歷程甚久且又複雜，若按湯恩比（Arnold J. Toynbee, 1889-1975）的理論，是循著三個層次進行。第一、器物技術層次（Techical Level），為洋務自強運動，從鴉片戰爭到甲午戰敗，歷時五十餘年（一八四〇～一八九四年）。此期間僅在學習西洋的船堅砲利，史家稱之「自強運動」，有稱「西法模仿」或「同光變化」，目的想藉船炮器械以制夷，而達到國家強盛的目標。第二、制度層次（Institutional Level），以康有為、梁啟超領導的維新運動為始終，想在政治、經濟、軍事等制度上有所改革，可惜變法限於「百日」而告終。第三、思想行為層次（Behaviorial Level），陳獨秀、胡適等人領導的新文化運動屬之。但金耀基認為中國現代化運動有五次，第一次是曾國藩、李鴻章至張之洞所領導的同光洋務運動；第二次是康梁領導的戊戌維新運動；第三次是孫中山的辛亥革命，結束傳統王朝國家型態，建立民族國家的新型態；第四次是陳獨秀、胡適所領導的新文化運動，從改變國人思想行為著手，即民主與科學的現代化改革；第五次是共產黨領導的社會及文化大革命，圖以共產組織取代中國舊有價值取向的社會組織、土地改革、集體化及公社化組織；同時打通政治「中心」與「邊陲」，使原來分散的社區（社會）歸納到一個政治系統中；亦同時把原來鬆弛的「部分」與「全體」的關係扣緊起來，以利控制與動員之需要。（註七）

從各時期中國現代化情況來看，近現代史學家都認為成效不如俄國，亦遠落後於日本，其中因素很多（如文化，未項闡述）。帝國主義侵略和軍閥政治（Worlord Politics）是重大的原因，此亦為許多開發中國家在現代化歷程中共同的問題。Samuel P. Huntington研究開發中國家一般軍人的心態，他們認為政治專搞分離，政黨是派系，政客是陰險腐化的，民意表達是刁民犯上，乃試圖不透過政黨治理國家，但現代化建設又需要政黨發揮特定的功能，軍事領袖只好又成立無黨性組織，企以替代並履行政黨功能。（註八）費正清則說「軍閥是夾在傳統與現代之間的過渡人（Men in between）」。（註九）另一位對中國政治有研究的學者Lucian W. Pye在「軍閥政治」（Warlord Politics：Conflict and Coalition in the Modernization of Republican China），認為軍閥對中國現代化有正面意義，頗合西方民主政治崇尚多元與分歧的價值，認為軍閥是一種公開而競爭的政治（Open and Competitive Politics），是促使中國走向現代化的重要環節。（註十）但我以為Lucian W.

Pye是一種失察，軍閥的分裂與民主政治的多元或分歧，何其不同！軍閥應是反現代化之頑敵。

中國的現代化運動從滿清結束與民國建立，一個初具民族國家規模，才小有一點現代化成果。可惜在大陸的三十多年間，仍受到三民主義與共產主義鬥爭、帝國主義與軍國主義侵略、共產蘇聯的陰謀出賣，現代化建設受到這些外力嚴重斫營，到民國三十八年我國的現代化道路出現明確的分歧。儘管共產主義和三民主義的目標同是現代化，但兩方都走了遠路，那些「多走的路」是否白走了?是歷史的必然還是歷史的偶然?

參、現代化匯流兩岸統一水到渠成

為甚麼不用「民主」匯流兩岸統一水到渠成?而用「現代化」?原因之一是現代化的內涵中包括「民主」素質；之二是「民主」易被誤解成「美式民主」，目前在全世界已出現太多爭議，認為「美式民主」視成「放之四海皆準」的普世價值，是一種「文化及政治上的侵略」，也是帝國主義之一種；之三是現代化較具中立、客觀屬性，有最高程度的「價值中立」，考量不同地區人民的需要。因而，各方（兩岸）最能在「現代化大河流」中找到交集，析論如次。

一、現代化：共產主義、三民主義、社會主義與資本主義的共同目標

十九世紀共產主義之興，原是為對腐敗惡化的資本主義社會展開反擊，推翻所有資本主義政權。以當時全球各地的環境背景，歐洲資本主義的墮落腐敗，亞、非地區的貧窮落後，確實給了共產主義相機的溫床。共產主義經過一百多年發展驗證，始終不能依照共產主義原有的理論去實踐，從俄共到中共，都一再修正，加入許多其他要素（如資本主義、民主理念、社會主義或三民主義）。現在中共已經走到「中國式社會主義」，未來離共產主義愈來愈遠，距現代化愈來愈近。

完全的資本主義也是不可行的，它依進化論原理「適者生存、不適者淘汰」，主張全部由「市場」機制運作，則老弱婦幼就是「不適生存要被淘汰」的對象。人類社會將成為「人吃人的社會」，是故，資本主義也始終在修正中，加入更多人性化要素。另外，台灣半世紀來標榜「實行三民主義」，是「三民主義的模範省」，其實許多三民主義重要內容都未實施，如五權機制、總統選舉和平均地權等。台灣所實施的除部份民主政治外，也有諸多資本主義的東西。

所謂「社會主義」者，曾標榜「從搖籃到墳墓」，甚至「從娘胎到墳墓」，連人民吃飯、喝水都是政府負責供應。三民主義和共產主義都有這樣的理想，所以　國父說過「民生主義

就是共產主義，就是社會主義。」（註十一）他們共同的目標是怎樣使人民過現代化的生活。在近現代二百年來，人類歷史上的四條大河（以上四個主義），終將匯流入「現代化大海」中，誰都不能「特立獨行」。

二、兩岸現代化的進程

若按現代化的三個層次（器物→制度→思想），台灣地區應在制度與思想之間「掙扎」。大陸地區從一九七八年起，人民也要求突破現有的四個現代化（農業、工業、國防與科技），實行第五個現代化「政治現代化」。人權鬥士魏京生在他創辦的「探索」地下刊物上，強烈認為非實現政治現代化，體現民主與自由，其他的「四化」亦不能達成。時間又過了二十餘年，「四化」頗有成績，唯獨政治現代化並未全面啟動，鄧小平在一九八〇年中央政治局會議上提出「政治體制改革」，也僅限於解決官僚主義、權力過份集中、家長制、幹部終身制及特權等問題。

所幸，隨著改革開放的需要，大陸地區的政治現代化似在緩慢進行中。整個國際大環境也迫使共產主義加速質變，才能適應生存與發展的需要。有幾個值得注意的徵候，中共黨中央委員在試行選舉產生，全國基層鄉鎮村正在推行民主選舉，全代會也在研擬縣長民選法案，國家領導人定期制。「漸變」出來的政治現代化才能建立可長可久的制度，「突變」式的現代化常是揠苗助長，後遺症太大（戰爭與動亂），趨往視之，苗則槁矣。歐美先進國家的現代化經歷近三百年的孕育及成長，故能長治久安，亞非及中南美洲的開發中國家急於現代化，把西方三百年時間壓縮到三、四十年間完成，都適得其反，未蒙其利，先受其害。

因此，兩岸現代化雖已出現匯流一處的契機，我們仍希望是在緩慢、漸變中，水到渠自然成，統一才能「順天意合民情」。

我們從「目標管理」觀點，看大陸政策與兩岸關係，現代化是兩岸未來共同的意願。更重要者，決定二十一世紀兩岸中國人之未來，是中國文化與現代化如何適應！地方化與全球化如何接軌的問題。TIME週刊曾經直言，十五世紀中葉以後，中國開始由盛而衰，日漸落後，是受到儒家思想的影響。怯於變革是儒教根深蒂固的遺傳，如哈佛大學漢學家馬克奎先生所言，黃河戰勝了碧海（Yellow river over blue water）。（註十二）兩岸中國人需要突破各種框框架架，兩岸問題才能解決，所謂「二十一世紀是中國人的世紀」才有機會實現，否則也只是一句空話。

【註釋】

註一：金耀基，從傳統到現代（台北：時報文化出版公司，七十二年元月二十日，九版），頁一五〇～一五六。

註二：謝高橋，社會學（台北：巨流圖書公司，七十三年六月），頁五四一。

註三：楊國樞、金神保，現代化與民族主義（台北：中國論壇社，六十九年十月），頁八三。

註四：Lucian W. Pye, Asian Power and Politics(USA: Harvard College, 1985), p.26.

註五：Lucian W. Pye, Aspects of Political Development（台北：虹橋書店，七十二年六月十六日），頁三三～四四。

註六：蕭公權，中國政治思想史，上冊（台北：中國文化大學出版部，七十四年七月，新三版），頁六。

註七：段昌國、林滿紅、吳振漢、蔡相煇合編，現代化與近代中國的變遷（台北：國立空中大學，九十年八月），第一章。

註八：Samuel P. Huntington，江炳倫、張世賢、陳鴻瑜合譯，轉變中社會的政治秩序（Political Order in Changing Countries），（台北：黎明文化出版社，七十四年十二月，三版），頁二四六～二四八。

註九：張玉法，中國現代史論集，第五輯（台北：聯經出版公司，七十二年二月），頁一〇八。

註十：轉引註四，頁九四～九五。

註十一：見孫中山，民生主義，第二講。有關本節論述之三民主義、共產主義、資本主義及社會主義之基本理論，請參閱相關書籍。

註十二：劉達材，「鄭和的歷史定位與教訓」、鄭和下西洋與國家戰略學術研討會論文集（台北：中華戰略學會，九十年十一月十日），頁八一～八八。

總結

面對一個嶄新世紀，
大陸政策與兩岸關係的「基本面」，
有那些變與不變？發展與變數何在？
在國際大環境架構下，
如何執行我們的大陸政策，才能長治久安，
「圖利子孫」，
是我們生生世世美麗而有實踐價值的願景。

兩岸整合、統合與統一的契機已經示現

大陸政策與兩岸關係研究至此，吾人已從基本面、變遷與發展，探討過各個層面的問題。儘管內部、兩岸與國際環境依然詭譎，還是從全書的研究過程中「發現」，兩岸整合、統合與統一的契機已經示現，且「過時不候，後果自負」。這是思考大陸政策及解決兩岸關係的好時機，針對這個示現的契機，再贅數言，為本書總結論。

壹、國際環境結構不變，大勢有利兩岸趨合

「國際環境結構不變」所指有二，其一是「國際無政府狀態」和「叢林法則機制」，依然是國際社會的基本性質，不論大國或小國，為在「叢林」中求生存發展，均難免受到這種基本性質的規範。其二是強權爭霸的基本結構不變，冷戰時代美蘇爭霸，雙方維持「恐怖平衡」；到後冷戰時代的現「新階段」，轉換成美中（中國）爭霸，並在「戰略夥伴關係」與「戰略競爭關係」間擺動，企圖維持目前的全球均衡，使美國及西方利益可以持續下去。

所謂「大勢」所指有四，其一是全球各地區的局部衝突與危機，在後冷戰的「新階段」（二十一世紀初期）急遽增加。這些可能的肇事者或地區包括中東、以阿、東歐、美國定位的四個惡棍國（利比亞、伊拉克、伊朗、北韓）、一些第三世界貧窮國家及恐怖主義戰爭。若多處危機同時發生，美國亦窮於應付。其二為「自由、民主、經濟」需要的渴望，更將風行全球各個國家，促使僅存的四個共產國家（中共、北韓、越南、古巴）不斷加速開放改革，有利於穩定兩岸關係。在亞洲「經濟」就是「安全」；兩岸「三通」代表對「安全」的進一步保障。其三是歐洲統合的啟示，天下大勢合久必分，分久必合；而分合的原因都是利之所趨。世界各處雖仍有動亂，但就大勢所趨（自由、民主、經濟，及政治整合與統合），亦是兩岸趨合的好時機。其四以千年為單位觀察世界大歷史趨勢，中國成為世界強權大約在十三、十四和十五世紀，後因封閉自守而沒落數百年。西班牙和葡萄牙曾是海上霸主，工業革命後英國維持兩百多年的世界強權（十八、十九到二十世紀初），之後美國接續世界盟主的地位至今。現在中國已經崛起，按客觀的戰略性發展趨勢評估，二〇二〇年時，中國將可能成為具有綜合實力的區域強權，到二〇五〇年時與美國比，仍有差距，故預判廿一世紀前半葉，美國與中共仍能維持均衡，對台灣仍是穩定、有利的。（註一）

綜合「二不變四趨勢」，在廿一世紀期，美國仍將應付世界各地局部戰爭或衝突，面對一個強大的中共，美國不樂見兩強對立。而兩強在「自由、民主、經濟」環境中，受到共同遊戲規則規範，使「兩岸三邊」以和平方式解決問題。但有利的契機示現，大陸與台灣方面能否順勢抓住這個機會，創造中國人千秋萬世的「利多」，則有賴各方智慧與耐心。

貳、中國，一個正在擴散與吸納的「亮洞」

這個地大物博人眾的大國，不論強弱，自古以來就永無休止的進行一種「擴散與吸納」的反復作用。當她強盛時，她以豐富的政經文化廣被四方；當她積弱不振時，政經文化則隨著無數遷徙的子民，向外不斷擴散。但因文化的廣被與地緣的吸納作用，最後「他鄉」都成了「故鄉」，「芋頭變蕃薯」，而不管芋頭或蕃薯，品種都是「中國的」。這種強大的「擴散與吸納作用」，搞台獨的人給他一個不雅的名詞，謂「黑洞理論」，借用天文學概念，指恆星坍縮後形成一個黑洞，任何物質（含光線）都逃逸不出去，任何吸納作用能及之處，一切東西都會被吸進去。

中國是不是一個「黑洞」？從歷史發展的事實來觀察，中國文化在經歷不斷涵化（Acculturation）變遷中，原來的「異族文化」最後都變成了「中國文化」的一部份。顯示中國文化具有如黑洞一般，對四方產生放射與吸納效應，而且這種作用並非由軍事武力形成，而是文化自然涵化作用致成。但，中國文化並不「黑」，為何？比之西方文化與文明的侵略性、排斥性及對立性，中國文化更顯厚道與包容。像基督教與回教兩個文明，竟有千年難解的衝突，致有「九一一慘案」的爆發。此種「生生世世」的對立與循環復仇，在中國文化中是很難理解的。中國在戰國以前尚有「九世之仇」，之後「仇不過三代」，而且提倡「一笑抿怨仇」的美德。由此觀之，中國文化並非「黑」洞，而是一個「亮洞」。照亮週邊地區，亦為週邊地區人民所需要。

現在中共正「頂」著中國文化，如日昇起，以其強大而豐富的政治、經濟、文化、藝術、服裝、民俗、觀光、旅遊、美女（模特兒）……向全球各地區形成擴散與吸納作用。在這種開放政策的支撐下，其國防軍事力量日漸壯大。預判在新世紀中，開放政策仍要持續下去，鄧小平生前已為開放政策定調。他說「明成祖時候，鄭和下西洋算是開放的，明成祖死後，明朝逐漸衰落，中國被侵略。如果從明朝中葉算起，到鴉片戰爭，有三百年的關閉自守，如果從康熙算起，也有二百年的關閉自守，把中國搞得貧窮落後，愚昧無知。不開放不行，你不開放，再來個關閉自守，五十年要接近發達國家水平，肯定不可能。」（註二）

二十一世紀中國人的國際地位，中國能否與世界一流強權爭勝，及近期中能否成為世界第一大經濟體。都得看改革開放政策持續、有序的推行下去。

中國，一個正在擴散與吸納的「亮洞」。

參、避免被兩強撕裂，儘快回到一個中國的原位上

大陸政策與兩岸關係的執行，最大難處是我們夾纏在兩大巨強之間，兩邊都不可得罪。「兩岸三邊」的任何是非對錯，後果總是由弱小（台灣）一方承擔，這幾乎是國際社會的「常規」。這些觀點在前面各章節都已有深入剖析，美國與中共對「我們」都有很強裂的要求（拉力），脫離「一個中國」路線，結果就是激怒巨強，進而將我們撕裂。回到一個中國的原位上，可以避免這個悲慘的結局，其理甚明，簡單歸納如下：（一）相同的歷史、文化與地緣關係，同是中國人，無法割離；（二）台灣雖割讓日本五十年，但已重歸中國，不論中華民國或中華人民共和國，都是中國的一部份；（三）「暫時」合乎中共的利益，未來中共若完全轉型成「中國」，問題就更好解決；（四）合乎美國利益（美國僅保護台灣人民維持現狀，搞獨立就不負責保護，因為不值得為此得罪強大的中共。），保持現狀，不改國號，不搞「兩國論」，是目前兩岸三邊的「最大公約數」。至於未來要如何！由兩岸自行和平解決；（五）最重要的是合乎全體台灣人民利益，是千秋萬世的利益。一個中國是「台海地區永久和平方案」（註三）；（六）合乎兩大巨強的共同利益，使西太平洋的衝突對立消失，以和平交流取代之（註四）；（七）「一個中國」使兩岸三邊「三贏」，並各取所需，各得所要的「和平、安全、統一與繁榮」。

總結來說，「民主自由的趨向」是這「三四百年來的一個最大的目標，一個最明白的方向。」是世界文化的大潮流、大方向。這個大勢的根源是「思想信仰的自由與言論出版的自由」，這種自由打開思想多元發展，社會革新，政治改造的新鮮世界。（註五）這個現代化社會必須建構在兩岸長治久安與統一的基礎上，才有可能長存，因此，這是兩岸共同的戰略目標。

【註釋】

註一：曾復生、吳東林，「當前美國與兩岸關係互動的戰略趨勢」，二〇〇〇年國家安全戰略情勢評估：不對稱戰略思考與作為學術研討會（台北：淡江大學，八十九年三月二十五日），兩岸關係議題，頁一五。

註二：劉達材，「鄭和的歷史定位與教訓」，鄭和下西洋與國家戰略學術研討會論文集（台北：中華戰略學會，九十年十一月十日），頁八三。

註三：陳福成，解開兩岸十大弔詭（台北：黎明文化出版公司，九十年十二月），第九詭，第五講「台海地區永久和平方案」。

註四：同三，第三詭，第四講。

註五：胡適，「我們必須選擇我們的方向」、「三百年來世界文化的趨勢與中國應採取的方向」；本文引劉季倫，「在圍剿中的胡適」，二十世紀台灣歷史與人物學術研討會（國史館，九十年十月二十三至二十四日），頁一～二一。

關於參考書目的說明

本書參考書目概有英文、中文、日文、翻譯叢書、各類工具書、博、碩士論文、學術研討會論文、大陸出版品、訪談、講座、期刊、時事報導、政府與民間出版品、各類法律及法規文件等，均如各章節註釋，此處不再詳列。惟下列為高度政治性及法律文件，為進一步詳讀本書必須參考之文件，列其標題分項如次：

壹、國際法（聯合國、美國）相關文件

1. 聯合國憲章，一九四五年六月二十六日。
2. 公民權利和政治權利國際公約，一九六六年十二月九日。
3. 開羅宣言，一九四三年十一月二十六日。
4. 美國台灣關係法，一九七九年四月十日。

貳、中華人民共和國相關文件

1.中華人民共和國憲法，一九八二年十二月四日公告施行。
2.全國人民代表大會常務委員會告台灣同胞書，一九七九年一月一日。
3.鄧小平談中國大陸和台灣和平統一的設想，一九八三年七月三十日。
4.台灣問題與中國的統一，一九九三年八月三十日。
5.江澤民對兩岸關係講話，一九九五年一月三十日。

參、中華民國相關文件（含海基、海協兩會制訂）

1.中華民國憲法與歷次增修條文。
2.台灣地區與大陸地區人民關係條例，八十六年七月一日施行。
3.國家統一委員會設置要點，七十九年九月二十一日。
4.行政院大陸委員會組織條例，八十六年一月二十二日修訂公佈。
5.財團法人海峽交流基金會組織章程，八十年二月二十六日。
6.金門協議，七十九年九月十二日。
7.國家統一綱領，八十年三月十四日。

8.中華民國關於「一個中國」的涵義，八十一年八月一日。
9.只有「中國問題」，沒有「台灣問題」，八十二年九月十六日。
10.台海兩岸關係說明書，八十三年七月。
11.中華民國第十任總統陳水扁就職演說，八十九年一月一日。
12.陳水扁六二〇記者會答問實錄，八十九年六月二十日。

陳福成生命歷程與創作年表（只記整部出版著作）

民國四十一年（一九五二）一歲

△元月十六日，生於台中縣大肚鄉，陳家。

民國四十八年（一九五九）八歲

△九月，進台中縣大肚國民小學一年級。

民國四十九年（一九六〇）九歲

△夏，轉台中市太平國民小學一年級。

民國五十年（一九六一）十歲

△春，轉台中縣大雅國民小學六張犁分校二年級。

年底搬家到沙鹿鎮，住美仁里四平街。

民國五十一年（一九六二）十一歲

△轉台中縣新社鄉大南國民小學三年級（月不詳）。

民國五十四年（一九六五）十四歲

△六月，大南國民小學畢業。

△九月，讀東勢工業職學學校初中部土木科一年級。

△是年，開始在校刊《東工青年》發表作品。

民國五十七年（一九六八）十七歲

△六月，東工第一名畢業，獲縣長王子癸獎。

△八月三十一日，進陸軍官校預備班十三期。持續在校刊發表作品，散文、雜記等小品較多。

民國五十九年（一九七〇）十九歲

△春，大妹出車禍，痛苦萬分，好友王力群、鍾聖錫、劉建民、虞義輝等鼓勵下接受基督洗禮。

民六〇年（一九七一）二十歲

△六月，預備班十三期畢業。

△七月，同好友劉建民走橫貫公路（另一好友虞義輝因臨時父親生病取消）。

△八月，升陸軍官校正期班四十四期。

△年底，萌生「不想幹」企圖，四個死黨經多次會商，一直到二年級，未果，繼續

讀下去。

民六十四年（一九七五）二十四歲

△四月五日，蔣公逝世，全連同學宣誓留營以示效忠，僅我和同學史同鵬堅持不留營。（多年後國防部稱聲那些留營都不算）

△五月十一日（母親節），我和劉、虞三人，在屏東新新旅社訂「長青盟約」。

△六月，陸軍官校四十四期畢業。

△七月，到政治作戰學校參加「反共復國教育」。

△九月十九日，乘「二二九」登陸艇到金門報到，任金防部砲指部斗門砲兵連中尉連附。

民國六十五年（一九七六）二十五歲

△醉生夢死在金門度過，或寫作打發時間，計畫著如何可以「下去」（當老百姓去），考慮「戰地」軍法的可怕，決定等回台灣再看情況！

民國六十六年（一九七七）二十六歲

△春，輪調回台灣，在六軍團砲兵六○○群當副連長。駐地桃園更寮腳。

△五月，決心不想幹了，利用部隊演習一走了之，當時不知道是否逃亡？發生「逃官事件」，險遭軍法審判。

△九月一日，晉升上尉，調任一九三師七七二營營部連連長，不久再調任砲連連長，駐地中壢。

△十一月十九日，「中壢事件」，情勢緊張，全連官兵在雙連坡戰備待命。

民國六十七年（一九七八）二十七歲

△七月，全師換防到馬祖，我帶一個砲兵連弟兄駐在最前線高登（一個沒水沒電的小島），島指揮官是趙繩武中校。

△十二月十五日，美國宣佈和中共建交，全島全面備戰，已有迎戰及與島共存亡的心理準備，並與官兵以「島在人在，島失人亡」共盟誓勉。

民國六十八年（一九七九）二十八歲

△十一月，仍任高登砲兵連連長。下旬返台休假並與潘玉鳳小姐訂婚。

民國六十九年（一九八〇）二十九歲

△七月，換防回台，駐地仍在中壢雙連坡。

△十一月，卸連長與潘玉鳳結婚。

民國七〇年（一九八一）三十歲

△三月，晉升少校（一九三師）

△七月，砲校正規班結訓。

△八月，轉監察，任一九三師五七七旅監察官。（時一九三師衛戍台北，師長李建中將軍）。

民國七十一年（一九八二）三十一歲

△三月，仍任一九三師五七七旅監察官。駐地在新竹北埔。

△現代詩「高登之歌」獲陸軍文藝金獅獎。當時在第一士校的蘇進強上尉，以「青青子衿」拿小說金獅獎。很可惜後來走上台獨路，不知可還有臉見黃埔同學否？

△長子牧宏出生。

△年底，全師（193）換防到馬祖北竿。

民國七十二年（一九八三）三十二歲

△六月，調任一九三師政三科監察官（馬祖北竿，師長丁之發將軍）

△十二月，調陸軍六軍團九一兵工群監察官。

民國七十三年（一九八四）三十三歲

△十一月，仍任監察官。

△父喪。

民國七十四年（一九八五）三十四歲

△四月，長女佳青出生。
△六月，〈花蓮十日記〉（台灣日報連載）。
△八月，調金防部政三組監察官佔中校缺，專管工程、採購。（司令官宋心濂上將）
△九月，「部隊管教與管理」獲國防部第十二屆軍事著作金像獎。
△今年，翻譯愛倫坡（Edgar Allan）恐怖推理小說九篇，並在偵探雜誌連載，多年後才正式出版。

民國七十五年（一九八六）三十五歲

△元旦，在金防部監察官晉任升中校，時金防部司令官趙萬富上將。
△六月，考入政治作戰學校政治研究所第十九期三研組。（所主任孫正豐教授、校長曹思齊中將）
△八月一日，到政治作戰學校研究所報到。

民國七十六年（一九八七）三十六歲

△元月，獲忠勤勳章乙座。
△春，「蔣公憲政思想研究」獲國民黨文工會學術論文獎。
△九月，參加「中國人權協會」講習，杭立武當時任理事長。
△今年，翻譯愛倫坡小說五篇，並在偵探雜誌連載，多年後才正式出版。

民國七十七年（一九八八）三十七歲

△六月，政研所畢業，碩士論文「中國近代政治結社之研究」。到八軍團四三砲指部當情報官。

△八月，接任第八團四三砲指部六〇八營營長，營部在高雄大樹，準備到田中進基地。（司令是王文燮中將、指揮官是涂安都將軍）

民國七十八年（一九八九）三十八歲

△四月，輪調小金門接砲兵六三八營營長。（大砲營）（砲指部指揮官戴郁青將軍）

△六月四日，「天安門事件」前線情勢緊張，前後全面戰備很長一段時間。

民國七十九年（一九九〇）三十九歲

△七月一日，卸六三八營營長，接金防部砲指部第三科作戰訓練官。

△八月一日，伊拉克入侵科威特，海峽情勢又緊張，金門全面戰備。

民國八〇年（一九九一）四〇歲

△元月、二月，波灣戰爭，金門仍全面戰備。

△三月底，輪調回台南砲兵學校任戰術組教官。（指揮官周正之中將）（以後的軍職都在台灣本島，我軍旅生涯共五次外島，金門三，馬祖二。）

民國八十一年（一九九二）四十一歲

△三月，參加陸軍協同四十五號演習。
△六月，考入三軍大學陸軍指參學院。（校長葉昌桐上將、院長王繩果中將）
△七月四日，到大直三軍大學報到。

民國八十二年（一九九三）四十二歲

△六月十九日，三軍大學畢業，接任花東防衛司令部砲指部中校副指揮官，時中校十一級。（指揮官是同學路復國上校，司令官是畢丹中將）
△九月，我們相處的很好，後來我離職時，同學指揮官送我一個匾，上書「運籌帷幄，決勝千里」。可惜實際上沒有機會發揮，只能在紙上談兵，在筆下論戰，幾年後路同學升少將不久也退伍了。調原單位司令部第三處副處長。
△這年經好同學高立興的努力，本有機會調聯訓部站一個上校缺，卻因被一個姓「朝鮮半島」的同學「穿小鞋」，功敗未成，只好持續在花蓮過著如同無間地獄的苦日子。

民國八十三（一九九四）四十三歲

△二月，考取軍訓教官，在復興崗受訓。（教官班四十八期）
△四月，到台灣大學報到，任中校教官。當時一起來報到的教官尚有唐瑞和、王潤身、劉亦哲、吳曉慧共五人。總教官是韓懷豫將軍。

△四月，老三佳莉出生。她的出生是為伴我中老年的寂寞，從她出生到小三，洗澡換尿片三更半夜喝奶，全我包辦，三個孩子只有她和我親近。

△七月，母喪。

△十一月，在台大軍官團提報「一九九五閏八月的台海情勢」廣受好評。

民國八十四年（一九九五）四十四歲

△六月，「閏八月」效應全台「發燒」。

△《決戰閏八月──中共武力犯台研究》一書出版（台北：金台灣出版社）。本書出版後不久，北京《軍事文摘》（總第59期），以我軍裝照為封面人物，大標題以「台灣軍魂陳福成之謎」，在內文介紹我的背景。

△七月，開始編寫各級學校軍訓課程「國家安全」教材。

△十二月，《防衛大台灣──台海安全與三軍戰略大佈局》一書出版：（台北：金台灣出版社）

民國八十五年（一九九六）四十五歲

△元月，為撰寫軍訓課本「國家安全」，本月十一日偕台大少校教官陳梅燕拜訪戰略家鈕先鍾先生，主題就是「國家安全」。（訪問內容後來發表在「陸軍學術月刊第375、439期」

△三月，擔任政治大學民族系所講座。（應民族系系主任林修澈教授聘請）。
△《孫子實戰經驗研究》一書，獲中華文化總會學術著作總統獎，獎金五萬元。
△《國家安全》幼獅版，納入全國各級高中、職、專科、大學軍訓教學。
△四月，考上國泰人壽保險人員證。
△九月，佔台灣大學上校主任教官缺。
△榮獲全國軍訓教官論文優等首獎，《決戰閏八月》。

民國八十六年（一九九七）四十六歲

△元旦，晉升上校，任台大夜間部主任教官。
△七月，開始在復興廣播電台「雙向道」節目每週一講「國內外政情與國家安全」（鍾寧主持）。
△八月，《國家安全概論》（台灣大學自印自用，不對外發行。）
△十二月，《非常傳銷學》出版。

民國八十七年（一九九八）四十七歲

△是年，仍在復興電台「雙向道節目」。
△五月，在台大學生活動中心演講「部落主義及國家整合、國家安全之關係」。
△十月十七日，籌備召開「第一屆中華民國國防教育學術研討會」（凱悅飯店，本

會在淡江大學戰略所所長翁明賢教授指導下順利完成，工作夥伴除我之外，尚有輔仁大學楊正平、文化大學李景素、淡江大學廖德智、中央大學劉家楨、東吳大學陳全、中興法商鄭鴻儒、華梵大學谷祖盛（以上教官）、淡江大學施正權教授。）

我在本會提報論文「論國家競爭優勢與國家安全」（評論人：台灣大學政治系助理教授楊永明博士），本論文為銓敘部公務人員學術論文獎，後收錄在拙著《國家安全與情治機關的弔詭》一書。

△七月，出版《國家安全與情治機關的弔詭》（台北：幼獅出版公司）。

民國八十八年（一九九九）四十八歲

△二月，從台灣大學主任教官退休，結束三十一年軍旅生涯。

「化敵為我，以謀止戰」（小說三十六計釜底抽薪導讀，與實學社總編輯黃驗先生對談。）；考上南山人壽保險人員證。

△四月，應國安會虞義輝將軍之邀請，擔任國家安全會議助理研究員。（時間約一年多，每月針對兩岸關係的理論和實務等，提出一篇研究報告（論文）。

民國八十九年（二〇〇〇）四十九歲

△三月，《國家安全與戰略關係》出版（台北：時英出版社）。

△四、五、六月，任元培科學技術學院進修推廣部代主任。

△六月一日，在高雄市中山高中講「兩岸關係及未來發展——兼評新政府的國家安全構想」（高雄市軍訓室軍官團）

△十一月，與台灣大學登山會到石鹿大山賞楓。

△十二月，與台灣大學登山會到司馬庫斯神木群。

民國九〇年（二〇〇一）五十歲

△五月四到六日，偕妻及一群朋友登玉山主峰。

△六月十六、十七日，參加陸軍官校建校七十七週年校慶並到墾丁參加44期同學會。

△十月六日，與台大登山隊到睏牛山。

△十二月，《解開兩岸十大弔詭》出版（台北：黎明出版社）。

△十二月八到九日，登鎮西堡、李棟山。

△十二月二二到二三日，與台大登山隊走霞克羅古道。

民國九十一年（二〇〇二）五十一歲

△去年至今，我聽到三位軍校同學過逝，甚有感慨，我期至今才約五十歲。想到學生時代很要好的同學，畢業已數十年，怎都「老死不相往來」，我決定試試，召集住台大附近（半小時車程），竟有七人（含我）來會，解定國、高立興、陳鏡培、童榮南、袁國台、林鐵基。這個聚會一直持續下去，後來我定名「台大周邊

地區陸官44期微型同學會」（後均簡稱「44同學會」第幾次等。

△二月，《找尋一座山》現代詩集出版，台北，慧明出版社。

△二月十二到十四日，到小烏來過春節，並參訪赫威神木群。

△二月二三到二四日，與台大登山會到花蓮兆豐農場，沿途參拜大理仙公廟。

△四月七日，與山虎隊登夫婦山。

△四月十五日，在范揚松先生的公司第一次見到吳明興先生（當代兩岸重要詩人、作家），二十多年前我們曾一起在「腳印」詩刊發表詩作，未曾謀面。

△四月二十一日，與台大隊登大桐山。

△四月三十日，在台大鹿鳴堂辦第二次44同學會：我、解定國、袁國台、高立興、周念台、林鐵基、童榮南。

△五月三到五日，與台大隊登三叉山、向陽山、嘉明湖。（回來後在台大山訊發表紀行一篇）。

△六月二一到二三日，與苗栗三叉河登山隊上玉山主峰（我的第二次）。

△七月第一週，在政治大學參加「社會科學研究方法」研習營。（主任委員林碧炤）。

△七月十八到二一日，與台大登山會登雪山主峰、東峰、翠池。在「台大山訊」發表「雪山盟」長詩。

△八月二十日，與台大登山會會長張靜二教授及一行十餘人，勘察大溪打鐵寮古道、草嶺山，並到故總統經國先生靈前致敬。

△八月二九到九月一日，與山友十餘人登干卓萬山、牧山、卓社大山。（因氣候惡劣只到第一水源處紮營，三十一日晨撤退下山。）

△九月，《大陸政策與兩岸關係》出版（黎明出版社，九十一年九月）。

△九月二十四日，在台大鹿鳴堂辦第三次44同學會：我、高立興、童榮南、林鐵基、周念台、解定國、周立勇、周禮鶴。

△十月十八到二十日，隨台大登山隊登大霸尖山（大、小霸、伊澤山、加利山），在「台大山訊」發表「聖山傳奇錄」。

△十一月十六日，與台大登山隊登波露山（新店）。

民國九十二年（二〇〇三）五十二歲

△元月八日，第四次44同學會（在台大鹿鳴堂），到有：我、周禮鶴、高立興、解定國、袁國台、林鐵基、周立勇。

△元月八日，在台灣大學第一會議室演講「兩岸關係發展與變局」，併發表四本年度新書。（台大教授聯誼會主辦），除《解開兩岸十大弔詭》和《大陸政策與兩岸關係》兩書外尚有：《找尋一座山》（現代詩集，慧明出版）、《愛倫坡恐怖

小說選》。

△二月二十八日，應佛光人文社會學院董事會秘書林利國邀請，在宜蘭靈山寺向輔導義工演講「生命教育與四Q」。

△三月十五、十六日，與妻參加台大登山隊「榛山行」（在雪霸）。

△三月十八日，與曾復生博士在復興電台對談兩岸關係發展。

△三月十九日，到非政府組織（NGO）會館，參加「全球戰略新框架下的兩岸關係研討會」，由「歐洲文教基金會與黨外圓桌論壇」主辦。席間首次與前民進黨主席許信良先生閒談。晚間餐會與前立法委員朱高正先生和台大哲學系教授王曉波夫婦同桌，我和他們都是素昧平生。但兩杯酒一喝，大家就開始高談近代史事，朱委員酒量很好，可能有「千杯不醉」的境界。名片上印有「周易」文言：「夫大人者。與天地合其德。與日月合其明。與四時合其序。與鬼神合其吉凶。先天而天弗違。後天而奉天時。天且弗違。而況予人乎。況于鬼神乎。」，其境界更高。

△三月二十日，叢林一隻不長眼的「肥羊」闖進頂層掠食者的地盤，性命恐將不保；美伊大戰開打，海珊可能支持不了幾天。

△三月二十六日到三十日，隨長庚醫護人員及內弟到大陸，遊西湖、黃山。果然「上有天堂下有蘇杭」、「黃山歸來不看山」，我第一次出國竟是回國。歸程時 SARS

開始流行，全球恐慌。

△四月三日到六日，同台大登山隊登雪白山，氣候不佳，前三天下雨。第一天宿司馬庫斯，第二天晨七時起程，沿途林相原始，許多千年神木，下午六時雪白山攻頂，晚上在山下紮營，第三天八點出發，神木如林，很多一葉蘭，下午過鴛鴦湖，五點到棲蘭。第四天參觀棲蘭神木，見「孔子」等歷代偉人，歸程。

△四月十二、十三日，偕妻與台大登山隊再到司馬庫斯，謁見「大老爺」神木群等。

△四月二十一日，第五次44同學會（在台大鹿鳴堂），到者：我、袁國台、解定國、林鐵基、周立勇。

△六月十四日，同台大登山隊縱走卡保逐鹿山，全程二十公里，山高、險惡、瀑布，螞蝗多。

△六月二十八日，參加中國文藝協會舉行「彭邦楨詩選」新書發表會。彭老已在今年三月病逝紐約，會中碰到幾位前輩作家，鍾鼎文、司馬中原、辛鬱、文曉村等人，還有年青一輩的賴益成、羅明河等。

△七月，《孫子實戰經驗研究》出版（黎明出版公司），本書是八十五年學術研究得將作品，獲總統領獎；今年又獲選為「國軍連隊書箱用書」，陸、海、空三軍各級，一次印量七千本。

△七月二十二日到八月二日，偕妻同一群朋友遊東歐三國（匈牙利、奥地利、捷克）。
△十月十日到十三日，登南湖大山、審馬陣山、南湖北峰和東峰。
△十一月，在復興電台鍾寧小姐主持的「兩岸下午茶」節目，主講「兵法‧戰爭與人生」（孫子、孫臏、孔明三家）。
△十二月一日，第六次44同學會（台大鹿鳴堂），到有：我、林鐵基、童榮南、解定國、周念台、盧志德、高立興、劉昌明。

民國九十三年（二〇〇四）五十三歲

△二月二十五日，第七次44同學會（台大鹿鳴堂），到有：周立勇、高立興、童榮南、鍾聖賜、林鐵基、解定國、周念台、盧志德、劉昌明和我共10人。
△春季，參加許多政治活動，號召推翻台獨不法政權，三月陳水扁自導自演「三一九槍擊作弊案」。
△三月，《大陸政策與兩岸關係》出版，黎明出版社。
△五月二十八日，大哥張冬隆發生車禍，二週後的六月四日過逝。
△五月，《五十不惑》（前傳）出版，時英出版社。
△六月，第八次44同學會（台大鹿鳴堂），到有：我、周立勇、童榮南、林鐵基、解定國、袁國台、鍾聖賜、高立興。

△八月十一到十四日，參加佛光山第十二期全國教師生命教育研習營。

△十月十九日，第九次44同學會（台大鹿鳴堂），到有：我、童榮南、周立勇、高應興、解定國、盧志德、周小強、鍾聖賜、林鐵基。

△今年在空大講「政府與企業」，並受邀參與復興電台「兩岸下午茶」節目。

△今年完成龍騰出版公司《國防通識》（高中課本）計畫案合作伙伴有李文師（政大教官退）、李景素（文化教官退）、項台民（彰化高中退）、陳國慶（台大教官）。計有高中二年四冊及教師用書四冊，共八冊課本。

△十二月，《軍事研究概論》出版（全華科技），合著者九人：洪松輝、許競任、秦昱華、陳福成、陳慶霖、廖天威、廖德智、劉鐵軍、羅慶生，都是對國防軍事素有專精研究之學者。

民國九十四年（二〇〇五）五十四歲

△二月十七日，第十次44同學會（台大鹿鳴堂），到有：我、陳鏡培、鍾聖賜、金克強、解定國、林鐵基、高立興、袁國台、周小強、周念台、盧志德、劉昌明，共12人。

△六月十六日，第十一次44同學會（台大鹿鳴堂），到有：我、盧志德、周立勇、解定國、陳鏡培、童榮南、金克強、鍾聖賜、劉昌明、林鐵基、袁國台。

△八月，計畫中的《中國春秋》雜誌開始邀稿，除自己稿件外，有楊小川、路復國、廖德智、王國治、一飛、方飛白、郝艷蓮等多人。

△十月，創刊號《中國春秋》雜誌發行，第四期後改《華夏春秋》，實務行政全由鄭聯臺、鄭聯貞、陳淑雲、陳金蘭負責，妹妹鳳嬌當領導，我負責邀稿，每期印一千五百本，大陸寄出五百本。

△持續在台灣大學聯合辦公室當志工。

△今年仍在龍騰出版公司主編《國防通識》；上復興電台「兩岸關係」節目。

民國九十五年（二〇〇六）五十五歲

△元月《中國春秋》雜誌第二期發行，作者群有周興春、廖德智、李景素、王國治、路復國、一飛、范揚松、蔣湘蘭、楊小川等。

△二月十七日，第十二次44同學會（台大鹿鳴堂），到有：劉昌明、高立興、陳鏡培、盧志德、林鐵基、金克強和我共7人。

△四月，《中國春秋》雜誌第四期發行。

△六月，第十三次44同學會（台大鹿鳴堂），到有：我、周小強、解定國、高立興、袁國台、林鐵基、劉昌明、盧志德。

△七月到九月，由時英出版社出版中國學四部曲，四本約百萬字：《中國歷代戰爭

新詮》、《中國近代黨派發展研究新詮》、《中國政治思想新詮》、《中國四大兵法家新詮》。

△七月十二到十六日，參加佛光山第十六期全國教師生命教育研習營。

△七月，原《中國春秋》改名《華夏春秋》，照常發行。

△九月，《春秋記實》現代詩集出版，時英出版社。

△十月，第五期《華夏春秋》發行。

△十月二十六日，第十四次44同學會（台大鹿鳴堂），到有：我、金克強、周立勇、解立國、林鐵基、袁國台、高立興。

△十一月，當選中華民國新詩學會第二屆理事，任期到九十九年十一月十一日。

△《華夏春秋》第六期發行後，無限期停刊。

△高中用《國防通識》（學生課本四冊、教師用書四冊）逐一完成，可惜龍騰出版公司後來的行銷欠佳。

民國九十六年（二〇〇七）五十六歲

△元月三十一日，第十五次44同學會（中和天香回味鍋），到有：我、解定國、盧志德、高立興、林鐵基、周小強、金克強、劉昌明。

△二月，《國家安全論壇》出版，時英出版社。

△二月一日，到國防部資電作戰指揮部演講，主題「兩岸關係與未來發展：兼論台灣最後安全戰略的探索」。
△二月，《性情世界：陳福成情詩集》出版，時英出版社。
△三月十日，在「秋水詩屋」，與涂靜怡、莫云、琹川、風信子四位當代大詩人研究，幫我取筆名「古晟」。以後我常用這個筆名，有一本詩集就叫《古晟的誕生》。
△五月，當選中國文藝協會第三十屆理事，任期到一百年五月四日。
△五月十三日，母親節，與妻晚上聽鳳飛飛的演唱會，可惜二〇一二年初病逝，我為她寫一首詩「相約二十二世紀，鳳姐」。
△六月六日，第十六次44同學會（台大鹿鳴堂），到有：我、解定國、高立興、盧志德、周小強、金克強、林鐵基。
△六月十九日，榮獲中華民國新詩學會「詩運獎」，在文協九樓頒獎，由文壇大老鍾鼎文先生頒獎給我。
△十月，小說《迷情•奇謀•輪迴：被詛咒的島嶼》（第一集）出版，文史哲出版社。
△十月十六日，第十七次44同學會（台大鹿鳴堂），到有：我、周立勇、解定國、張安麟、林鐵基、盧志德。
△十月三十一日到十一月四日，參加由文協理事長綠蒂領軍，應北京中國文聯邀訪，

一行人有綠蒂、林靜助、廖俊穆、蘇憲法、李健儀、簡源忠、郭明福、廖繼英、許敏雄和我共10人。

△十一月七日，同范揚松、吳明興三人到慈濟醫院看老詩人文曉村先生。

△十二月中旬，大陸「中國文藝藝術聯合會」一行到文協訪問，綠蒂全程陪同，十六日由我陪同參觀故宮，按其名冊有白淑湘、李仕良等14人。

△十二月十九日，到台中拜訪詩人秦嶽，午餐時他聊到「海鷗」飛不起來了。

△十二月二十二日上午，在國父紀念館參加由星雲大師主持的皈依大典，成為大師座下臨濟宗第四十九代弟子，法名本肇。一起皈依的有吳元俊、吳信義、關麗蘇四兄姊弟，這是一個好因緣。

△十二月二十七日，《青溪論壇》成立，林靜助任理事長，我副之，雪飛任社長。

△十二月，有三本書由文史哲出版社出版：《頓悟學習》、《公主與王子的夢幻》、《春秋正義》。

民國九十七年（二〇〇八）五十七歲

△元月五日（星期六），第一次在醉紅小酌參加「三月詩會」，到民國一〇三年底退出。

△元月二十四到二十八日，與妻參加再興學校舉辦的海南省旅遊。

△二月十三日，到新店拜訪天帝教，做《天帝教研究》的準備。

△二月十九日，第十八次44同學會（新店富順樓），到有：我、高立興、解定國、林鐵基、盧志德、金克強、周小強。

△三月二日，參加「全國文化教育界新春聯歡會」，馬英九先生來祝賀，前台大校長孫震、陳維昭等數百人，文壇司馬中原、綠蒂、鍾鼎文均到場，盛況空前。這是大選的前奏曲。

△三月十二日，參加中國文藝協會理監事聯席會議。

△三月，《新領導與管理實務》出版，時英出版社。

△五月十三日下午二時，四川汶川大地震，電話問成都的雁翼，他說還好。

△六月十日，第十九次44同學會（在山東餃子館），到有：我、童榮南、高立興、解定國、袁國台、盧志德、金克強、張安祺。

△六月二十二日，參加青溪論壇社舉辦的「推展華人文化交流及落實做法」，我提報論文「閩台民間信仰文化所體現的中國政治思想初探」，其他重要提文報告人有林靜助、封德屏、陳信元、潘皓、台客、林芙容、王幻、周志剛、一信、徐天榮、漁夫、落蒂、雪飛、彭正雄。

△七月十八日，與林靜助等一行，到台南參加作家交流，拜訪本土詩人林宗源。

△七月二十三日到二十九日，參加佛光山短期出家。

△八月十五日到二十一日，參加青溪新文藝學會理事長林靜助主辦「江西三清山龍虎山之旅」，並到九江參加文學交流會。同行者有我、林靜助、林精一、蔡雪娥、彭正雄、金筑、台客、林宗源、邱琳生，鍾順文、賴世南、羅玉葉、羅清標、吳元俊、蔡麗華、林智誠、共16人。

△十月十五日，第二十次44同學會（台大鹿鳴堂），到有：我、陳鏡培、解定國、盧志德、同小強、童榮南、袁國台、林鐵基、黃富陽。

△十一月三十日，參加「湯山聯誼會」，遇老師長陳廷寵將軍。

△今年有兩本書由文史哲出版社出版：《幻夢花開一江山》（傳統詩）、《一個軍校生的台大閒情》。

△整理這輩子所寫的作品手稿約一人高，贈台大圖書館典藏。

民國九十八年（二〇〇九）五十八歲

△二月十日，第二十一次44同學會（台大鹿鳴堂），到有：我、袁國台、解定國、高立興、童榮南、盧志德、黃富陽。

△六月，小說《迷情・奇謀・輪迴：進出三界大滅絕》（第二集）出版，文史哲出版社。

△六月上旬，第二二次44同學會（台大鹿鳴堂），到有：我、林鐵基、童榮南、袁國台、高立興、解定國、金克強、盧志德。

△六月十七、十八日，參加台大「退聯會」阿里山兩日遊。

△十月，小說《迷情・奇謀・輪迴：我的中陰身經歷記》（第三集）出版，文史哲出版社。

△十月六日，第二三次44同學會（公館越南餐），到有：盧志德、解定國、林鐵基、金克強、周小強和我。

△十一月六到十三日八天，參加重慶西南大學主辦「第三屆華文詩學名家國際論壇」，後四天到成都（第一次回故鄉）。此行我提報一篇論文「中國新詩的精神重建」（約兩萬多字），同行者另有雪飛、林芙蓉、李再儀、台客、鍾順文、林于弘、林精一、吳元俊、林靜助。

△十一月二十八日，到國軍英雄館參加「湯山聯誼會」，老將郝伯村批判李傑失了軍人氣節。

△十二月，《赤縣行腳・神州心旅》（詩集）出版，秀威出版公司。

△今年有三本書由文史哲出版社出版：《愛倫坡恐怖推理小說》、《春秋詩選》、《神劍與屠刀》。

民國九十九年（二〇一〇）五十九歲

△元月二十三日，由藝文論壇社和紫丁香詩刊聯合舉辦，「陳福成小說《迷情・奇謀・輪迴》評論會」，在台北老田西餐廳舉行。提評論文有金劍、雪飛、許其正、狼跋、謝輝煌、胡其德、易水寒等七家，與會有文藝界數十人。會後好友詩人方飛白也提出一篇。

△三月一日，第二四次44同學會（台大鹿鳴堂），到有：我、周小強夫婦、解定國、袁國台、林鐵基、盧志德、曹茂林、金克強、黃富陽、童榮南共11人。

△三月三十一日，「藝文論壇」和「創世紀」詩人群聯誼，中午在國軍英雄館牡丹廳餐敘。創世紀有張默、辛牧、落蒂、丁文智、方明、管管、徐瑞、古月，八人與會；藝文論壇有林靜助、雪飛、林精一、彭正雄、鄭雅文、徐小翠和我共7人參加。

△四月二一到二二日，台大溪頭、集集兩日遊，「台大退聯會」主辦。

△六月，《八方風雨・性情世界》出版，秀威出版社。

△六月八日，第二五次44同學會（台大鹿鳴堂），到有：我、金克強、郭龍春、解定國、高立興、童榮南、袁國台、林鐵基、盧志德、周小強、曹茂林，共11人。

△八月十七到二十日，參加佛光山「全國教師佛學夏令營」，同行有吳信義師兄等

多人。

△十月五日，第二六次44同學會（今起升格在台大水源福利會館），到有：曹茂林、解定國、童榮南、林鐵基、盧志德、周小強和我共7人。

△十月二六日到十一月三日，約吳信義、吳元俊兩位師兄，到山西芮城拜訪尚未謀面的劉焦智先生，我們因看「鳳梅人」報結緣。

△十一月，《男人和女人的情話真話》（小品）出版，秀威出版社。

△今年有四本書由文史哲出版社出版：《洄游的鮭魚》、《古道・秋風・瘦筆》、《山西芮城劉焦智鳳梅人報研究》、《三月詩會研究》。

民國一〇〇年（二〇一一）六十歲

△元月，小說《迷情・奇謀・輪迴》合訂本出版，文史哲出版社。

△元月二日，當選中華民國新詩學會第十三屆理事、任期到一〇四年一月一日。

△元月十日，第二七次44同學會（台大水源福利會館），到有：我、黃富陽、高立興、林鐵基、周小強、解定國、童榮南、曹茂林、盧志德、郭龍春共10人。

△二月，《找尋理想國》出版，文史哲出版社。

△二月十九日，在天成飯店參加「中國全民民主統一會」會員代表大會，吳信義、吳元俊兩位師兄也到，會場由王化榛會長主持。會中遇到上官百成先生，會後我

寫一篇文章「遇見上官百成：想起上官志標和楊惠敏」，刊載《新文壇》雜誌（26期，一〇一年元月）。

△三月二二日，上午參加「台大退聯會」理監事聯席會議。

△三月二五日，晚上在台大校總區綜合體育館開「台大逸仙學會」，林奕華也來了，認識她很久了，每回碰到她都很高興。

△四月，《我所知道的孫大公》（黃埔28期）出版，文史哲出版社。

△四月，《在鳳梅人小橋上：中國山西芮城三人行》出版，文史哲出版社。

△五月五日，參加緣蒂在老爺酒店主的「中國文藝協會三十一屆理監事會」，同時當選理事，任期到一〇四年五月五日。與會者如以下這份「原始文件」：

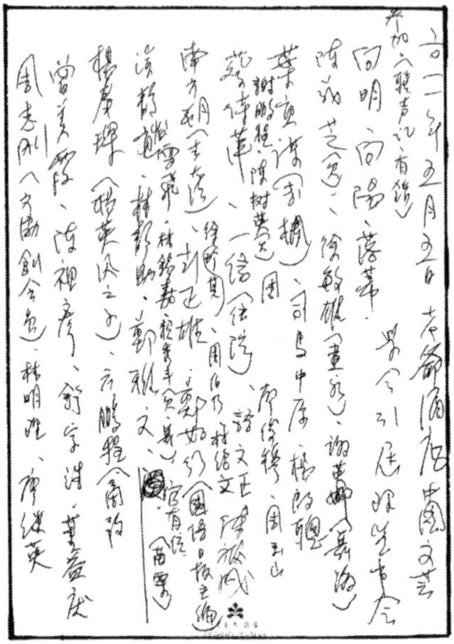

△五月，《漸凍勇士陳宏傳》出版，文史哲出版社。
△六月，《大浩劫後》出版，文史哲出版社。
△六月三日，第二八次44同學會（台大水源福利會館），到有：我、郭龍春、解定國、高立興、童榮南、林鐵基、盧志德、周小強、黃富陽、曹茂林、桑鴻文共11人。
△六月十一日，到師大參加「黃錦鋐教授九秩嵩壽華誕聯誼茶會」，黃伯伯就住我家樓上，他已躺了十多年，師大仍為他祝壽，真很感人。
△七月，《台北公館地區開發史》出版，唐山出版社。
△七月七到八日，與妻參加台大退聯會的梅峰、清境兩日遊。
△七月，《第四波戰爭開山鼻視賓拉登》出版，文史哲出版社。
△八月，《台大逸仙學會》出版，文史哲出版社。
△八月十七到二十日，參加佛光山「全國教師佛學夏令營，主題「增上心」。
△九月九日到二十日，台客、吳信義夫婦、吳元俊、江奎章和我共六人，組成「山西芮城六人行」，前兩天先參訪鄭州大學。
△十月十二日，第二九次44同學會（台大水源福利會館），到有：我、黃國彥、解定國、高立興、童榮南、袁國台、林鐵基、周小強、金克強、黃富陽、郭龍春、桑鴻文、盧志德、曹茂林，共14人。
△十月十四日，邀集十位佛光人中午在台大水源會館雅聚，這十人是范鴻英、刑筱

容、陸金竹、吳元俊、吳信義、江奎章、郭雪美、陳雪霞、關麗蘇。

△十一月十日，台大社團晚會表演，在台大小巨蛋（新體育館），由我吉他彈奏，吳普炎、吳信義、吳元俊、周羅通和關麗蘇合唱三首歌，「淚的小花」、「茉莉花」、「河邊春夢」。

民國一〇一年（二〇一二）六十一歲

△元月四日，第三十次44同學會（台大水源福利會館），到有：我、桑鴻文、高立興、林鐵基、解定國、童榮南、袁國台、盧志德、金克強、曹茂林、郭龍春、陳方烈。

△元月十四日，大選・藍營以689萬票對綠營609萬票，贏得有些辛苦。基本上「九二共識」、「一中各表」已是台灣共識。

△《中國神譜》出版（文史哲出版社，二〇一二年元月）。

△二月，寫一張「保證書」給好朋友彭正雄先生，把我這輩子所有著作全送給他，由他以任何形式、文字，在任何地方出版發行。這是我對好朋友的回報方式。

△二月，開始規畫、整理出版《陳福成文存彙編》，預計全套八十本（總字數近千萬），由彭正雄所經營的文史哲出版社出版。

△二月十九日中午，葡萄園詩刊同仁在國軍英雄館餐聚，到會有林靜助、曾美玲、

杜紫楓、李再儀、台客、賴益成、金筑和我八人。大家商討今年七月十五日是葡萄園的五十大壽，準備好好慶祝。

△三月二十二日，倪麟生事業有成宴請同學《公館自來水博物館內》，到有：我、倪麟生、解定國、高立興、盧志德、曹茂林、郭龍春、童榮南、桑鴻文、李台新，共十人。

△《金秋六人行：鄭州山西之旅》出版（文史哲出版社，二〇一二年三月）。

△《從皈依到短期出家》（唐山出版社，二〇一二年四月）。

△《中國當代平民詩人王學忠》出版（文史哲出版社，二〇一二年四月）。

△《三月詩會二十年紀念別集》（文史哲出版社，二〇一二年六月）。

△五月十五日，第三一次44同學會（台大水源福利會館），到有：我、陳方烈、桑鴻文、解定國、高立興、童榮南、林鐵基、盧志德、周小強、金克強、曹茂林、李台新、倪麟生，共十三人。

△九月有三本書出版：《政治學方法論概說》、《西洋政治思想史概述》、《最自在的是彩霞》，文史哲出版社。

△十月二十二日，第三二次44同學會（台大水源福利會館），到有：我、解定國、高立興、童榮南、林鐵基、盧志德、李台新、桑鴻文、郭龍春、倪麟生、曹茂林、

周小強，共十二人。

△《台中開發史：兼龍井陳家移台略考》出版，文史哲出版，二〇一二年十一月。

△十二月到明年元月，大愛電視台記者紀儀羚、吳怡旻、導演王永慶和另三位攝影師，一行六人，來拍「陳福成講公館文史」專集節目，在大愛台連播兩次。

民國一〇二年（二〇一三）六十二歲

△元月十一日，參加「台大秘書室志工講習」，並為志工講「台大．公館文史古蹟」（上午一小時課堂講解，下午三小時現場導覽）。

△元月十五日，「台大退休人員聯誼會」理監事在校本部第二會議室開會，並選舉第九屆理事長，我意外當選理事長，二二日完成交接，任期兩年。

△元月十七日，第三三次44同學會（台大水源福利會館），到有：我、倪麟生、林鐵基、桑鴻文、解定國、高立興、盧志德、周小強、曹茂林、郭龍春、陳方烈、余嘉生、童榮南，共十三人。

△二月，《嚴謹與浪漫之間：詩俠范揚松》出版，文史哲出版社。

△三月，當選「中國全民民主統一會」執行委員，任期到一〇三年三月二十八日。（會長王化榛）。

△三月，《讀詩稗記：蟾蜍山萬盛草齋文存》出版，文史哲出版社。

△五月，《與君賞玩天地寬：陳福成作品評論和迴響》、《古晟的誕生：陳福成60詩選》、《迷航記：黃埔情暨陸官44期一些閒話》三書出版，由文史哲出版社出版發行。

△五月十三日，第三四次44同學會（台大水源福利會館），到有：我、李台新、解定國、高立興、林鐵基、童榮南、盧志德、金克強、曹茂林、虞義輝、郭龍春、桑鴻文、陳方烈、倪麟生、余嘉生、共十五人。

△七月，《孫大公的思想主張書函手稿》、《日本問題終極處理》、《一信詩學研究》三書出版，均文史哲出版社。

△七月四日，鄭雅文、林錫嘉、彭正雄、曾美霞、落蒂和我共六個作家詩人，在「豆豆龍」餐廳開第一次籌備會，計畫辦詩刊雜誌，今天粗略交換意見，決定第二次籌備會提出草案。

△八月十三到十六日，參加佛光山「教師佛學夏令營」，同行尚有吳信義、關麗蘇。

△八月三十一日，為詩人朋友導覽公館古蹟，參加者有范揚松、藍清水夫婦、陳在和、吳明興、胡其德、吳家業、許文靜、鍾春蘭、封枚齡、傅明其。

△九月七日，上午在文協舉行《一信詩學研究》新書發表會及討論，由綠蒂主持。

△九月十日，假校總區第二會議室，主持「台大退休人員聯誼會」第九屆第四次理

監事聯席會議，會中由會員組組長陳志恆演講，題目「戲緣——京劇與我」。

△九月二七日，參加「台大文康會各分會負責人座談會暨85週年校慶籌備會議」，地點在台大巨蛋，由文康會主委江簡富教授（電機系）主持，各分會負責人數十人到場。

△十月七日，第三五次44同學會（改在北京樓），到有：我、余嘉生、解定國、虞義輝、童榮南、盧志德、郭龍春、桑鴻文、李台新、陳方烈、袁國台，共十一人。

△十月十二日，在天成飯店（火車站旁），參加「中國全民民主統一會」第七屆第二次執監委聯席會。討論會務發展及明春北京參訪事宜。

△十月十九日，由台大三個社團組織（教授聯誼會會長游若篍教授、職工聯誼會秘書楊華洲、退聯會理事長我本人）聯合舉辦「未婚聯誼」，在台大巨蛋熱鬧一天，到場有第二代子女近四十人參加。

△十一月九日，重慶西南大學文學系教授向天淵博士來台交流講學，中國詩歌藝術學會理事長林靜助先生，在錦華飯店缴請「兩岸比較文學論壇」，我和向教授在兩年前有一面之緣。

△十一月十二日，假校總區第二會議室，主持「台大退聯會」第十屆第五次理監事聯席會議。陳定中將軍蒞臨演講，題目「原子彈與曼哈頓計劃的秘密」，另討論十二月三日會員大會事宜。

△十一月十三日，小路（路復國同學）來台北開會，中午我和老袁（袁國台）與他相見，老袁請吃牛肉麵，我在「新光」高層請喝咖啡賞景。

△十一月二十四日，台大退聯會、教聯會和職工會合辦「兩性聯誼」活動，第三場在文山農場，場面熱鬧。

△十一月二十八日，晚上，台大校慶文康晚會在台大巨蛋舉行，退聯會臨時組合唱團由我吉他伴奏參加，也大受歡迎。

△十二月三日上午，台大退聯會在第一會議室舉行年度大會，近兩百教職員工參加，主秘林達德教授代表校長致詞，歷屆理事長（宣家驊將軍、方祖達教授、楊建澤教授、丁一倪教授）均參加，我自今年元月擔任理事長以來，各方反應似乎還算滿意。

△十二月十日，約黃昏時，岳父潘翔皋先生逝世，高壽九十四歲，福壽雙全，除老人退化病外，無任何重症，睡眠中無痛而去，真是福報。他們兒女決定簡約辦理，十七號舉行告別式。

△十二月十八日，中午，參加在「喜萊登」由鄭雅文小姐主持成立的「華文現代詩刊」，到會有主持鄭雅文、筆者及麥穗、莫渝、林錫嘉、范揚松帶秘書曾詩文、曾美霞、龔華、劉正偉、雪飛等。

△十二月二十二日，在「儷宴會館」（林森北路），參加44期北區同學會，改選理監事及會長，虞義輝當選會長，我當選監事。
△十二月三十日，這幾年，每年年終跨年，一群詩人、作家都在范揚松的大人物公司跨年，今年也是，這次有：范揚松、胡爾泰、方飛白、許文靜、傅明琪、劉坤靈、吳家業、梁錦鵬、吳明興、陳在和及筆者。

民國一〇三年（二〇一四）六十三歲

△元月五日，與妻隨台大登山會走樟山寺，到樟山寺後再單獨走到杏花林，中午在「龍門客棧」午餐，慶祝結婚第34年。
△元月九日，爆發「梁又平事件」（詳見《梁又平事件後：佛法對治風暴的沈思與學習》乙書）。
△元月十一日，在天成飯店參加「中國全民民主統一會」執監委員會，由會長王化榛主持，並確定三月北京行名單。
△元月十二日，與妻隨台大登山會走劍潭山，沿途風景優美。
△元月二十四日，參加台大志工講習會，會後參觀台大植博館。
△元月、二月，有三本書由文史哲出版，《把腳印典藏在雲端》、《台北的前世今生》、《奴婢妾匪到革命家之路：謝雪紅》。

△春節，那裡也沒去，每天照常在新店溪畔散步、寫作、讀書。

△二月九日，參加「台大登山會」新春開登，目的地是新莊牡丹心環山步道」，在泰山、林口接壤的牡丹山系，全天都下著不小的雨，考驗能耐。我和信義、俊歌兩位師兄，都走完全程，各領一百元紅包。

△二月十八日，中午與食科所游若荻教授共同主持兩個會，教授聯誼會邀請台北市教育局長林奕華演講，及「千歲宴」第二次籌備會。到會另有職工會秘書華洲兄、陳梅燕等十多人。

△二月廿一、廿二日，長青四家夫妻八人（虞、張、劉、我及內人們），在張哲豪的基隆「公館」度假，並討論四月花蓮行，決議四月十四、十五、十六共三天到花蓮玩。

△三月三日，中國文藝協會以掛號專函通知，榮獲第五十五屆中國文藝獎章文學創作獎，將於五月四日參加全國文藝節大會，接受頒獎表揚。

△三月八日，晚上在三軍軍官俱樂部文華廳，參加由中國文藝協會理事長王吉隆先生所主持的理監事聯席會，有理監事周玉山、蘭觀生、曾美霞、徐菊珍等十多人參加。

△三月十日，由台大教聯會主辦，退聯會和職工會協辦，邀請台北市教育局長林奕

華演講，主題關於十二年國教問題，中午十二時到下午一點三十圓滿完成（在台大第一會議室）。

△三月十六日，三月是台大的「杜鵑花節」，每年三月的假日，我們擔任台大秘書室的志工們，都輪值校門口「坐台」（服務台），招呼人山人海的參訪來賓。今天上午九時到下午一時我值班，下班立即前往第一殯儀館「鼎峰會館」，向陳宏大哥上香致敬，並以《漸凍勇士陳宏傳：他和劉學慧的傳奇故事》一書代香花素果，獻於陳大哥靈前。此因十八號他的追思會我在台大有兩個重要會議要開，向學慧師姊說了先來拈香，我也因寫了陳宏的回憶錄，和他有心靈感應，他也給我的人生有重大啟示，故向陳宏大哥獻書，願他一路好走，在西方極樂世界修行，別再重回六道，受人間諸苦。

△三月十八日，上午主持今年第一次「台大退休人員聯誼會」理監事會，並邀請吳信義學長會後演講，到有全體理監事各組長二十多人。下午參加校長楊泮池主持的「退休人員茶會」，按往例我參與茶會並在會中報告退聯會活動，陳志恆小姐隨同我參加，在現場「招兵買馬」，成效甚佳。

△三月二十日，上午到二殯參加海軍少將馬振崑將軍公祭（現役五十七歲），我以台大退聯會理事長身份主祭，信義和俊歌兩位師兄與祭。現場有高華柱、嚴明、葉昌桐等高級將領，至少有五十顆星星以上。下午，到翔順旅行社（松江路）參加北京行會議，下週二共二十人參加這次訪問。

△三月二十一日，中餐，在「台大巨蛋」文康交誼廳，參加由台大文康委員會主委

江簡富教授（電機系）所主持，「一〇三年文康會預算會議」，到有台大教職員各社團負責人近三十人。

△三月廿五到三十日，應中國全民民主統一會會長王化棒先生及信義、俊歌兩位師兄之邀請，以特約記者的身份參加全統會北京、天津參訪團，全團二十人。我們拜會天津、北京的中國和平統一促進會、黃埔軍校同學會等。（詳見我所著《中國全民民主統一會北京天津行：兼略論全統會的過去現在和未來發展》，文史哲出版）

△四月十四、十五、十六，近半年來我積極推動的「長青家族花蓮行」，終於成真，內心感到安慰極了。回想五年多來，長青家族的聚會竟如同打烊，太氣人了。這件事能促成，比我在花蓮擁有一甲地更值得。這心聲在三天旅遊中我沒說出來，今只在此說給大家聽，義輝、阿妙、阿張、金燕、劉建、Linda 和我妻，「以心傳心」傳給你們聽！

△五月二日，由中國文藝協會主辦，行政院文建會贊助指導，第五十五屆文藝獎章得獎人，今天在部份平面媒體公告，下列是聯合報資料。後天就是「五四文藝節」，將在三軍軍官俱樂部盛大慶祝並頒獎。據聞，副總統吳敦義將親自主持。

联合報.103.5.2

〈聯副文訊〉二則

中國文藝獎章名單揭曉

由中國文藝協會主辦的中國文藝獎章，本年度榮譽文藝獎章得主為：廖玉蕙（文學類）、崔小萍（影視類）、陳陽春（美術類）、張炳煌（書法類）。

第五十五屆文藝獎章獲獎人為：王盛弘（散文）、鯨向海（新詩）、田運良（詩歌評論）、梁欣榮（文學翻譯）、陳福成（專欄）、洪能仕（書法）、吳德和（雕塑）、張璐瑜（水彩）、劉家正（美術工藝）、林再生（攝影）、戴心怡（國劇表演）、李菓峻（客家戲表演）、梁月嬡（戲曲推廣）、孫麗桃（民俗曲藝）、魏大為（音樂工作）、孫翠玲（舞蹈教學）、曾美霞、鄭雅文、鄔迅（文藝工作獎）楊寶華（文創及文化交流）、劉詠平（海外文藝工作獎）。　（丹墀）

△五月四日，下午到晚上，參加全國文藝節及文藝獎章頒獎典禮，直到晚上的文藝晚會都在三軍軍官俱樂部。往年都是總統馬英九主持，今年他可能因母喪，改由副總統吳敦義主持。

△五月初的某晚，關雲的女兒打電話給我，媽媽走了！我很震驚，她是中國文藝協會會員、三月詩會詩友，六十五歲突然生病很快走了！怎不叫人感慨！

△五月二十日，籌備半年多的「台大退聯會千歲宴」，終於快到了，今天是退聯會上班日，大家做最後準備。中午到食科所午餐，三個分會（退聯會、教聯會、職工會），再開宴前會，確認全部參加名單和過程。

△五月廿二日，上午九點到下午兩點，千歲宴正式成功辦完，校長楊泮池教授也親臨致詞，和大家看表演、合照。今天到有八十歲以上長者近四十人，宣家驊將軍、方祖達教授等都到了。

△六月二日，今天端午節，中午在中華路典漾餐廳，由全統會會員（會長王化榛、秘書長吳信義、會員吳元俊，我等十多人），宴請天津來訪朋友，有些我們三月去天津已見過，他們到有：王平、劉正風、李偉宏、蔣金龍、錢鋼、商駿、吳曉琴、李衛新、賈群、陳朋，共十人。

△到六月止，近十個月來，完成出版的書有：《把腳印典藏在雲端：三月詩會詩人手稿詩》、《台北公館台大地區考古・導覽》、《我的革命檔案》、《中國全民民主統一會北京行》、《六十後詩雜記現代詩集》、《胡爾泰現代詩研究》、《從魯迅文學醫人魂救國魂說起》；另外，《臺大退聯會會務通訊》也正式出版，第

一版先給理監事會看，年底會員大會再印贈會員。

△六月十一日，《臺大會訊》報導「千歲宴」盛況如下：

《臺大校訊》，二〇一四年六月十一日，第四版。

退休人員　職工及教師聯誼分會舉辦千歲宴活動

為關懷退休人員較年長者平常較少於校園活動，文康會退休人員、職工及教師三個聯誼分會5月24日假綜合體育館文康室舉辦80歲以上「千歲宴」活動。出席名單包括：教務處課務組主任郭輔義先生、軍訓室總教官宣家驊、軍訓室教官鍾鼎文、軍訓室教官鄭義峰、總務處保管組股長林　參、總務處蕭添壽先生、總務處翁仙啓先生、圖書館組員柯環月女士、圖書館閱覽組股長王鴻龍、文學院人類系組員周崇德、理學院動物系教授李學勇、法學院王忠先生、法學院工王本源先生、醫學院組員洪林寶祝、醫學院組員連興潮、工學院電機系教授楊維禎、農學院生工系教授徐玉標、農學院園藝系教授方祖達、農學院技正路統信、農學院園藝系教授康有德、附設醫院護士曾廖日妹、農業陳列館主任劉天賜、圖書館組員紀張素瑩、附設醫院組員宋麗音、理學院海洋所技正鄭展堂、理學院化學系技士林添丁、附設醫院組員葉秀琴、附設醫院技佐王瓊瑛、附設醫院技士劉人宏、農學院農化系教授楊建澤、農學院農經系教授許文富、園藝系教授洪　立、農學院森林系教授汪　淮、軍訓室教官茹道泰、電機系技正郡依俤。

△六月十三日，上午率活動組長關麗蘇、會員組長陳志恆、文康組長許秀錦，拜會位於新店的天帝教總會，他們有劉曉蘋、李雪允、郝寶驥、陳啟豐、陳己人等多位接待我們。議決九月十七日，台大退聯會組團（40人）參訪天帝教的天極行宮（在台中清水）。會後，中午在總會吃齋飯。

△六月十七日，主持台大退聯會理監事會，我主要報告《會務通訊》出版事宜，經

費籌劃等。

△六到七月，我的《華夏春秋》雜誌打烊後，曾有大陸朋友要在大陸復刊，江蘇的高保國搞一期又打烊了。最近遼寧的金土先生復刊成功，希望他能長長久久辦下去。以下是創刊號的封面和內首頁。

本刊社長陳福成 2009 年於西南大學留影。

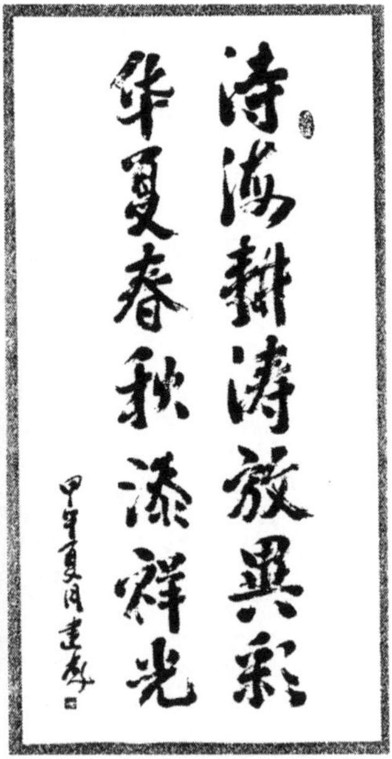

葫蘆島市環保局局長、本刊顧問羅建彪題。

△到八月止：在文史哲出版社完成出版的著作，七、八月有：《留住末代書寫的身影》、《我這輩子幹了什麼好事》、《「外公」和「外婆」的詩》、《中國全民民主統一會北京天津行》。

△八月一到五日，參加「二〇一四佛光山佛學夏令營」，今年主題是「戒定慧」。同行的好友尚有：吳信義、吳元俊、關麗蘇、彭正雄。

△八月二十六日，主持「台大退休人員回娘家」聯歡餐會，在「台大巨蛋」文康室熱鬧一天，近百會員參加。

△九月二日，主持「台大退聯會」第九屆第七次理監事會，我在會中發表〈不連任、不提名聲明書〉，但全體理監事堅持要我接受提名連任，只好從善如流，接受承擔。

△九月十六日，下午參加由校長楊泮池教授主持的「退休人員茶會」，我的任務是報告「台大退聯會」概況並積極「招兵買馬」。

△九月十七日，率台大退休人員一行40人，到台中清水參訪「天帝教天極行宮」。

△九月到十月間，退聯會、聯合服務中心，工作和值班都照常，多的時間寫作、運動，日子好過，天下已不可為，就別想太多了。

△十一月四日，主持「台大退聯會」第九屆第八次理監事會，也是為下月二日年度

會員大會的籌備會，圓滿完成。

十二月二日，主持「台灣大學退休人員聯誼會」第九屆2014會員大會，所提名十五位理事、五位監事全數投票通過，成為下屆理監事。

△十二月十三日，下午參加《陸官44期同學理監事會》，會後趕回台大參加社團幹部座談、餐會。

△十二月十四日，三軍軍官俱樂部參加「中華民國新詩學會」理監事會。

△台大秘書室志工午餐（在鹿鳴堂），到有：叢曼如、孫茂鈴、郭麗英、朱堂生、吳元俊、吳信義、孫洪法、鄭美娟、簡碧惠、王淑孟、楊長基、宋德才、陳蓓蒂、許詠婕、郭正鴻、陳美玉、王來伴、蘇克特、許文俊、林玟妤來賓和筆者共21人。

△關於民一〇二、一〇三年重要工作行誼記錄，另詳見《台灣大學退休人員聯誼會第九任理事長記實》一書，文史哲出版。

民國一〇四年（二〇一五）六十四歲

△元月六日，主持「台大退休人員聯誼會」第十屆理監事，在校本部第二會議室開會投票，我連任第十屆理事長。

△關於民一〇四、一〇五年重要工作行誼記錄，詳見《台灣大學退休人員聯誼會第十任理事長記實暨2015 2016事件簿》（計畫出版）為準。